Johann Schneider
Burnout vorbeugen und heilen
Erfolgreich arbeiten – erholt in den Feierabend
Mit Hinweisen für professionelle Begleiter

D1735696

CIK UnternehmerBeratung GmbH
St. Ottilien-Str. 8 · D-82299 Türkenfeld

Ausführliche Informationen zu jedem unserer lieferbaren und geplanten Bücher finden Sie im Internet unter ↗ http://www.junfermann.de. Dort können Sie unseren Newsletter abonnieren und sicherstellen, dass Sie alles Wissenswerte über das Junfermann-Programm regelmäßig und aktuell erfahren. – Und wenn Sie an Geschichten aus dem Verlagsalltag und rund um unser Buch-Programm interessiert sind, besuchen Sie auch unseren Blog: ↗ http://blogweise.junfermann.de.

JOHANN SCHNEIDER

BURNOUT VORBEUGEN UND HEILEN

ERFOLGREICH ARBEITEN – ERHOLT IN DEN FEIERABEND

Mit Hinweisen für professionelle Begleiter

Junfermann Verlag
Paderborn
2013

Copyright	© Junfermann Verlag, Paderborn 2013
Coverbild	© Johann Schneider
Covergestaltung / Reihenentwurf	Christian Tschepp
Satz	JUNFERMANN Druck & Service, Paderborn

Bibliografische Information der Deutschen Bibliothek

Die Deutsche Bibliothek verzeichnet diese Publikation in der Deutschen Nationalbibliografie; detaillierte bibliografische Daten sind im Internet über http://dnb.ddb.de abrufbar.

ISBN 978-3-87387-941-6
Dieses Buch erscheint parallel als E-Book (ISBN 978-3-87387-942-3).

Inhalt

Vorwort

Auch wenn das Thema Burnout zurzeit Konjunktur hat wie nie zuvor: Mit dem Risiko des Ausbrennens haben sich die Menschen schon immer auseinandergesetzt. Leistungsfähigkeit aufbauen, sie erhalten, ihre Grenzen ausloten und diese achten – dies ist und bleibt eine zentrale menschliche Herausforderung. Ohne Augenmaß für ihre Tatkraft müssen auch noch so intelligente und einfühlsame Menschen, noch so ausgeklügelte Organisationen scheitern.

Als Coach bin ich dem Thema Burnout ohne bewusste Absicht begegnet und wurde in den letzten Jahren durch meinen Hintergrund als Arzt und Psychotherapeut immer häufiger von einzelnen Personen und Unternehmen in Anspruch genommen, die sich ihm stellten. Mir lag dieses Thema, und so fing ich an aufzuschreiben, was ich für die Betroffenen, für ihr Umfeld und ebenso für Berater und Psychotherapeuten wichtig fand. Herausgekommen ist der vorliegende Ratgeber. Er ist für Menschen gedacht, die sich mit Burnout auseinandersetzten, für direkt Betroffene und deren Umfeld. Interessierten Kolleginnen und Kollegen mag mein Buch Anregung bieten, da es nicht nur die Beratung und Behandlung von Burnout zum Thema hat, sondern an diesem Beispiel die wesentlichen Grundlagen von Beratung und Psychotherapie beschreibt. Anders formuliert: Bezieht man in der Beratung oder Psychotherapie das bewusste Wahrnehmen und Stillen der Grundbedürfnisse nicht mit ein, dann scheitern naturgemäß solche Klienten, die genau damit Probleme haben, selbst wenn sie zu Erkenntnissen und Veränderungen gekommen sind, die im Modell der Bedürfnispyramide auf einer höheren Ebene liegen. Bei Bedürfnisdefiziten fallen sie in die alten Schwierigkeiten und Verhaltensmuster zurück.

Danken möchte ich an dieser Stelle all den Klientinnen und Klienten, die ich beraten und behandeln durfte und dass ich auf diese Weise meine Fähigkeiten „zur Blüte" bringen konnte.

Danken möchte ich allen, die sich zu Interviews bereit erklärt haben, auch denjenigen, deren Beiträge ich leider in diesem Buch nicht berücksichtigen konnte. Sie haben mir in unseren Gesprächen wieder und wieder den Blick für das Wesentliche geschärft.

Vielen Dank an Dr. Dietmar Peikert, meinem Freund und Kollegen, mit dem ich 20 Jahre lang in seiner Eigenschaft als niedergelassener Kollege für Allgemeinmedizin – mit großer Freude und innerer Zufriedenheit, immer wieder Fachgrenzen überschreitend – zusammenarbeiten durfte; er gab mir wertvolle Rückmeldungen zum Manuskript. Rückmeldungen bekam ich auch von Klienten, die ich namentlich hier nicht nenne. Herzlichen Dank dafür.

Danken möchte ich auch meinen Ausbildungskandidatinnen und Ausbildungskandidaten, mit denen ich viele der im Buch dargestellten Themen diskutiert habe. Sie haben mir durch ihre interessierten Fragen und Kommentare geholfen, das Thema tiefer zu durchdringen und in Sprache zu fassen.

Ein besonderer Dank geht an die Leiterin Veränderungsmanagement und die Führungskräfte einer Firma, der ich jetzt schon seit sechs Jahren als Coach zur Seite stehe und sie darin unterstütze, nachhaltig Stresskompetenz zu erlangen. Mit ihnen konnte ich viele der hier im Buch beschriebenen Modelle erproben und weiterentwickeln.

Ein ganz herzlicher Dank geht an Heidi Behrens, die einen Großteil des Textes redigiert hat. Sie ist so einfühlsam und klar vorgegangen, dass sich der Text nach ihrer Überarbeitung noch näher bei mir anfühlte.

Herzlichen Dank an Kester Kleinert für seinen engagierten Einsatz, mit dem er den Abbildungen trotz Schwarz-Weiß-Vorgabe ein klares und freundliches Gesicht gab.

Herzlichen Dank an Heike Carstensen vom Junfermann Verlag, die mit großer Sorgfalt das Manuskript gelesen und wertvolle Anregungen gegeben hat.

Ein ganz besonderes Dankeschön geht an meine Frau, die mich bedingungslos begleitet hat, und an meinen Sohn, der mich unvoreingenommen ermutigte und zusätzlich mit tatkräftiger EDV-Hilfe unterstützte.

Vielen Dank an Sie, liebe Leserin, lieber Leser, die und der Sie das Buch in die Hand genommen haben, für Ihr Interesse. Ich wünsche Ihnen eine aufschlussreiche und wohltuende Lektüre.

Dr. Johann Schneider

1. | Einleitung

Wir leben in einer Zeit, in der sich die Arbeits- und Lebensbedingungen in den letzten 20 Jahren drastisch gewandelt haben. In vielen Betrieben verbringen immer weniger Menschen immer mehr Zeit bei der Arbeit. Gleichzeitig finden immer mehr Menschen keine Arbeit. Diejenigen, die Arbeit haben, erleben erhöhte Arbeits-, Zeit- und Leistungsanforderungen zu niedrigeren Löhnen und geraten oft an ihre körperlichen, geistigen und seelischen Grenzen.

Viele lassen ihre natürliche Erschöpfung nicht zu, verdrängen sie, erholen sich nicht und entwickeln extreme Erschöpfungszustände, das sogenannte Burnout-Syndrom. Viele von denen, die keine klassische Erwerbsarbeit haben, erleben sozialen Druck und fühlen sich gesellschaftlich beschämt und gelangweilt und entwickeln die gleichen Beschwerden wie beim Burnout-Syndrom (Erschöpfung, innere Leere, Ausgebrannt-Sein). Weil diese jedoch aus einer ungesunden Langeweile heraus entstehen, spricht man hier von einem Boreout-Syndrom.

Burnout ist wegen der Häufigkeit des Vorkommens zu einem umgangssprachlichen Begriff geworden. Immer mehr Menschen kommen zu mir in meiner Eigenschaft als Berater, Coach und ärztlicher Psychotherapeut, weil sie an ihre Grenzen stoßen, sich erschöpft, ausgelaugt und innerlich leer fühlen. Sie haben sich zuvor im „täglichen Kampf" in der Arbeit, in der Familie oder überhaupt in der täglichen „Auseinandersetzung mit dem Leben" aufgerieben. Meist kommen sie erst dann zu mir, wenn sie bereits „körperliche und seelische Beschwerden dazu gezwungen haben". Sie sind so mit ihrem Leben nicht mehr einverstanden, sie sind an Grenzen geraten, „können so nicht mehr weiter", „müssen" oder wünschen andere Wege zu gehen. Sie möchten wieder „sie selbst sein", „das Leben wieder genießen".

Wie kommt es zum Burnout?

Menschen bringen sich in Gefahr, in Burnout-Zustände zu geraten, wenn sie „zu sehr in ihrer Arbeit aufgehen", „zu begeistert" sind, „zu engagiert", sich „vor Leidenschaft verbrennen", es ihnen nicht gelingt, ihr Feuer zu hüten oder ihre Begeisterung und Tatkraft besonnen in ihrem Leben einzusetzen: „Wenn ich an etwas dran bin, dann arbeite ich sieben Stunden, oder auch einen ganzen Tag, ohne zu essen, oder Pause zu machen."

Wenn die Begeisterung, das Engagement, die Leidenschaft zum eigenen inneren Zwang und überzogene Anforderungen von außen unbedacht übernommen werden, verbrennen sich Menschen im wahrsten Sinne des Wortes und fühlen sich schließlich massiv erschöpft und innerlich leer.

Definition Burnout-Syndrom

Als Burnout-Syndrom bezeichnet man einen Zustand
- totaler körperlicher, seelischer und geistiger Erschöpfung
- mit verringerter Leistungsfähigkeit und dem Gefühl
  - extremer Erschöpfung,
  - innerlicher Leere,
  - und des Ausgebrannt-Seins.

Erschöpfungszustände haben biologische, physikalische, lebensgeschichtliche, geistige, seelische, soziale, politische und wirtschaftspolitische Hintergründe. Ohne diese Hintergründe gibt es kein Burnout-Syndrom und auch keine anderen „krankhaften" Erschöpfungszustände.

Ein Burnout-Syndrom entwickeln Menschen in der Regel über einen längeren Zeitraum, über Wochen, Monate, ein Jahr, häufig über einen Zeitraum von drei und mehr Jahren; dies nennt man den Burnout-Vorgang oder -Prozess. Gar nicht selten habe ich Entwicklungen beobachten können, die bis zur totalen Erschöpfung, also dem vollen Ausbruch des Burnout-Syndroms, einen Verlauf von sieben bis zwölf Jahren nahmen. Die betroffenen Menschen bewegen sich von anfänglicher Begeisterung, Motivation und Überengagement langsam hin zu Resignation und sozialem Rückzug. Schließlich entwickeln sie starke seelische und körperliche Beschwerden, mit denen sie schließlich zum Arzt kommen.

„Ich habe jahrelang über meine Grenzen hinausgehend gearbeitet und mich verausgabt. Irgendwann ging es nicht mehr und ich bin ineffektiv geworden. Ich habe mich – im Nachhinein gesehen – immer mehr zurückgezogen. Ich habe meiner Frau nicht mehr gesagt, wie es mir wirklich geht, auch nicht meinen Freunden, niemandem. Ich glaube dieser Rückzug war ein Schutz. Ich habe mich davor geschützt, als schwach dazustehen, ausgelacht, beschämt zu werden. Lange habe ich gar nicht mehr gespürt, was eigentlich los ist mit mir. Manchmal habe ich etwas über Burnout gehört; ich war sogar in einem Seminar, doch ich dachte, das hat mit mir doch nichts zu tun. Jetzt erst, wo es mir wieder gut geht, erkenne ich, dass ich schon damals ausgelaugt war; ich konnte es aber nicht zulassen. Erst als nichts mehr ging und mein Arzt sehr einfühlsam und klar mit mir gesprochen hat, konnte ich loslassen. Dann war ich aber erst einmal drei Monate nicht mehr in der Lage zu arbeiten. Gott sei Dank hat er mich an einen guten Coach überwiesen."

Wer ist von Burnout betroffen?

Betroffen sind Männer und Frauen aus allen Berufen, genauso aber auch Frauen und Männer, die voll zu Hause arbeiten, den Haushalt machen, Kinder großziehen und alte Menschen versorgen. Solche, die sowohl erwerbstätig als auch zu Hause und in einem Ehrenamt arbeiten, sind besonders gefährdet.

Menschen mit Burnout-Erscheinungen haben das Gleichgewicht von Energie-Aufnehmen und Energie-Abgeben verloren. In der Regel verwechseln sie nach meinen Beobachtungen im ersten Stadium von Burnout seelische Energie und Kraft als Ausdruck und Empfinden einer eigenen inneren Bestätigung mit physikalischer Energie und Kraft. Sie spüren und wissen in dieser Verfassung nicht (mehr), wann und wie sie ihre Energie aufnehmen und wann oder wie sie sie verbrauchen. Wenn sie sich in ihrer Leidenschaft und in der Umsetzung ihrer Kraft intensiv spüren, so meinen sie, bekämen sie in diesem Moment Energie und Kraft. Meist sagen sie dann: „Meine Arbeit gibt mir so viel Kraft."

Aus meiner Sicht spüren sie in diesem Moment, wie ihre Kraft *fließt* – und ziehen daraus eine momentane Anerkennung oder Bestätigung ihres Tuns und Fühlens. Doch anders, als sie annehmen, *erhalten* sie keine Energie im physikalischen Sinne, sondern sie *verbrauchen* sie. Das Spüren und Fließen der physikalischen Energie verwechseln sie mit der seelischen Energie des Sich-Spürens und des Sich-kraftvoll-Fühlens. Arbeit, auch solche, die begeistert, die Spaß, Freude und Lust macht, braucht physikalische Energie und führt zu einem natürlichen Erschöpfungsgefühl.

Es wäre auch natürlich, diese Erschöpfung zuzulassen, indem man Pausen einlegt, ausruht, schläft und sich dadurch erholt. In den Erholungsphasen schöpft man Energie, tankt wieder auf. Wenn Menschen sich jedoch nicht mehr genügend erholen, geraten sie in Disstress; sie wirken gereizt, entwickeln körperliche und seelische Beschwerden. Wenn sie schließlich ihre Ziele nicht mehr erreichen, keine Wertschätzung mehr spüren und sich unfrei und fremdbestimmt fühlen, entwickeln sie ein Gefühl des Ausgebrannt-Seins und der inneren Leere. Wie es um sie bestellt ist, spüren sie häufig erst, wenn es zu einem „Zusammenbruch" kommt, sie „einfach nicht mehr können" und „alles versagt":

> „Ich stand morgens im Bad vor dem Spiegel und plötzlich konnte ich nicht mehr. Alles versagte. Mir wurde schwindelig, die Beine hielten mich nicht mehr, ich bekam Panik und rief meine Eltern an. Sie kamen und brachten mich zum Arzt."
>
> „Ich bin beim Telefonat mit einem Kunden ausgerastet. Ich habe gebrüllt und dann bin ich weggelaufen; ich musste einfach raus. Ich wollte weit weg. Ich bin zum Bahnhof gelaufen, der Zug fuhr vor meiner Nase weg. Dann bin ich durch die Stadt geirrt, ziellos. Erst als mich

meine Familie fand, kam ich wieder richtig zu mir. Ich habe ihnen alles erzählt und es fiel eine schwere Last von mir ab. Dann habe ich erst einmal drei Tage geschlafen."

„Plötzlich, wie aus heiterem Himmel, habe ich Herzrasen bekommen und es ging nicht mehr weg. Ich habe Angst bekommen und mein Chef hat meine Familie angerufen. Sie haben mich abgeholt und sind mit mir zum Arzt gefahren, aber der konnte nichts Körperliches feststellen. Er hat mich aber trotzdem erst einmal aus dem Verkehr gezogen. Erst dann habe ich ganz allmählich gemerkt, wie fertig ich war. Die ganzen letzten Jahre war ich eigentlich schon fertig, nicht mal mehr im Urlaub konnte ich mich erholen."

„Ich hatte plötzlich massivste Rückenschmerzen. Ich konnte nichts mehr machen. Ich wurde medizinisch nach den neuesten Regeln der Kunst auf den Kopf gestellt. Man fand nach allen Untersuchungen nichts Körperliches. Und als mein Hausarzt mir die Diagnose Burnout mitteilte – er hatte sie mir schon die Jahre zuvor häufiger angeboten –, konnte ich es endlich zulassen, erschöpft und am Ende zu sein. Aber dann ging erst einmal nichts mehr, ich konnte nicht mehr arbeiten, bin drei Monate ausgefallen."

„Eines Tages konnte ich einfach nicht mehr: Ich bin zur Arbeit losgefahren, aber nicht mehr Richtung Betrieb. Ich bin einfach andere Straßen gefahren und habe überlegt, wie ich das meiner Frau erklären soll. Sie rackert sich ja auch ab, dann kann ich doch nicht einfach schlapp machen. Ich habe an einem Fluss angehalten, bin ausgestiegen. Ich habe der Fähre nachgeschaut und aufs Wasser geblickt. Plötzlich konnte ich nicht mehr an mich halten, es ist alles aus mir herausgebrochen. Ich habe geheult wie ein Schlosshund, dann war ich einfach nur fertig und konnte nicht mehr. Ich konnte nicht mehr fahren, ich hatte keine Kraft mehr. Schließlich, nach langem innerem Ringen, habe ich meine Frau angerufen und sie hat mich abgeholt. Ich habe mich geschämt. Doch sie war so liebevoll mit mir und ich konnte nicht anders, als noch einmal zu weinen. Diesmal noch viel tiefer. Irgendwie war ich dann fix und fertig, am Boden zerstört, aber irgendwie auch ein Stück ruhig und erlöst. Ich habe mich krankschreiben lassen und jetzt muss ich erst mal einen neuen Weg für mich finden."

Wie wird Burnout behandelt?

Über Angehörige, Mitarbeiter, Freunde oder auch Vorgesetzte kommen Menschen mit einem Burnout-Syndrom zum Arzt, der dann meistens feststellt, dass alle Körperfunktionen in Ordnung sind, dass allerdings dennoch Körperbeschwerden vorliegen, sogenannte funktionelle Beschwerden. Manchmal bestehen aber auch nachweisbare körperliche Krankheiten wie z. B. Bluthochdruck, Herzrhythmusstörungen, Magenschleimhautentzündungen, Zwölffingerdarmgeschwüre, Verengungen der Herzkranzgefäße, Wirbelsäulenprobleme, Muskelverspannungen, Kopfschmerzen, verstärkte Migräne, Gleichgewichtsstörungen oder Hörsturz. Wenn der

Arzt aufmerksam ist, fragt er die „Patienten" auch nach ihrem Leid[1], ihren inneren Empfinden, ihren Lebensbedingungen und wie es ihnen mit diesen geht. Und wenn er dann die Diagnose Burnout-Syndrom stellt, stellt er optimalerweise auch die Weichen für eine effektive Hilfe, die neben der körperlichen Behandlung die seelische und soziale Behandlung ermöglicht.

Was dieses Buch für Sie tun kann

Mit diesem Ratgeber und Sachbuch möchte ich Ihnen im täglichen Spannungsfeld zwischen Ihren eigenen Bedürfnissen, Wünschen und Erwartungen und denen ihrer Umgebung eine Orientierung geben. Ich möchte Sie dabei unterstützen, einen Weg zu finden, wie Sie in Ihrem Leben beruflich und privat erfüllt und erfolgreich leben, wie Sie Schaffenskraft und Wohlergehen miteinander verbinden können. Ich möchte Ihnen helfen Ihr Feuer, Ihre Leidenschaft und Ihre Begeisterung zu leben und sich dabei gleichzeitig wohlzufühlen und gesund zu sein. Allerdings beschränkt sich dieses Buch auf das, was Sie als Person für sich bewusst tun können, um Burnout vorzubeugen oder zu heilen. Wie familiäre, gesellschaftliche, betriebliche und politische Bedingungen, die Burnout auslösen, verändert werden könnten, wird nur indirekt aufgegriffen.

Grundannahme
Diesem Text liegt folgende übergeordnete Annahme zugrunde: Menschen leben gesund, fühlen sich wohl und sind erfolgreich, wenn sie …
- ihre unterschiedlichen Lebensbereiche kennen,
- diese passend zu ihrem jeweiligen Lebensabschnitt leben
- und dabei ihre Grundbedürfnisse stillen.

Grundvoraussetzungen dafür sind, dass sie
- sich und ihre Umwelt wahrnehmen, verstehen und selbstbewusst mit sich und ihrer Umwelt umgehen,
- ihrem Leben und sich selbst als ihrer Person einen eigenen Sinn geben
- und in Verbundenheit mit anderen und der Welt eigenständig handeln.

Ich beschreibe deshalb in diesem Ratgeber
- die Lebensbereiche (Teil 2),
- die menschlichen Grundbedürfnisse (Teil 3)
- und wesentliche Grundprinzipien, wie Leben gelingen kann (Teil 4).
- Außerdem geht es darum, wie wir
- Ersatzverhaltensweisen entwickeln und wieder auflösen,

---

1   Patient, wörtlich übersetzt aus dem Lateinischen von patere = leiden: der / die Leidende.

- Verbundenheit und Eigenständigkeit miteinander verknüpfen,
- die natürliche Abfolge einer Handlungen gestalten,
- mit Stress umgehen,
- aus Disstress (inneren und äußeren Zwängen, Antreiber- und Gegenantreiberverhalten) aussteigen,
- uns erholen und das richtige Maß finden (Besonnenheit).

Ich stelle Ihnen von mir selbst geführte Interviews mit Betroffenen vor, die ich als Berater, Coach oder ärztlicher Psychotherapeut begleitet habe. Im Anhang finden Sie Fragebögen (zur Balance der Lebensbereiche, zur Befriedigung von Grundbedürfnissen, zum Antreiberverhalten) und „Erlaubnissätze", die Sie gerne als Anregung verwenden können.

Noch ein paar Worte zum Gebrauch des Buches:

Das Buch ist so aufgebaut, dass Sie beim Lesen zwischen den Kapiteln hin und her springen können, wenn Sie die theoretischen Hintergründe interessieren. Wenn Sie sich vom Abstrakten ausgehend zum Praktischen vorarbeiten möchten, können Sie mit Teil 3 beginnen. Sie können aber auch zuerst die Interviews lesen oder sich zunächst mit den Fragebögen im Anhang beschäftigen. Nähern Sie sich entsprechend Ihrer ganz persönlichen Vorlieben diesem Buch, lesen Sie und denken und spüren Sie dann nach.

Klienten, denen ich das Manuskript zum Lesen gegeben habe, haben mich alle nachdrücklich darauf hingewiesen, dass das Lesen eines Buches für sie nicht ausgereicht habe, ihre Probleme zu lösen. Darauf solle ich Sie als Leser unbedingt hinweisen. Genauso solle ich Sie ermutigen, sich mit einem professionellen Gesprächspartner zu unterhalten. Für sie sei es zwar zunächst eine Überwindung gewesen, Hilfe in Anspruch zu nehmen. Doch schließlich sei sich mitzuteilen, auszusprechen und über einen längeren Zeitraum sich immer wieder bei der eigenständigen Lösung ihrer Themen kompetent begleiten zu lassen zu einer sehr angenehmen Lernerfahrung geworden. Die Resonanz eines Menschen könne ein noch so gutes Buch nicht ersetzen.

Wenn Sie ein Selbsttest interessiert, so finden Sie im Internet das Hamburger Burnout-Inventar (HBI40), das von Professor Burisch[2] entwickelt wurde. Diesen Test halte ich für den aussagekräftigsten. Er ist kostenlos unter ↗ http://www.swissburnout.ch abrufbar.

---

2 Burnout-Institut Norddeutschland

2. | Die Balance der Lebensbereiche

2.1 Wie sich die „Lebensblume" zusammensetzt

Beginnen wir mit einer kleinen Übung:

ÜBUNG

Was ist in Ihrem Leben wichtig?

Wenn Sie möchten, nehmen Sie sich etwa drei Minuten Zeit und spüren dem nach, was für Sie in Ihrem Leben wichtig ist. Was brauchen Sie unbedingt? Auf was würden Sie auf keinen Fall verzichten wollen?

Schreiben Sie, was Ihnen dazu einfällt, in den unten dafür vorgesehenen Raum. Fühlen Sie sich frei, auch zu malen und Skizzen zu machen, wenn Sie dies möchten.

Nun zeige ich Ihnen (m)eine Systematik zu dem, was Ihnen eingefallen ist. So wie wir in unserem Wohnraum, unserem Haus verschiedene Bereiche und Räume für verschiedene Tätigkeiten einrichten, lassen sich auch in unserem Leben verschiedene Lebensräume oder -bereiche beschreiben, voneinander unterscheiden und trennen.

Ich habe für die unterschiedlichen Lebensbereiche das Bild einer Blume, der Lebensblume, entworfen (Schneider 2003, S. 50). Sie entstand in einer Beratungssituation, als ich auf dem Flipchart die Lebensbereiche eines Ausbildungskandidaten aufzeichnete. Aus Skizzen und Strichen ergaben sich Blätter, dann die Blume. Obwohl ich mir manchmal auch einen Baum mit den Ästen für die verschiedenen Lebensbereiche vorstellen konnte, bin ich bei der Blume als Bild geblieben.

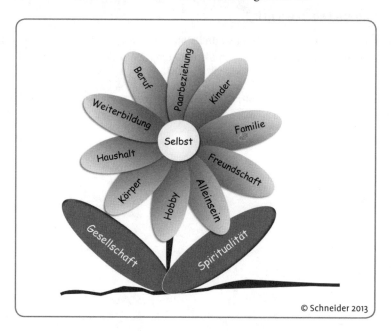

Abbildung 2-1: Lebensblume, die Balance der Lebensbereiche
(modifiziert nach Schneider 2003, S. 50)

Sie steht in meiner Vorstellung für einen lebendigen Organismus, der sich entwickelt und wächst. Blätter welken und fallen ab. Knospen sind angelegt und entfalten sich zu neuen Blütenblättern. Auch in unserem Leben erfahren wir ständige innere und äußere Entwicklungen. Das Leben ereignet sich aus uns heraus und um uns herum. Selbstgestaltend und steuernd greifen wir in unser Schicksal ein. In verschiedenen Lebensphasen wechselt die Blume ihre Gestalt, manche Bereiche sind mehr, manche weniger ausgeprägt, manche nur als Knospen angelegt und noch nicht oder nicht mehr entfaltet.

Folgende Lebensbereiche unterscheide ich voneinander: Beruf, Paarbeziehung, Kinder, „Familie", Freundschaft und Bekannte, Alleinsein, Hobbys, Körper, Haushalt, Weiterbildung, Gesellschaft und Spiritualität. Als für alle Menschen in ihrem Zusammenleben wichtigen Bereiche hebe ich die Gesellschaft und die Spiritualität etwas hervor.

Im Anhang finden sie einen Fragebogen zu diesem Kapitel. Wenn Sie damit arbeiten möchten, könnten Sie das jetzt tun.

2.2 Beruf / Erwerbstätigkeit

Beginnen wir mit dem Lebensbereich, für den in der Regel Erwachsene neben dem Schlafen (immerhin brauchen wir zwischen sechs und zwölf Stunden Schlaf am Tag) die meiste Zeit verwenden: dem Beruf bzw. der Erwerbstätigkeit.

In diesem wie in anderen Lebensbereichen arbeiten Menschen. Sie gestalten, nehmen Einfluss, üben Macht aus und erhalten in der Regel dafür Geld und andere Formen der Anerkennung. Für das Geld, das sie mit ihrer Arbeit verdienen, bestreiten sie ihren Lebensunterhalt und „leisten sich etwas". Menschen arbeiten gerne, denn die Arbeit stellt ihnen das Feld zur Verfügung, auf dem sie Fähigkeiten und ihr Gestaltungsbedürfnis ausleben können.

Eine Versuchung, der in verstärktem Maß vor allem auch freiberuflich Selbstständige, Unternehmer und Mitarbeiter mit Führungsaufgaben oder Experten erliegen, besteht darin, sich durch mehr Arbeit mehr Anerkennung und mehr Geld zu versprechen. Doch je mehr jemand arbeitet, umso weniger hat er Zeit für die anderen, die privaten Lebensbereiche. Je weniger er dort Zeit gestaltet oder einfach auch (nur) sein kann, desto weniger ist er im Kontakt mit sich selbst, mit seinen alltäglichen natürlichen Bedürfnissen und Wünschen. Schließlich achtet er – wie bei sich selbst – auch immer weniger die Bedürfnisse seiner Mitmenschen: Mitarbeiterinnen und Mitarbeiter, Familienmitglieder und Freunde. Im Umgang mit sich und anderen wird er leicht unsensibel und harsch.

Wer kennt nicht die folgende Situation? Man kommt überarbeitet nach Hause und herrscht dann völlig unpassend die Kinder an, die „faul auf dem Sofa herumliegen" und „besser etwas Vernünftiges täten". Wer den Kindern in dieser Stimmung seine momentane eigene Arbeitsauffassung und Überforderung überstülpt, wird von diesen zu Recht gefürchtet, abgelehnt und nicht für ernst genommen.

Wenn Sie sich so verhalten, ist es Zeit, innezuhalten und Ihr Berufsleben von Ihrem Privatleben zu unterscheiden, abzuwägen, wie viel an Zeit und Intensität Sie in den beiden Bereichen leben. Es ist nützlich, sich über Ihre verschiedenen Rollen klar zu werden und die Rollenübergänge bewusst zu gestalten.

Eine Falle im Beruf ist es, sich von der Begeisterung für oder von den Ansprüchen an die Arbeit davontragen zu lassen, sich keine passenden Pausen mehr zu gönnen und sich schließlich weder zu Hause noch im Urlaub wirklich zu erholen und so in ein Burnout-Syndrom zu schlittern. – Viele Menschen sind dann überrascht, wenn ihnen die Tatsache, dass sie nach ihrem übergroßen Engagement jetzt völlig ausgebrannt sind, im Betrieb auch noch als persönliche Schwäche ausgelegt wird. In ihrem Einsatz und Engagement dachten sie, „stark sein" zu müssen, um für sich und den Betrieb etwas Gutes zu tun. Dass sie in ihrem überbordenden Arbeitsanspruch ihre natürlichen Erholungs- und Zuwendungsbedürfnisse nicht mehr wahrgenommen und ihre Bedürfnisse missachtet haben, genauso wie die der anderen: Dafür waren sie blind.

In meinen Augen ist es tatsächlich ein Zeichen von Schwäche: schwach darin zu sein, seine Erschöpfung wahrzunehmen, und nicht einem Bedürfnis nach Erholung und Ausgleich im Privatleben nachzugehen. Es wäre hingegen stark gewesen, wenn sie ihre vermeintliche Schwäche als Bedürfnis erkannt und für sich gesorgt hätten. Ebenso stark wäre es, wenn in Unternehmen Bedürfnisse, wie das nach Erholung, als natürlich angesehen würden. Doch in einer Kultur der Ausbeutung wartet man darauf vermutlich vergeblich.

Es ist eher nicht zu erwarten, dass es in einer Kultur, in der Menschen im Arbeitsleben immer mehr abverlangt wird, in der sie ausgebeutet werden, Achtung für ihre Bedürfnisse gibt. Wenn Ihre berufliche Realität so aussieht, tun Sie gut daran, achtsam, selbstbewusst und in aller Ruhe und Unauffälligkeit mit Ihren eigenen Bedürfnissen Haus zu halten. Warum sollten Sie unauffällig vorgehen? Sie dürfen nicht unbedingt auf Verständnis für Ihre Bedürfnisse von Menschen hoffen, die (selbst-) ausbeuterisch unterwegs sind. Die werden Ihnen möglicherweise noch mehr Arbeit aufbürden wollen oder Sie gar mobben.

Rolando Villazón, einer der besten Tenöre der Welt, beschreibt das Dilemma, sich in einer überstarken Leistungskultur wie der unseren mit seinen Bedürfnissen zu zeigen, in einem Interview[3] treffend mit dem Satz: „Ich frage mich, ob ich zu offen war, meine Erschöpfung zuzugeben." Er hatte sich eine Auszeit gegönnt, woraufhin ihm ein Burnout zugeschrieben wurde. Vor allem Kritiker waren schnell dabei, die Frage zu stellen: „Oje, ist es jetzt vorbei?"

Über die Zeit vor der Erschöpfung sagt Villazón: „Bis dahin war mir alles zugeflogen, auf eine wunderbare unschuldige Weise. Aber ich reagierte immer mehr, als

---

3   Süddeutsche Zeitung vom 21./22.3.2009, Seite V2/8.

dass ich agierte. Wie ein Kind, das gefragt wird: Hey, kannst du diesen Ball mal eben fangen? Und ihn dribbeln und dann ganz schnell weiterwerfen, denn dann kommt auch schon der nächste? Das Kind gibt alles, mit ganzer Energie, aber am Ende des Tages spürt es plötzlich mit einem Schlag: Jetzt kann ich nicht mehr! So ging es mir nach zehn Jahren Karriere. Also gönnte ich mir eine Auszeit."

Er tat etwas sehr Natürliches, was viele als Kind noch kennen, es aber als Erwachsene nicht mehr tun. Er nahm seine Erschöpfung wahr und sorgte für sich. Doch diese natürliche Reaktion wird in unserer Gesellschaft als unnatürlich wahrgenommen. So reagieren Vorgesetzte und Mitarbeiter mit Unverständnis und meinen, man sei krank, wenn man sich einfach nur erholt. Als sich der Fußballtrainer Ralf Rangnick wegen seiner Erschöpfung eine Auszeit nahm, wurde auch ihm gleich ein Burnout-Syndrom zugeschrieben.

Tipps

✓ Überprüfen Sie Ihren Arbeitsaufwand und schauen Sie, ob er in einem guten Verhältnis zu Ihrem Privatleben steht.
✓ Machen Sie Pausen und erholen sich.
✓ Wenn Sie nach Hause kommen, fragen Sie sich, bevor Sie die Haustür öffnen: „Stecke ich innerlich noch in meiner Arbeit?" Und: „Bin ich bereit, jetzt in mein Privatleben zu wechseln?"
✓ Treten Sie erst ein, wenn Sie eine eindeutige Entscheidung für Ihr Privatleben getroffen haben.
✓ Nehmen Sie bewusst die Türklinke in die Hand.
✓ Treten Sie über die Schwelle und lassen sich bewusst auf Ihre Privatwelt ein.

2.3 Haushalt

Es gibt einen Lebensbereich, der im öffentlichen Bewusstsein stark unterschätzt und von uns selbst und der Gesellschaft wenig oder gar nicht geachtet wird: der Haushalt. Ihn möchte ich jetzt beschreiben.

Der Lebensbereich Haushalt beinhaltet
- ein Haus oder Dach über dem Kopf erhalten;
- die Wohnung instand halten und sie gemütlich machen;
- Essen zubereiten;
- für den täglichen Bedarf einkaufen;
- waschen, bügeln, Kleider in Ordnung halten;
- Kinder, Eltern, alte Menschen, Tiere versorgen;
- den Garten pflegen; evtl. Gemüse anbauen;
- uns mit den täglichen Notwendigkeiten versorgen.

In diesem Lebensbereich arbeiten insbesondere Frauen als Hausfrauen, aber auch Männer als Hausmänner. Sie werden nicht direkt bezahlt und sind im öffentlichen Ansehen wenig geachtet, werden oft sogar missachtet. Mit nicht direkt bezahlt meine ich, dass vielen erst im Falle einer Scheidung klar wird, dass sich diese Tätigkeit in Geld aufrechnen lässt und dass dies gesetzlich und rechtlich im Ehevertrag geregelt ist. Ich hielte es für günstig, wenn der erwerbstätige Teil eines Paares das Gehalt halbieren und auf zwei Konten, eines für jeden Partner, einzahlen würde. Damit würde sichtbar dokumentiert, dass es vordergründig bezahlte und unbezahlte Berufe gibt, dass es eine Arbeitsteilung gibt und diese ein klares Geschäft ist. Ich verfahre in meiner Ausbildungs-, Beratungs- und Therapiepraxis seit 1990 so, dass ich die Tätigkeit im Haushalt auch als Beruf bezeichne und sie deutlich als einen solchen hervorhebe.

Vielleicht kennen Sie den Werbespot, in dem sich eine (Haus-)Frau als „erfolgreiche Managerin eines kleinen Familienunternehmens" vorstellt. Dieser Werbespot spricht vielen aus dem Herzen, die sich in diesem Lebensbereich, dieser Rolle, nicht gesehen, nicht geachtet und manchmal auch entwürdigt und beschämt fühlen. Das Bedürfnis, in dieser Tätigkeit geachtet und wert-geschätzt zu werden, bringt der Spot elegant auf den Punkt.

In der öffentlichen Meinung gibt es jedoch eine starke Tendenz, diesen Bereich hintan zu stellen und stattdessen der Erwerbsarbeit (der bezahlten Arbeit[4]) eine größere Bedeutung zuzumessen. Mit welchem Ergebnis? Immer weniger Menschen fühlen sich mit dieser Tätigkeit wohl und es wird immer weniger Zeit auf Arbeit im Haushalt verwendet. Das Wissen und die Fertigkeiten einer Wohn-, Ess-, und Lebenskultur gehen verloren und die Menschen lassen sich zunehmend in ihrer Selbstständigkeit und Eigenständigkeit darin, sich selbst zu versorgen, durch die Nahrungsmittelindustrie und andere „Versorgungsunternehmen" einschränken – und krank machen[5]. Wir werden somit Abhängige der Industrie und des Staates. Wer kann heute noch selbst

- Energie herstellen,
- Nahrungsmittel herstellen,
- Bauen,
- Essen zubereiten,
- Kinder großziehen,
- hilfsbedürftige Angehörige versorgen?

---

4   Ich lehne mich hier an Wilhelm Schmid (2005) an. Er bezeichnet alle Tätigkeiten als Arbeit und die Arbeit, mit der wir den Lebensunterhalt verdienen, als Erwerbsarbeit.

5   Nach dem Fall der Mauer 1989 stiegen die durch Nahrungsmittel bedingten Allergien in den neuen Bundesländern deutlich an.

Der Lebensbereich Haushalt ist für das Wohlergehen wichtig und braucht Zeit. Ich erlebe in Gesprächen immer wieder, wie „das bisschen Haushalt" abgewertet wird, wie Frauen und Männer selbst gering schätzen, was sie hier Wertvolles für sich und andere tun.

Tipps

✓ Gehen Sie bewusst mit Ihrem Haushalt um.
✓ Entscheiden Sie, was Sie selbst übernehmen und was Sie durch andere erledigen lassen.
✓ Finden Sie einen für Sie passenden Weg zu haushalten.
✓ Sprechen Sie sich (immer wieder) mit Ihrem Partner / Ihrer Partnerin / Ihren Kindern ab.
✓ Fühlen Sie sich in Ihrer Wohnung oder Ihrem Haus zu Hause, heimelig und wohl.

2.4 Paarbeziehung – Liebesbeziehung und Partnerschaft

Wir leben als Menschen in Gemeinschaft mit anderen Menschen. Wir sind aufeinander bezogene Wesen und brauchen die Liebe und die Zuwendung anderer, um uns zu entwickeln und zu entfalten. Wir sehnen uns danach, von anderen verstanden zu werden, mit anderen etwas zu tun, Zeit zu verbringen, zu lachen und zu weinen, Gefühle und Gedanken auszutauschen. Für Erwachsene ist die Beziehung zu einem anderen Menschen in Form einer Liebesbeziehung und einer Partnerschaft[6] von zentraler Bedeutung für das eigene Wohlbefinden.

Eine Liebesbeziehung ist die Form der Beziehung, in der wir uns deutlich für den anderen interessieren, ihn mögen, von ihm enttäuscht sind, uns ärgern, mit ihm reden, schmusen, Sexualität erleben. Von Partnerschaft sprechen wir, wenn wir mit einem oder einer anderen gemeinsame Projekte ins Leben rufen, zum Beispiel eine Wohnung mieten, ein Haus bauen, Kinder bekommen, eine Reise machen usw. Ich unterscheide diese beiden Beziehungsformen, weil sie einer unterschiedlichen Handlungslogik folgen. Wenn Paare beide Handlungslogiken bewusst oder auch unbewusst unterscheiden und sie entsprechend leben, fühlen sie sich als Paar lebendig und erfüllt; wenn sie die Logiken verwechseln, wird es ungemütlich.

Auf Dauer ist eine Liebesbeziehung geprägt durch die Handlungslogik der bedingungslosen Hingabe. Bildlich gesprochen ist sie ein Geschenk. Ein Geschenk wird

---

6   Ich beziehe mich in der Unterscheidung von Liebesbeziehung und Partnerschaft in einer Paarbeziehung auf einen Artikel von Jellouschek (2009). Ich verwende diese Unterscheidung inzwischen auch in Arbeitsbeziehungen. Auch dort werden diese beiden Ebenen oft vermischt oder verwechselt und führen dann zu Beziehungsproblemen.

ohne Bedingungen gegeben und kann ohne Bedingungen angenommen oder abgelehnt werden. Liebe erblüht nur dann, wenn sie bedingungslos gegeben, gewünscht oder erbeten wird. Wird sie verlangt, gefordert oder aufgerechnet, kann sie nicht leben. „Die Liebe ist das Kind der Freiheit", heißt es sehr passend in einem alten französischen Sprichwort, das auch ein Buchtitel des Paartherapeuten Michael Lukas Moeller (1986) ist.

In der Liebesbeziehung erfahren wir Zuneigung, tauschen in tiefen Gesprächen unsere innersten Gefühle und Gedanken aus, unsere Träume. Es macht uns glücklich, wenn wir das Interesse einer anderen Person spüren, Interesse an unserem „Einfach-so-Sein". Die Liebe gibt uns die Möglichkeit, uns aus unserer Geschichte heraus zu entwickeln, uns voll zu entfalten, unsere Möglichkeiten und Potenziale zu leben.

Die Partnerschaft hingegen folgt der Logik der Gerechtigkeit, der eines Tauschhandels, eines Tauschgeschäftes, eines Kontos. Beide an dem Projekt Beteiligten bringen ihren Teil ein, auch wenn er in unterschiedlicher Währung wie Arbeit, Geld usw. eingezahlt werden kann. Langfristig funktioniert eine Partnerschaft dann, wenn ein Ausgleich von Geben und Nehmen besteht, wenn jeder auf das Konto seinen Betrag eingezahlt hat. Hat einer von beiden dies versäumt, kann er es nachholen, und damit ist das Konto wieder ausgeglichen.

In der Liebesbeziehung funktioniert dies nicht. Hat einer den anderen verletzt, so kann er dies durch Taten nicht wiedergutmachen. Die Liebesbeziehung kann nur dann stabilisiert werden, wenn der oder die Verletzte verzeiht und der andere sich künftig anders verhält. Wird die Logik der Partnerschaft auf die Liebesbeziehung angewandt, stirbt die Liebesbeziehung; wird die Logik der Liebesbeziehung auf die Partnerschaft angewandt, kann keine tragfähige Partnerschaft entstehen. Beide, Liebesbeziehung und Partnerschaft, sind für eine langfristige Paarbeziehung wichtig. Beide sind geprägt vom wechselseitigen Austausch, folgen aber verschiedenen Handlungslogiken

In Mangelsituationen verwechseln Menschen die oben beschriebenen Logiken häufig. Sie wenden in der Liebesbeziehung die Handlungslogik der Partnerschaft an: Sie verlangen Liebe, fordern sie und rechnen sie auf. Und in der Partnerschaft die Logik der Liebesbeziehung. Dies zeigen sie in Überzeugungen wie: „Wenn du mich liebst, musst du mich versorgen. Wenn du mich liebst, musst du mir, was die Geschäfte, das Finanzielle angeht, blind vertrauen."

Ein Beispiel[7]:

Ein Ehepaar fährt zur Geburtstagsfeier des Vaters der Frau. Als das Paar nach der Feier ins Bett geht, sagt der Mann: „Ich fahre nie mehr auf eine Feier deines Vaters. Das war grässlicher denn je. Dein Vater sieht nur immer sich, alles dreht sich nur um ihn und andere werden abgewertet und sind Luft für ihn." Die Frau entgegnet: „Das kannst du doch nicht machen. Ich fahre schließlich auch mit dir zu den Geburtstagen deiner Eltern." Der Mann: „Doch, ich kann es machen, ich lasse mich doch von dir nicht bestimmen, ich bin schließlich 50 Jahre alt und ein selbstständiger Mann." In diesem Stil streiten sie sich weiter und schlafen schließlich völlig unzufrieden nebeneinander ein. Als sie dann im Paargespräch mit dem Eheberater die Situation genau anschauen und sich fragen, wie es zu diesem unerquicklichen Streit gekommen war, wird der Frau bewusst, dass es ihr schon als Kind mit ihrem Vater genauso ging wie jetzt ihrem Mann bei der Geburtstagsfeier und dass es ihr mit ihm auch heute noch so geht. Ihr wird klar, dass sie an dem Abend im Streit nur wollte, dass ihr Mann sie zum Geburtstag weiter begleitet, damit sie jemanden bei sich hat, der sich für sie interessiert und von dem sie spürt, dass er sie mag. Der Mann konnte sich ohne Schwierigkeiten auf diesen Wunsch seiner Frau einlassen. Auf die Forderung und die Aufrechnung, die sie ihm auf dem Geburtstag gemacht hatte, konnte er nur mit Ablehnung reagieren. Sie hatte mit der Handlungslogik der Partnerschaft etwas für ihre Liebesbeziehung eingefordert, darauf hatte er mit Zurückweisung reagiert. Hätte sie einfach nur ihr inneres Bedürfnis nach Unterstützung für sich selbst ausgedrückt und damit in der Logik der Liebesbeziehung gehandelt, wäre es zu dem unerquicklichen Streit nicht gekommen und beide hätten sich wohlgefühlt und wären miteinander glücklich eingeschlafen.

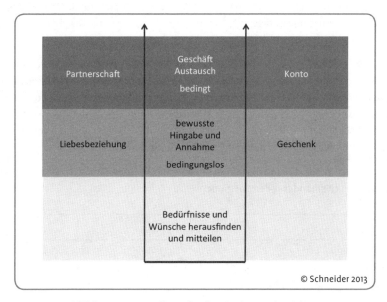

© Schneider 2013

Abbildung 2-2: Handlungslogiken in der Paarbeziehung

---

7   Aus: Jellouschek (2009), S. 120.

Durch die Vermischung der Handlungslogiken kommt es zu Schwierigkeiten in der Paarbeziehung, die manche zu früh durch Liebesaffären, Trennung oder Scheidung zu lösen versuchen. Ohne individuelle Weiterentwicklung in einer Paarbeziehung tauchen in der nächsten Beziehung die gleichen Themen und Probleme wieder auf.

Paare reden in der Regel zu wenig miteinander, teilen sich zu wenig mit, tauschen sich nicht genügend aus. Und wenn sie reden, scheitern sie häufig, enden in gegenseitigen Vorwürfen und ziehen sich dann enttäuscht zurück. Vor Angst, erneut zu scheitern und abgewiesen zu werden, bleiben sie schließlich im Rückzug stecken und wagen keine wirklich persönlichen Gespräche mehr. Sie mauern sich ein und die Liebe erstickt.

Dieser Falle entkommen Paare, wenn sie sich mit ihren Bedürfnissen, Wünschen und Gefühlen mitteilen. „In der Handlungslogik der Liebe sind wir ohnmächtig, zumal wenn wir dabei unsere Bedürftigkeit eingestehen" (Jellouschek 2009, S. 121). Es lohnt sich diese Ohnmacht zuzulassen, sie macht uns realistisch frei.

ÜBUNG

„Wie können wir gut miteinander reden?"

Wie im Beispiel oben deutlich geworden ist, besteht die Kunst des Gespräches darin, von sich selbst zu erzählen, sich mitzuteilen. Wie gelingt dies? Indem man zu sich selbst steht und die eigenen Wünsche, Bedürfnisse, Gefühle und Gedanken mitteilt, ohne dabei den anderen/die andere zu bestimmen und zu überfahren. Sprachlich geschieht dies durch Sätze, die mit „Ich ..." beginnen und nicht mit „Du solltest ...", „Du müsstest ..." oder Wörter wie „Nie ...", „Noch nie ...", „Immer ...", „Alles ...", „Nichts ..." enthalten.

Auf der seelischen Ebene ist es wichtig, dass Sie in sich selbst Ihre Wünsche, Bedürfnisse, Gefühle, Gedanken und Handlungsimpulse zulassen, begreifen, beschreiben und in Sprache fassen. Es ist ein innerer Prozess der Wertschätzung sich selbst gegenüber und der Versprachlichung und Mitteilung der eigenen inneren Welt, die zur Annahme beim Gegenüber führt. Über die Wertschätzung und die Annahme der eigenen Person im Kontakt mit einer anderen vertrauten Person entsteht die Wertschätzung der/des geliebten Partnerin/Partners.

Wie reagiert Ihr Mann oder Freund/Ihre Frau oder Freundin, wenn Sie das Gespräch mit dem Satz „Wir müssen mal miteinander reden" beginnen?

_____

_____

Wie reagiert Ihr Mann oder Freund/Ihre Frau oder Freundin, wenn Sie das Gespräch mit dem Satz „Ich möchte mit dir reden" eröffnen?

_____

_____

Probieren Sie es einmal aus. Sie werden feststellen, dass zu Ihrer großen Überraschung bei der zweiten Form der Anrede Ihr Mann oder Ihre Frau tatsächlich auf Sie eingeht. Warum? Weil Sie zu sich stehen, weil Sie sich in Ihrem Wohlbefinden nicht vom Verhalten des anderen abhängig machen und direkt und ehrlich auf ihn / sie zugehen.

Um sich selbst gut kennen und verstehen zu lernen braucht es auch Gespräche mit anderen Menschen außerhalb der Liebesbeziehung und der Partnerschaft, denen man sich anvertrauen kann, mit denen man in schwierigen Phasen redet, wenn man noch nicht weiß, was man eigentlich selbst will oder was der Konflikt mit dem Partner in einem selbst ausgelöst hat. Sie klären für sich Ihre eigenen Gefühle und Bedürfnisse und sortieren vor, bevor sie Sie sich in unangemessener Form an Ihren Mann / Ihre Frau wenden. Schlussendlich ist es unabdingbar, sich achtsam mit den eigenen Wünschen, Bedürfnissen, Gefühlen und Gedanken mitzuteilen (siehe Abb. 2-2) und offen zu sein für die ehrliche Reaktion des anderen.

Ich habe für Situationen, in denen Sie etwas ansprechen oder einen Konflikt lösen möchten, die *Formel K,* eine Gesprächsformel, entwickelt, an der Sie sich orientieren können. Sie können mit dieser Formel ein Gespräch vorbereiten und führen (siehe Abb. 4-10).

Beziehung braucht Zeit und Pflege, sonst kann nicht entstehen, was ich gerade skizziert habe. Gerade dann, wenn wir durch Kinder, Eltern oder berufliche Herausforderungen sehr in Anspruch genommen werden, ist es von großer Wichtigkeit, sich als Paar Zeiten miteinander zu nehmen. Dafür sollten Pflichten rund um Kinder oder Ihnen anvertraute Menschen für eine bestimmte Zeit an andere delegiert werden. Ein gemeinsames Wochenende am Meer, ein Konzertbesuch, ein Spaziergang – es gibt so viele Möglichkeiten und Vorlieben für eine solche Paar-Zeit, wie es Paare gibt.

Eine heutzutage weitverbreitete Versuchung in der Paarbeziehung ist es, sich allzu sehr auf den einen vertrauten Menschen zu stürzen, ja zu werfen, und den anderen in der „Zweisamkeit" mit zu vielen und zu vage definierten Forderungen zu überhäufen; dies kann ihn / sie aus der Beziehung vertreiben. Pflegen Sie auch Kontakte zu Freundinnen und Freunden, Kolleginnen und Kollegen, anderen Menschen, mit denen sie reden, spielen und feiern.

Wenn Kinder oder Tiere zur Familie dazugehören, kommt es häufiger zu Problemen übergroßer Eifersucht. Diese entsteht aus der Angst, nicht genügend Zuwendung zu bekommen. Hier ist es wichtig, die eigenen Zuwendungsbedürfnisse und die eigenen Strategien, diese zu befriedigen, gut zu kennen und sich darüber im Klaren zu sein, dass die Art der Zuwendung zu Kindern oder Tieren eine andere Art der Zuwendung ist als die zu erwachsenen Menschen; sie aus einer anderen Rolle heraus gelebt wird. Die Mutter des Kindes ist nicht die Mutter des Mannes, der Vater des Kindes nicht der Vater der Frau. Sie ist die Frau des Mannes und die Mutter des Kindes, er ist der Mann der Frau und der Vater des Kindes. Was wir als Kinder von den Eltern nicht bekommen haben, taucht in der Beziehung jetzt als Bedürfnis aus der Vergangenheit auf und wir übertragen es auf unsere Beziehungspartner.

Nur, und das wird immer wieder deutlich, was wir von unsren Eltern nicht bekommen haben, können wir nie wieder vom Mann oder der Frau bekommen. Wir können jetzt in einer erwachsenen Form (nur) die jetzt auch mögliche Zuwendung und Liebe entgegennehmen und geben. Schellenbaum (1991) nennt diesen hier notwendigen Entwicklungsprozess zutreffend den „Verzicht auf zu späte Elternliebe". Es ist völlig natürlich, dass diese Konflikte und Themen in der Paarbeziehung auftauchen. Sie lassen sich lösen und die Beziehung wächst daran. Manchmal tut hier auch professionelle Hilfestellung durch Paarberater oder Paartherapeuten gut.

Wir handeln und leben in der Paarbeziehung in verschiedenen Rollen. Wir sind Mann und Frau, haben eine Liebesbeziehung. Wir sind Geschäftspartner, was unser materielles Zusammenleben angeht, wir sind gemeinsame Eltern unserer Kinder oder „Stiefeltern" von Kindern der Lebenspartner. Diese Rollen gilt es auseinanderzuhalten. Und es gilt, die Zuwendung in den verschiedenen Rollen zu pflegen.

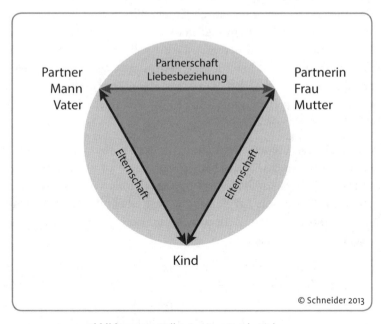

Abbildung 2-3: Rollen in einer Paarbeziehung

Eine Beziehung kann man gut mit einem Feuer vergleichen. Das Feuer brennt auf die Dauer nur, wenn man Holz nachlegt, wenn man es schürt. Da das Paar mehrere Rollen gleichzeitig hat, vergisst es manchmal die Liebesbeziehung und lebt nur die Partnerschaftsrollen und die Elternrollen. Wenn das Feuer der Liebesbeziehung nicht mehr am Leben erhalten und gepflegt wird, kann es auch zum Burnout und zum Aus in der Beziehung kommen. Die Falle besteht darin zu meinen, die Partnerschaftsrollen würden uns auf die Dauer verbinden. Aber nur beides zusammen – die gemeinsamen Projekte, das Miteinander, die tätige Verbundenheit und die sichtbaren Ergebnisse der Partnerschaft sowie die der Liebesbeziehung eigenen empfangende und gebende Form der Verbundenheit, die bedingungsloses Mögen und Gemocht-Sein, Lieben und Geliebt-Sein in der ursprünglichsten Form gewährleistet eine langfristige lebendige Paarbeziehung.

Tipps

✓ Hören Sie mal spontan einfach (nur) zu.
✓ Teilen Sie sich (einfach) mit Ihren Befindlichkeiten mit.
✓ Planen Sie Zeiten für die Liebesbeziehung ein und genießen diese Zeit.
✓ Planen Sie Zeiten zum Reden und Zuhören ein und halten Sie sie ein.
✓ Entwickeln Sie eine Gesprächskultur.
✓ Klären Sie Ihre Finanzen und seien Sie darin offene und ehrliche Geschäftspartner.
✓ Überlegen Sie genau, welche Projekte Sie gemeinsam machen (mehr gemeinsame Projekte schaffen nicht mehr Liebe).
✓ Eher weniger Projekte (wenn Sie schon viele haben) und mehr Zeit in die Liebesbeziehung stecken.
✓ Nehmen Sie Ihr Privatleben genauso ernst wie Ihren Beruf.

Literaturempfehlungen zum Thema Paarbeziehung:

Von Hans Jellouschek gibt es mehrere empfehlenswerte Titel:

Der Froschkönig.
Semele, Zeus und Hera.
Mit dem Beruf verheiratet.
Wagnis Partnerschaft. Wie Liebe, Familie und Beruf zusammengehen.
Liebe auf Dauer. Die Kunst, ein Paar zu bleiben.

Außerdem empfehle ich:

Peter Schellenbaum: Das Nein in der Liebe – Abgrenzung und Hingabe in der Liebesbeziehung.
Michael Lucas Moeller: Die Wahrheit beginnt zu zweit.

Anmerkung:
Die Unterscheidung von Geschäftsbeziehung und „Liebesbeziehung" ist nicht nur in der Paarbeziehung, sondern auch in allen anderen Beziehungen sehr hilfreich. In Familienbeziehungen, wenn es um Geschäfte und insbesondere um Erbangelegenheiten geht; in Arbeitsbeziehungen und Freundschaften, wenn Personen mit persönlichem Charme und privaten Kontakten oder mit Geld zu manipulieren versuchen.

Tipp

✓ Unterscheiden Sie in Ihren Beziehungen Partnerschaft (Geschäftsbeziehung) und „Liebesbeziehung" (wie Sie den anderen mögen).

2.5 Freunde, Freundinnen, Freundschaften

Menschen, die sich in ihrem Leben wohlfühlen, pflegen Freundschaften mit in der Regel drei bis fünf Freunden oder Freundinnen. Untersuchungen in Deutschland zeigen, dass meist Frauen wesentlich mehr Freundschaften pflegen und Männer relativ häufig nur einen Freund oder gar keinen „haben". Freundschaften haben, ähnlich wie Paarbeziehungen, einen Aspekt von Intimität. Diese Intimität umfasst, sich mit ganz privaten Dingen einem anderen anvertrauen zu können und sich dabei verstanden zu fühlen. Freundschaft gibt den Beteiligten das Gefühl, so sein zu dürfen, wie sie gerade ‚drauf' sind, aber auch klare Worte zu hören, wenn der Freund oder die Freundin anderer Meinung ist.

Wir können mit Freunden und Freundinnen gemeinsam Dinge erleben: reisen, spielen, Hobbys pflegen, Sport treiben, reden, schweigen, singen, tanzen, essen. Die Paarbeziehung wird einerseits durch Freundschaften von einer guten Portion Zuwendungsdruck befreit. Und andererseits können wir uns mit Freunden über Probleme in der Paarbeziehung austauschen, aber auch über Themen wie Elternschaft, Arbeit etc. Wir erhalten Rückmeldungen, lernen andere Ideen kennen, andere Blickwinkel. Wir erfahren, dass andere Menschen vergleichbare Themen wie wir hin und her bewegen und dass ihnen ähnliche Entwicklungsherausforderungen begegnen wie uns selbst.

Für manche Selbsterkenntnis brauchen wir auch fremde Menschen, die uns ohne Scheu und mit Achtung in den Spiegel schauen lassen. Meist haben sie mit uns und unserem Alltag nichts zu tun. Wir treffen sie zufällig im Zug, begegnen ihnen auf Reisen oder gar auf Pilgerfahrten (nicht umsonst ist das Buch „Ich bin dann mal weg" von Hape Kerkeling ein Bestseller geworden). Oder wir suchen uns gezielt einen Seelsorger, Arzt, Psychotherapeuten oder Coach, der uns ein Stück des Weges professionell begleitet. Gezielte Bildungsangebote für die Entwicklung im persönlichen Bereich eignen sich ebenfalls sehr gut.

Freundschaften können auch zu Ende gehen. Häufig haben sie für eine bestimmte Entwicklungs-, Arbeits- oder Lebensphase Bestand. Lebenslange Freundschaften sind eher rar, jedoch sehr wertvoll. Auch sind wir oft versucht, eine Freundschaft mit Forderungen nach Verständnis und Zuneigung zu überfrachten. Dann läuft sie Gefahr, schnell zu sterben, im ungünstigen Fall sogar in Groll und Bitterkeit zu enden. Günstiger ist es, eine Verbindung in einem guten Trauerprozess zu Ende gehen zu lassen und sie als wertvolle Erfahrung für die betreffende Lebensphase in Erinnerung zu behalten.

Auch für freundschaftliche Beziehungen kann es klärend und hilfreich sei, wenn wir für uns bewusst eine Unterscheidung zwischen Partnerschafts- und Liebesbeziehung treffen.

Und auch hier steht für uns eine Falle bereit: dass wir es nicht mehr wagen, nach dem Ende von Verbindungen keine neuen Freundschaften mehr zu knüpfen und zu pflegen, sondern uns in Bitterkeit und selbst gewählter Isolation vergraben, in der falschen Überzeugung, nicht beziehungsfähig zu sein.

Tipps

- ✓ Wenn Sie noch keine Freundschaft pflegen, fangen Sie jetzt damit an. Die Amerikaner sagen ganz pragmatisch: „Wenn du noch keine Freunde hast, mache dir welche." Den deutschen Begriff „Freundschaft pflegen" habe ich hier ganz bewusst verwendet. Er trifft die Tatsache der eigenen ausdauernden Aktivität genau.
- ✓ Verabreden Sie sich mit Freunden. Machen Sie das so selbstverständlich, wie Sie Ihre anderen „Verpflichtungen" einhalten.
- ✓ „Beschweren" Sie Freundschaften nicht zu sehr. Ernsthaftigkeit kann auch mit Leichtigkeit verknüpft sein. Genießen Sie in Freundschaften neben dem Ernsthaften auch das Leichte und Lockere.
- ✓ Feiern Sie mal ein Fest mit all denen, die Sie mögen. Anlässe lassen sich immer finden.
- ✓ Lachen und spielen Sie in Freundschaften.

2.6 Bekannte

Als Bekannte bezeichne ich Menschen, denen wir immer wieder begegnen, denen wir jedoch nicht unser Innerstes zeigen. Mit ihnen teilen wir Gewohntes und tauschen mehr oder weniger unverbindlich Zuwendung mit ihnen aus. Wir sehen sie, wir grüßen sie, wir reden mit ihnen über das Wetter, die Welt, über Politik, Sport, Autos, Männer, Frauen, Kinder oder Tiere. Bekannte tragen zu unserem Wohlbefinden bei, vermitteln sie uns doch das Gefühl von Normalität, von einer Alltagsatmosphäre, in der wir uns kundig bewegen. Überlegen Sie doch einmal, wie es für Sie wäre, wenn die Verkäuferin beim Bäcker, die Sie mindestens einmal die Woche sehen, nicht mehr grüßen, der Pförtner am Betriebseingang Ihnen nicht mehr zuwinken würden oder wenn die Nachbarn Sie nicht mehr kennen, Menschen, mit denen Sie Sport treiben, nicht mehr mit Ihnen lachen und feiern würden?

Wir sind leicht geneigt, Bekanntschaften als etwas Oberflächliches abzutun. Das wäre nicht angemessen, denn sie tragen sehr viel zu unserer Lebensatmosphäre bei, zum Fluidum, in dem wir uns täglich bewegen.

Tipps

✓ Wie grüßen Sie Bekannte? Schauen Sie sie mal etwas länger an und blicken Sie ihnen in die Augen.

✓ Halten Sie ruhig ab und an einen kleinen Plausch.

✓ Begegnen Sie Verkäuferinnen und Verkäufern, die Sie immer wieder sehen, mit Achtung. Halten Sie für diese Menschen einen freundlichen Blick, ein nettes Wort, eine kleine Anerkennung, einen kleinen Trost bereit.

2.7 Kinder

Weniges erleben wir unbefangener und unmittelbarer als das strahlende Lachen, das herzergreifende Weinen eines Kindes. Kinder vermitteln uns Lebensfreude, Ursprünglichkeit, Kreativität und bedingungslose Zuneigung und pure Glücksgefühle. Sie sprechen unsere ursprünglichen Seiten an und wecken Wesenszüge, die in uns schlummern. Kinder erinnern uns an uns selbst als Kind, an unsere lang zurückliegenden schönen wie schmerzhaften Erfahrungen. Lassen wir uns auf diese Impulse ein, dann nutzen wir eine Chance, uns weiterzuentwickeln und uns mit unserer Vergangenheit zu versöhnen. Wir können auf diese Weise nicht gelebte, in der Vergangenheit „weggedrückte" Potenziale freilegen und sie nun als Erwachsene ins Leben bringen und entfalten.

Es müssen nicht „eigene" Kinder sein, auf die wir uns einlassen, die wir fördern und begleiten. Kinder sind sowieso nicht unser Eigen, sie gehören uns nicht. Es können Nichten, Neffen, Nachbarskinder sein oder Kinder, die wir adoptieren. Entscheidend ist, dass wir uns auf sie einlassen, sie fördern und begleiten, mit ihnen spielen, singen und lachen, weinen und zornig mit ihnen sind, sie trösten und pflegen, sie in den Arm nehmen und gehen lassen, mit ihnen Dinge entdecken und lernen.

Im Kontakt mit Kindern wird unsere natürliche Seite wachgerufen, für jemanden da zu sein, Fürsorge zu empfinden und geben zu wollen. Aus einer neugierig-bewussten erwachsenen Haltung heraus können wir diesen Instinkten und Impulsen folgen und neue, erwachsene Formen der Fürsorge und Verantwortung entwickeln – zunächst für die Kinder, dann auch für uns selbst und andere Erwachsene.

Probieren Sie diese fürsorgliche Haltung einmal aus: Seien Sie das nächste Mal, wenn Sie etwas falsch gemacht haben, sich selbst gegenüber so natürlich herzlich, verständnisvoll und fürsorglich zugewandt, wie Sie es instinktiv einem Kind oder anderen Kindern gegenüber waren oder sind. Lassen Sie schmerzhafte Erziehungserfahrungen hinter sich und wiederholen Sie nicht das Verhalten Ihrer Eltern oder anderer Bezugspersonen, das Ihnen damals nicht bekommen ist. Handeln Sie stattdessen kreativ und erfinderisch – sich selbst und anderen wohlwollend zugewandt.

Dass derzeit so wenige Kinder in Deutschland geboren werden, ist nicht verwunderlich: Um Kinder großzuziehen, brauchen wir Platz, Zeit, Raum und die geistig-seelische Wertschätzung der Gesellschaft. Wenn beide Eltern voll in der Erwerbsarbeit stecken – und nur diese wird derzeit tatsächlich öffentlich anerkannt und propagiert –, dann fehlen Platz, Zeit und Raum, Kinder zugewandt und zwangslos großzuziehen.

Für Eltern besteht die große Herausforderung darin, die eigenen Bedürfnisse parallel zu den Bedürfnissen der Kinder zu befriedigen. Dies will gelernt sein, aber grundsätzlich ist in uns allen die Fähigkeit dazu angelegt. Sie kann entwickelt werden, wenn sie abgerufen wird. Eltern und Kinder wachsen gemeinsam in ihre Beziehung hinein.

Tipps

✓ Geben Sie sich die Chance, in Ihre Aufgabe als Eltern hineinzuwachsen.
✓ Tauschen Sie sich mit anderen (erfahrenen) Eltern aus.
✓ .Nehmen Sie die Hilfe Ihrer Eltern und Freunde in Anspruch.
✓ Lesen Sie anregende Literatur.
✓ Finden Sie Ihre eigene Art, Kinder großzuziehen und Kindern zu begegnen – und stehen Sie dazu.

Literaturempfehlungen:

Jesper Juul: Das kompetente Kind.
Jesper Juul: Grenzen, Nähe, Respekt. Wie Eltern und Kinder sich finden.
Jesper Juul: Vom Gehorsam zur Verantwortung.
Jesper Juul: Pubertät. Wenn Erziehen nicht mehr geht.

2.8 Tiere

Tiere verbinden uns mit der Natur und schenken uns bedingungslose Zuwendung. Sie vermitteln uns unsere animalische Seite, regen uns an, unsere Grundbedürfnisse wieder zu achten, unsere Urwüchsigkeit und Spontaneität zu leben. Viele Menschen empfinden das Versorgen von und das Spielen mit Tieren als sehr befriedigend und beglückend.

Tipp

✓ Lassen Sie sich bewusst auf ein Haustier ein, vorausgesetzt, Ihre Frau / Ihr Mann, die Kinder wollen dies auch und die Umstände sind so einzurichten, dass es einem Tier bei Ihnen gut gehen wird.

2.9 Familien

Immer schon lebten Menschen in kleineren und größeren Lebensgemeinschaften, die es ihnen ermöglichten, verschiedene Bedürfnisse gleichzeitig zu befriedigen. Familien sind Gemeinschaften von Blutsverwandten, von Getrauten, Vertrauten und Anvertrauten. Untersuchungen zeigen, dass in persönlichen Notsituationen Familienangehörige sich als die stabilsten Beziehungspartner erweisen. Sie sind es, die in schwierigen Situationen helfen und versorgen, wenn Freunde und Bekannte schon das Handtuch geworfen haben und nicht mehr zur Seite stehen.

In der Regel sprechen wir in unserem Kulturraum von einer Familie, wenn ein Paar mindestens ein Kind hat. Wenn sich jedoch eine Familie neu gegründet hat, ist die Unterscheidung zwischen aktueller Familie und Ursprungsfamilie interessant und wichtig, denn oft kommt es zu Konflikten zwischen der älteren und der jüngeren Generation. Wer hat ab jetzt das Sagen? Wer bestimmt die Familienkultur?

Besonders vor Weihnachten wird für die Menschen in unserem Kulturraum Familie zum beherrschenden Thema. Das Familienfest schlechthin führt dazu, das bei vielen von uns Empfindungen wie Verbundenheitsgefühle, Einsamkeit, nicht gelöste Konflikte, Verpflichtungsgefühle, Abhängigkeiten und alte, schmerzliche Erfahrungen ins Bewusstsein rücken. Quasi über Nacht stellen sich Fragen mit Konfliktpotenzial: Wie will ich Weihnachten verbringen? Wen lade ich ein? Gehen wir zu den Eltern oder zu den Schwiegereltern? Wann zu wem? Unser Kind kommt heim zum Fest – und nun? Feiern wir mit ihm bei uns oder bei den Eltern? Will ich mit meiner Familie überhaupt noch etwas zu tun haben? Lade ich die Exfrau, den Exmann ein? Feiern wir als Patchworkfamilie? Was ist Tradition? Wie lebe ich die Tradition? – Fragen über Fragen. Es ist aber wichtig, sie zu stellen und für sich zu beantworten. Und ganz wichtig: Stehen Sie dabei zu sich selbst!

Doch nicht nur intergenerationelle, auch geschwisterliche Beziehungen erleben viele von uns als problematisch. Mit so manchem Bruder, mancher Schwester hätten wir am liebsten nichts zu tun, weil diese sich in unseren Augen „anders", „komisch", gar „verrückt" verhalten. Manche Geschwister haben ernsthafte Probleme, sind psychisch krank, haben Alkoholprobleme oder sind straffällig geworden. Wir schämen uns für sie, möchten nicht mit ihnen gesehen und in Verbindung gebracht werden. Hier hilft es, zu sich selbst zu stehen und sich über folgende Wahrheit klar zu werden: „Ich konnte mir meine Ursprungsfamilie nicht aussuchen."

Genauso wie ich für mich verantwortlich bin, so sind auch erwachsene Geschwister, Eltern und andere Verwandte für sich selbst verantwortlich. Wie ich die Beziehung zu ihnen gestalte, muss vor allem zu mir selbst passen. Deshalb mache ich alles, was ich im Hinblick auf Familienangehörige tue, in erster Linie mit mir selbst aus und tue es dann aus freien Stücken. Mit dieser Haltung lassen sich alte Beschämungen, falsche Verpflichtungen und Loyalitäten am leichtesten auflösen und ein verantwortlicher und verbindlicher Umgang mit Familienangehörigen lässt sich so entwickeln (siehe dazu auch Kapitel 4.3, „Eigenständigkeit und Verbundenheit"). Nicht selten zeigt sich, dass wir mit Familienangehörigen wesentlich weniger oder gar keinen Kontakt mehr pflegen (können) als mit anderen Menschen, denen wir im Laufe des Lebens begegnet sind. Dies ist zunächst schmerzlich; wenn man aber dazu steht und die Realität anerkennt, ist es erleichternd, so zu leben.

Tipps

✓ Machen Sie bewusst einen Besuch bei einem/einer Familienangehörigen, den/die Sie gerne besuchen würden.

✓ Wenn Sie Schwierigkeiten mit Mitgliedern Ihrer Herkunftsfamilie haben, nehmen Sie Ihre Frau/Ihren Mann mit, damit Sie sich mit einer Vertrauensperson austauschen können.

✓ Stehen Sie zu sich und Ihren Wertvorstellungen und Vorgehensweisen und gestalten die Beziehung zu Ihren Familienangehörigen so, dass Sie sich nicht verbiegen.

✓ Seien Sie sich bewusst, dass Sie die Beziehung nie beenden können, dass Sie jedoch die Form der Beziehung, die Begegnung, selbst gestalten können.

2.10 Hobbys

In ihrer arbeitsfreien Zeit spielen, malen und singen Menschen; sie tanzen, machen Musik, lesen, basteln, werken, tischlern, bildhauern, handarbeiten, schauspielern, gärtnern, töpfern, treiben Sport, bewegen sich spielerisch. Sie tun dies allein oder in Gemeinschaft. Im Bereich ihrer Hobbys leben Menschen ausgeprägt ihre schöpferische, spielerische Seite, die sie mit ihrem innersten Wesen verbindet und dazu beiträgt, dass sie sich wohlfühlen. Wir alle teilen das Bedürfnis, uns von Zeit zu Zeit fallen zu lassen, loszulassen, was uns einengt, und uns einzulassen auf unsere Quellen, um aus ihnen zu schöpfen und zu schaffen.

Und gerade dann, wenn jemand beruflich stark eingebunden ist und viele Stunden mit Erwerbsarbeit verbringt, ist es extrem wichtig, diese spielerische Seite ebenfalls zu leben. So vermeiden wir Einseitigkeit und „schalten ab"; genauer gesagt schalten wir um auf „Erholung".

Auch Erwerbsarbeit ist nur dann auf Dauer befriedigend und erfolgreich, wenn sie weitgehend schöpferisch und spielerisch von der Hand geht. Auch dazu braucht es das Sein-Lassen, das Loslassen und das Sich-Einlassen – auf sich selbst, auf andere, auf die Welt, den Kosmos.

In meiner Arbeit als Coach habe ich festgestellt, dass Menschen, die ein Hobby pflegen, gut von ihrer Arbeit „abschalten" können und aus ihren Hobbys sehr viel Lebenszufriedenheit ziehen. Was passiert, umschreiben sie so: Sie erden sich, fühlen sich beflügelt, sind begeistert, kommen auf andere Gedanken, haben andere Gesprächsthemen, pflegen andere Kontakte, vergessen alles andere um sich herum, lassen alle Last von sich abfallen, fühlen sich frei .

Manche Menschen suchen angestrengt nach einem passenden Hobby und finden es nicht. Warum nicht? Weil sie sich unter unpassenden Druck setzen. Mit Gedanken wie: „Es muss unbedingt das Richtige sein" oder: „Wenn ich schon Freizeit habe, dann muss aber ..." folgen sie alten inneren Zwängen und der Logik von Zweckgerichtetheit. Günstiger ist es, das passende Hobby aus Ihren Inneren „kommen" zu lassen. Und wenn sich dann etwas zeigt, geben Sie sich die Erlaubnis, sich darauf einzulassen. Manchmal braucht dies Zeit. Stellen Sie Ihre Antennen auf Suche und Empfang und Sie werden das Passende finden – oder das Passende findet Sie.

Oft ist es wichtig, das Hobby in Gemeinschaft zu erleben. Für viele von uns ist es sehr inspirierend, sich ermutigen und anleiten zu lassen, z. B. in Unterrichtsstunden. Doch dann tauchen manchmal Hürden oder Hemmungen auf. Alte, unangenehme Erfahrungen aus der Schulzeit stellen sich in den Weg, etwa schmerzliche Erfahrungen, von einzelnen Lehrern und Lehrerinnen, beschämt, bestimmt und sogar gedemütigt worden zu sein. Diese Erlebnisse aus der Vergangenheit sollten Sie jedoch nicht daran hindern, jetzt als erwachsener Mensch positive Erfahrungen zu machen.

Lernen ist nämlich spannend, mit Neugierde und Spaß verbunden – weil Sie sich jetzt selbst dafür entscheiden und bestimmen, was Sie lernen. Wir alle haben irgendwann einmal gespürt, wie viel Freude uns weitgehend selbst gewählte Projekte bereiteten. Wenn Sie mit Spaß und Freude lernen wollen, wählen Sie besonders sorgfältig Ihren Lehrer oder Ihre Lehrerin aus. Suchen Sie sich jemanden aus, der Ihnen mit Achtung und Freude begegnet; eine Person, die das, was sie vermittelt, beherrscht und liebt, die selbst Freude daran hat, Ihnen Ihr Können zu vermitteln.

Ihr Können? Ja, Sie haben richtig gelesen. Jemand, der lehrt, vermittelt Ihnen Ihr Können; er hilft Ihnen so, Ihre Fähigkeiten und Potenziale zu entdecken und daraus die Fertigkeiten zu entwickeln, die Sie brauchen, um Ihr Können zu entfalten. Als Erwachsener sind Sie frei darin, auf Ihre ganz eigene Art mit Ihrem Hobby verbundene Lernprozesse zu gestalten. Sie wenden die Ihnen eigene Technik an, gehen in Ihrem Tempo, gestalten Ihre eigene Ordnung und finden so zu Ihrem eigenen Rhythmus (Schneider 2006 und 2009).

Ich habe von vielen Menschen gehört, wie wohltuend und befreiend für sie als Erwachsene die Anleitung durch Lehrende war, und auch ich selbst habe es als beglückend erfahren. In meinen Seminareinheiten, in denen Teilnehmende in Bogenschießen, Golf, Malen, Bildhauern oder Musizieren angeleitet wurden, habe ich erlebt, wie wohltuend und befreiend neue Lernerfahrungen sind, wie wichtig es ist, unter Anleitung Neues auszuprobieren, experimentieren zu dürfen und sich mit anderen in einer Lerngemeinschaft auszutauschen.

Vor allem Menschen, die einen großen Sinn für Perfektion und Vollkommenheit haben, die Dinge sehr gut und erfolgreich zu machen pflegen, kennen die Versuchung, beim spielerischen Tun und Sein unangemessene Arbeitsmaßstäbe anzulegen. So wird das Hobby schnell zu einer weiteren Fron. Mit Demuts- und Gelassenheitsübungen lässt sich jedoch unpassender Ehrgeiz auflösen und zum schlichten Sein und gelassenen Tun gesellen sich Freude und Genuss.

Für Menschen, die bei ihren Unternehmungen Schwierigkeiten haben, überhaupt anzufangen oder dranzubleiben, kann es manchmal hilfreich sein, sich mit jemandem zusammenzutun, sich zu verabreden und die Verabredung einzuhalten.

Das Entscheidende ist jedoch, dass Sie etwas zu Ihrem Hobby machen, das Sie wirklich gerne tun und auf das Sie sich weitgehend zweckfrei einlassen. Durch das Hobby nehmen Sie Kontakt mit Ihrer natürlichen und schöpferischen Gefühlsseite auf, aus der heraus Leben letztendlich gelingt. Sie stellen damit eine Balance von Tun und Lassen, von Geben und Nehmen her – und tanzen Ihr Leben.

Tipps:

✓ Planen Sie Zeit für Ihr Hobby ein, so wie auch für andere „Pflichten".

✓ Lassen Sie sich beim Hobby bewusst gehen und spielen Sie.

✓ Suchen Sie sich Hobbys, die zu Ihnen passen, die Ihren Talenten entsprechen. Das Passende finden Sie, wenn „Sie es sich träumen lassen". Probieren Sie aus, experimentieren Sie.

✓ Ihre Talente liegen dort, wo Ihnen etwas leichtfällt, wo Sie sich und die Zeit vergessen.

✓ Wenn Sie sich einen Lehrer oder eine Lehrerin nehmen, suchen Sie die passende Person mit Bedacht aus. Betrachten Sie Lehrende als Menschen, die Lernende mit ihrem Wissen dabei unterstützen, die ihnen eigene Art zur Entfaltung zu bringen.

✓ Lassen Sie Ihre Freude am Lernen leben.

✓ Üben Sie.

✓ Spielen, laufen, tanzen, singen, malen Sie und finden Sie dafür Ihren eigenen Stil. Oder vielleicht so? Bringen Sie das, was Sie üben, in Ihrem eigenen Stil in die Welt.

✓ Tanzen Sie Ihre Arbeit.

2.11 Körper, Bewegung und Sport

Für viele Menschen sind Bewegung, Sport oder künstlerischer Ausdruck (z. B. Tanz) ein Ausgleich und eine Quelle der Gesundheit. Durch solche Aktivitäten können Menschen von allen anderen Themen des Lebens „abschalten" und „durchatmen". Nach der körperlichen Betätigung fühlen sie sich „gereinigt", „gestärkt", „erneuert" „wieder frei im Kopf". Viele spüren eine wohlige Wärme im Körper, eine angenehme Verbindung von Körper, Geist und Seele.

Für welche Form der Bewegung Sie sich entscheiden, ist nicht wichtig; wichtig ist hingegen, dass Sie sich bewegen. Auch ist Ihr eigenes Urteil maßgeblich dafür, eine für Sie günstige Bewegungsform zu finden. Wenn Sie sich bei jemanden Rat holen wollen, fragen Sie am besten einen Sportarzt oder einen -lehrer. Langfristig und regelmäßig bewegen sich nach meinen Beobachtungen Menschen hauptsächlich dann, wenn eine zu ihnen passende Bewegungsform Spaß macht und ein Wohlgefühl auslöst.

Oft sind es gerade die begeisterten Arbeiter, die Probleme haben, sich Zeiten für Sport und Bewegung frei zu halten und dann auch in Gang zu kommen. Hier hilft es, die gleiche Motivation, Disziplin und 50 % des Ehrgeizes, die Sie für die Arbeit verwenden, auch für das Privatleben zu nutzen. Das heißt, dass Sie für Sport und Bewegung tatsächlich Zeiträume reservieren und diese auch einhalten.

Sollten Sie zum geplanten Zeitpunkt keine Lust auf Bewegung haben, gehen Sie dennoch los, fangen Sie an. Danach werden Sie sich wohlfühlen und es als Glück empfinden, dass Sie Ihre Trägheit überwinden konnten. Gehen Sie mit dem Kopf voraus, dann kommen die guten Gefühle und die Lust schon hinterher. Warten Sie hingegen erst auf das Wohlgefühl und die Lust, dann werden Sie Ihr Vorhaben nie oder zu selten wahr machen.

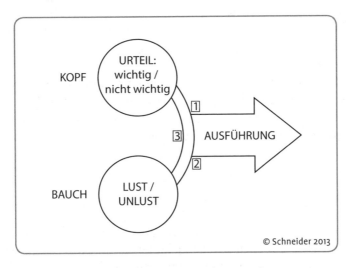

Abbildung 2-4: Mit dem Kopf vorausgehen

Ich nutze das Bild „Mit dem Kopf vorausgehen", um mir die vertraute Situation vor Augen zu führen, dass ich manchmal – und das nicht nur beim Sport – genau weiß, was richtig und wichtig zu tun oder zu lassen wäre, ich aber im Moment keine Lust dazu habe. In die Ausführung komme ich am einfachsten, wenn ich mit meinem Wissen, was wichtig und richtig ist, mit dem Kopf vorausgehe (Weg 1) und die Gefühle in Ruhe nachkommen lasse. Und es ist tatsächlich so, die guten Gefühle kommen nach!

Handlung kann von zwei Seiten eingeleitet werden: von der Gefühlsseite, zu der Lust oder Unlust gehören (Weg 2), und von der Bewertungsseite (Weg 1), zu der die Einschätzung und Beurteilung dessen gehören, was wichtig oder nicht wichtig, richtig oder nicht richtig ist. Eine Handlung erleben wir dann als rund und stimmig, wenn letztendlich beide Seiten miteinander verbunden sind. Wir können betont mit der Gefühlsseite beginnen, betont mit der Beurteilungsseite – oder auch manchmal mit beiden gleichzeitig (Weg 3).

Manche Menschen haben sich ungünstigerweise angewöhnt, dass sie meinen, immer erst beide Impulse – Lust und Bewertung – voll in sich spüren zu müssen, bevor sie etwas tun oder lassen. Andere kommen nur nach dem Prinzip „Nur wenn ich Lust habe, kann ich ..." ins Handeln. Diese warten nicht selten auf den Sankt Nimmerleinstag, bevor sie etwas tun oder lassen.

Es kann sein, dass wir nicht ins Tun kommen, gerade was Freizeitaktivitäten betrifft, weil wir gelernt haben, Arbeit über alles andere zu stellen und wir vor lauter Arbeit nicht mehr dazu kommen auch auf unsere anderen Bedürfnisse einzugehen. Ich bin in den 1950er-Jahren mit dem dazu passenden Spruch aufgewachsen: „Erst die Arbeit, dann das Vergnügen!" Im Laufe meiner Entwicklung als Erwachsener ist mir deutlich geworden:

- Alle meine Bedürfnisse sind wichtig.
- Meine Bedürfnisse sind natürlich und ich bin in Ordnung mit ihnen.
- Vergnügen und Spiel sind genauso wertvoll und wichtig wie Arbeit.
- Spielen kann in der zeitlichen Abfolge sehr wohl auch vor der Arbeit liegen.
- Am erfolgreichsten bin ich in meiner Arbeit, wenn ich sie als Spiel begreife.

2.12 Alleinsein

Manchmal möchte man einfach allein und nur für sich sein, einfach nur da sein. Man möchte die Stille genießen, den Sonnenuntergang wirken lassen, den ziehenden Wolken nachsehen, Mond und Sterne betrachten. Man möchte dem Vogelgezwitscher lauschen, dem Rascheln der Blätter, dem Wind in den Bäumen, dem Gurgeln des Baches. Man möchte am Ofen sitzen, das Feuer sehen und es knistern hören, die wohlige Wärme genießen; ein Buch lesen, den eigenen Gedanken und Gefühlen nachhängen, atmen, den Herzschlag spüren.

Wie häufig übergehen wir dieses Bedürfnis durch Aktivitäten (mit anderen Menschen) und Ablenkungen. Spätestens auf dem Nachhauseweg fragen wir uns dann oft, was wir mit den oder dem anderen eigentlich gemacht haben, und ahnen, dass wir diese Zeit sinnlos verbracht haben. Dann ist es wichtig, dass wir innehalten und uns erlauben, über unsere Zeit selbst zu verfügen und dem nachzugehen, was für uns wirklich stimmig ist.

Unser Leben setzt sich zusammen aus Zeiten mit anderen Menschen, Zeiten, die wir den Dingen um uns widmen, und Zeiten, die wir nur mit uns selbst teilen. Diese Zeit für uns selbst ist notwendig, damit wir uns wirklich erden, zentrieren und besinnen können, Energie schöpfen und in unsere Mitte kommen.

In seinem Buch „Ich bin dann mal weg" beschreibt Hape Kerkeling, dass er erst einmal allein seinen Weg geht. Erst nachdem er sein Bedürfnis nach Alleinsein gestillt hat, sucht er den Kontakt mit anderen. Doch auch dann nimmt er sich immer wieder Zeit für sich allein. Allein sein können, sich allein für sein Leben verantwortlich und zuständig fühlen – erst das ermöglicht erwachsene reife Beziehungen. Yalom (1996) drückt dies in seinem Roman „Und Nietzsche weinte" in einem Dialog zwischen

Nietzsche und Breuer so aus: „Ich meinte: Um sich wirklich gegenseitig gut zu sein, müsse sich jeder erst einmal selbst gut sein. Solange wir nicht anerkennen, dass wir allein sind, benutzen wir den anderen nur als Schutzschild gegen die Einsamkeit. Nur wer herzhaft leben kann wie der Adler – dem kein Zeuge zuschaut –, kann sich einem anderen in Liebe zuwenden; nur der ist fähig, die Erhöhung des anderen Daseins, das Wachstum zu wünschen."

Sowohl in unserer Arbeit als auch im Privatleben dürfen wir – ganz und gar zu unserem persönlichen Nutzen und schließlich der anderen – manche Dinge in Stille oder völliger Ungestörtheit allein erledigen. „Bitte nicht stören!", „Ich mache gerade Pause!" „Ich arbeite gerade alleine!" Solche Schilder gilt es „innerlich" oder – manchmal besser noch – äußerlich sichtbar aufzuhängen. Denn auf diese Weise markieren wir den Raum, den wir für uns selbst beanspruchen. Wir grenzen uns ab und schützen uns vor Übergriffen. Wenn ich als Berater durch einen Betrieb gehe, erlebe ich oft Menschen, die geradezu wehrlos wirken. Wären ihre Schilder sichtbar, stünde darauf zu lesen: „Stören Sie mich, wann immer Sie möchten. Ich bleibe dann aber unter meinen Möglichkeiten und pflaume Sie auch an." Oder: „Ich arbeite durch bis zum Hörsturz.", „Ich versuche immer da zu sein, aber eines Tages schaff ich's nicht mehr.", „Ich mach es euch recht, dafür nehme ich mir aber meine Launen." Oder: „Ich bin stark, bis zum Ende, wie schlimm es auch aussehen mag." Auf diese Weise verbrennen sich Menschen, lassen sich ausbeuten und beuten sich selbst aus.

Manchmal bin ich gerne allein. Ich arbeite auch gerne allein. Und manchmal bin einfach nur so für mich da, bin einfach. Ich genieße die Stille, lasse den Sonnenuntergang wirken, sehe den ziehenden Wolken nach, betrachte den Mond und die Sterne, lasse die Milchstraße auf mich wirken. Ich lausche dem Vogelgezwitscher, dem Rascheln der Blätter, dem Wind in den Bäumen, dem Gurgeln des Baches. Ich sitze am warmen knisternden Ofen, spüre die wohlige Wärme, betrachte das Feuer, höre es knistern. Ich lese ein Buch, hänge den eigenen Gedanken und Gefühlen nach, atme, spüre meinen Herzschlag.

Tipps

✓ Nehmen Sie sich jeden Tag bewusst Zeit für sich allein.
✓ Genehmigen Sie sich dann und wann Zeit für ein paar Tage in Stille. Das kann zu Hause sein, im Kloster, in der Natur usw.
✓ Unternehmen Sie eine Wanderung, allein, eine Stunde, einen Tag, zwei Tage, drei Tage …
✓ Stellen Sie sich vor, Sie selbst seien eine mittelalterliche Stadt. Wie sieht die Stadt aus, wie die Stadtmauer? Ergreifen Sie die Rolle der Stadtherrin, des Stadtherrn. Bauen Sie Ihre Stadtmauer als zuverlässig funktionierende Öffnungs- und Schließanlage aus. Entscheiden Sie, was und wer, wann und wie hinausgehen und hereinkommen darf.

Literaturempfehlungen:

Hape Kerkeling: Ich bin dann mal weg.
Irvin D. Yalom: Und Nietzsche weinte.

2.13 Weiterbildung

Menschen sind neugierige Wesen, sie haben das Bedürfnis, Umstände, Fragestellungen, Zusammenhänge, Phänomene zu verstehen und zu erklären. Sich beruflich und privat weiterzubilden erfüllt Menschen mit einem Gefühl der Befriedigung und Freude und stärkt ihr Selbstbewusstsein. Eine breite Bildung macht das Leben reichhaltiger, sie erweitert die Perspektiven, schärft das Bewusstsein. Wenn Menschen mit Bedacht lernen, reflektieren sie sich und die Welt, in der sie leben – sie bilden sich. Sie machen sich klar, in welchen Lebensbereichen sie sich bewegen, was sie in ihrem Berufs- und Privatleben tun (und lassen), welche Rollen sie spielen. Bildung ermutigt Menschen, den für sie passenden Weg zu gehen, ihre Talente zu erforschen, sie dann wie Schätze zu heben und in die Welt zu bringen. Deshalb ermöglichen Systeme (egal ob wirtschaftlicher, politischer oder sonstiger Natur), die selbstbewusste tatkräftige Menschen wollen, diesen eine breite Bildung. Systeme, die abhängige, folgsame Menschen wollen, schränken Bildung ein.

Menschen, die sich eine für sie passende Form von Weiterbildung erlauben, begeben sich damit meist völlig bewusst in einen Zustand des Nachspürens, Hinhorchens, -schauens und -fühlens. Sie begeben sich auf eine Reise zu sich selbst und in die Welt, in der sie leben. Für manche kann dieser Prozess sich förmlich anfühlen, als säßen sie auf einer Insel, von der aus sie mit der nötigen Distanz auf das blicken, was gerade ist. Sie beobachten sich, ihr Dasein, ihre Arbeit und andere Lebensbereiche, durchfühlen und durchdenken sie. So kommen sie zum Verstehen, zum Neusortieren, und zu neuen Handlungsmöglichkeiten. Aus der Reflektion heraus können sie sich andere Bereiche und Rollen anschauen und sich diese neu erschließen. Menschen, die es sich zur Gewohnheit machen, immer wieder in eine solche Reflektionsrolle zu schlüpfen, tun sehr nachhaltig etwas für ihre eigene Entwicklung und für die ihrer Umgebung.

Mitarbeiterinnen und Mitarbeiter, denen ihre Firma die Teilnahme an passenden (auch die persönlichkeitsbildenden) Seminaren ermöglicht, fühlen sich ernst genommen, angeregt und als Menschen wertgeschätzt. Wenn ich solche Seminare leite, teilen mir die Teilnehmenden dies oft ausdrücklich mit und merken an, dass sie ihrer Firma gegenüber ein Stück Dankbarkeit empfinden. Durch passende Bildungsmaßnahmen lassen sich also Engagement, Neugierde und Spaß an der Arbeit fördern.

Coachings werden ähnlich günstig eingeschätzt. Viele Coachees bringen zum Ausdruck, dass die Offenheit ihrer Firma für diese Form der Weiterbildung ein Grund sei, weshalb sie gern und engagiert dort arbeiteten.

Das Recht auf Bildungsurlaub nehmen in den letzten Jahren immer weniger Mitarbeiter in Anspruch. Sie lassen sich, etwa durch Zeitdruck am Arbeitsplatz, einschüchtern oder befürchten abgewertet zu werden und nehmen ihren Anspruch nicht wahr. Dabei kann ein stimmig begründeter, zur Person, zu ihrer aktuellen Tätigkeit und beruflichen Entwicklung passender Bildungsurlaub die Zufriedenheit und die Weiterentwicklungschancen im Beruf erhöhen. Das zumindest ist meine Beobachtung.

Noch ein Wort zu Medien wie Literatur, Zeitung, Radio, Kino, Fernsehen oder Computer: Wenn Menschen diese gezielt, stimmig und bewusst zur Bildung und zum Vergnügen einsetzen, sind sie Quellen der Freude. Werden sie aber als „Ablenkung" eingesetzt, als Mittel, um andere Unannehmlichkeiten zu verdrängen, helfen sie nicht, sondern machen abhängig. Und sehr oft setzen Menschen Medien vor- oder unbewusst ein, um von ihren eigentlichen Grundbedürfnissen abzulenken.

In meiner Beratungs- und Coachingpraxis habe ich Folgendes festgestellt: Wenn jemand stark erschöpft ist, verhelfen ihm weder Fernsehen noch Computerspiele zur Erholung. Im Gegenteil, durch den Gebrauch solcher Medien verstärkt er die unterschwellige, nicht voll zugelassene Erschöpfung noch und erhält einen Teufelskreis aufrecht: Je mehr ein vorhandenes Grundbedürfnis nicht wahrgenommen wird, umso weniger wird es gestillt, umso mehr kommt es zu Unbehagen und Fehlleistungen, umso weniger wird es gestillt, umso weniger wird es wahrgenommen usw., usw. – bis zum Ausstieg oder Zusammenbruch.

Tipps

✓ Buchen Sie das Seminar, das Sie schon lange besuchen wollten.
✓ Lesen Sie das Buch, das Sie schon lange lesen wollten.
✓ Reisen Sie dorthin, wohin Sie schon immer einmal reisen wollten.
✓ Nutzen Sie die Medien (bzw.: benutzen Sie sie nicht).
✓ Besuchen Sie das Konzert, in das Sie gerne gehen möchten.
✓ Buchen Sie den Volkshochschulkurs, den Sie schon lange buchen wollten.

2.14 Gesellschaft

Als Menschen leben wir in Gemeinschaft. Wir organisieren uns in Paargemeinschaften, Familien und Freundschaften, in Vereinen, Dörfern, Gemeinden, Städten, Ländern, Kulturen, Nationen, Parteien und vielfältigen Interessengemeinschaften. Zu einer Gruppe dazuzugehören, in einer Gruppe oder Gemeinschaft mitzuwirken scheint ein menschliches Urbedürfnis zu sein – und eine Notwendigkeit. Denn wenn wir uns nicht gesellschaftlich und politisch engagieren, laufen wir Gefahr, abhängig von der Gunst der Mächtigen zu werden.

In Zeiten, in denen u.a. Beruf, Familie und Kinder viel von den Menschen fordern, erfahren sie oft ihre körperlichen und seelischen Grenzen, fühlen sich zwischen verschiedenen „Verpflichtungen" hin und her gerissen oder buchstäblich „zerrissen". In dieser schwierigen Lage müssen sie nun abwägen, wie ihr eigener Beitrag aussehen mag und was ihre eigene Teilhabe an der Gesellschaft sein kann.

Über all ihren ehrenamtlichen Tätigkeiten verlieren manche Menschen sich selbst, die Paarbeziehung, die Familie, die Kinder oder auch den Beruf aus den Augen. Hinter überengagierter ehrenamtlicher Arbeit kann ein unbewusstes Streben nach Zuwendung und Anerkennung stecken und auch Problemen in der Familie, in der Paarbeziehung oder im Betrieb kann man auf diese Weise aus dem Weg gehen. So lassen sich jedoch nicht nur Probleme nicht lösen, sondern die so agierenden Menschen verhindern auch ihre eigene Weiterentwicklung. Hier gilt es innezuhalten und die Situation genau anzuschauen, Bedürfnisse und Interessen abzuwägen, sich von alten Gewohnheiten zu lösen und das eigene Engagement – gerade auch das ehrenamtliche – besonnen zu dosieren.

Es gibt mannigfaltige Möglichkeiten, ein aktives Mitglied der Gesellschaft zu sein. Nicht immer kommt es auf das Wie-Viel des Engagements an. Mit scheint auch das Was und Wie wichtig, die aktive bewusste Stellungnahme und Entscheidung.

Tipps

✓ Wenn Sie dazu neigen, zu viel zu tun, wägen Sie Ihr gesellschaftliches Engagement bewusst ab, dosieren Sie es besonnen. Wenn Sie nicht wissen wie, lassen Sie sich professionell beraten.

✓ Wenn Sie dazu neigen, nichts im gesellschaftlichen Bereich zu tun, fragen Sie sich, was Sie gerne von sich aus machen würden, das Ihnen Erfüllung bringen würde.

2.15 Spiritualität

Als Menschen machen wir uns Gedanken über Leben und Tod, über Endlichkeit und Ewigkeit. Wir denken darüber nach, woher wir kommen und wohin wir gehen. Wir fragen uns, welchen Sinn unser Leben hat, welchen Sinn wir ihm geben. Welchen Platz nehmen wir in dieser Welt ein? Wie werden wir ganz, wie können wir uns als Teil eines größeren Ganzen erleben? Sich diese Gedanken zu machen, sich mit anderen darüber auszutauschen und Formen des Nachspürens, Nachdenkens und Reflektierens zu entwickeln bezeichne ich als den Bereich der Spiritualität.

Ursprünglich wurde dieser Bereich in der Glaubensausübung wahrgenommen, deshalb ist er auch noch heute mit Religiosität und Religionen verknüpft. Religion heißt und bedeutet im ursprünglichen Wortsinn Rückbindung (religare = zurückbinden). Menschen verbinden sich gedanklich und in Ritualen mit einem größeren Ganzen, sie binden sich zurück. Da Religionsgemeinschaften jedoch in der Regel ihren Mitgliedern bestimmte Werte vorschreiben, anstatt ihnen Raum zu eröffnen und sie anzuleiten, Werte zu reflektieren und zu entwickeln, haben sich der Bereich der Spiritualität und Religionen und Kirchen auseinanderentwickelt. Heute zeigt sich Spiritualität auch in weltlichen, ganz individuellen Formen, neben der in Gemeinschaften und Kirchen praktizierten Religiosität.

Der Zugang zu Spiritualität und Religiosität im ursprünglichen Wortsinn gelingt über das Alleinsein, die Stille, wenn Menschen alle ihre Sinne nähren, wenn sie merken, spüren, wahrnehmen, Achtsamkeit üben. Spiritualität ist nicht an einen bestimmten Ort gebunden, auch wenn es vielen Menschen in sakralen Räumen oder in der Natur leichter fällt, die Spiritualität noch bewusster zu erleben und zu praktizieren. Ähnlich der Religiosität ist Spiritualität für viele Menschen sehr moralisch besetzt und wird deshalb als fremd und aufgesetzt erlebt.

Wenn Menschen Spiritualität als negativ, weil z. B. von außen verordnet, erfahren und sie sich schließlich gegen die Bevormundung von Eltern, Pastoren, Priestern, Lehrern und anderen moralisch auftretenden Mitmenschen wehren, wehren sie oft gleichzeitig – unbewusst – die Spiritualität mit ab. Schaffen sie es aber dann, die spirituellen Inhalte und ihre eigenen Fragen nach Sinn von den moralisierenden „Würdenträgern" und Institutionen zu trennen und einen selbstbestimmten Weg zu gehen, können sie auch zur Religiosität im ursprünglichen Sinn, zu einer reifenden Spiritualität, zurückfinden.

Spätestens bei der Begegnung mit dem Tod naher Angehöriger oder Freunde tauchen Fragen nach dem Sinn unseres Daseins auf. Es erscheint mir zutiefst menschlich, sich an dieser Stelle nach dem Was, Wie, Wofür und Mit-Wem unserer Existenz zu fragen. Hier werden Menschen mit dem ungleichen Paar Wissen und Glauben konfrontiert. Viele fragen sich, was sie überhaupt zweifelsfrei wissen und was sie „lediglich" glauben. Wissen und Glauben voneinander zu unterscheiden bleibt eine ständige Aufgabe und hilft uns, uns von unreflektierten Glaubensüberzeugungen – seien es unsere eigenen oder die von anderen – frei zu machen und eine Religiosität und Spiritualität zu entwickeln, die geerdet bleibt und nicht ins Fantastische abhebt.

Reife Spiritualität stellt sich dem lebendigen Prozess der Entwicklung und hilft Menschen, sich zu eigenständigen Wesen in einer Gemeinschaft zu entwickeln und ihre Potenziale zu entfalten. Exerzitien, Pilgerfahrten, Achtsamkeits- und Meditationsübungen und andere vielfältige Formen der reifen Spiritualität sind ausgesprochen hilfreich für das bewusste Wahrnehmen und Einschätzen unserer selbst und unserer Umgebung. Sie helfen, Burnout vorzubeugen und zu heilen.

Beispiel: Frau J.

Frau J., die ich wegen eines beginnenden Burnout-Syndroms begleitete, entschied sich, den Jakobsweg zu gehen. Sie kam erholt, sehr angeregt und nachdenklich von der ersten Reise zurück. Ein Jahr später ging sie zum zweiten Mal den gleichen Weg. Angekommen, schrieb sie mir:

„Ein wesentlicher Teil von mir läuft noch immer auf dem „Camino" nach Santiago. Verrückt? Nein, für mich ist dies eine Metapher für meinen Weg, mein Leben und letztendlich die Suche nach mir selbst. Das Pilgern ist körperlicher Ausdruck meiner Suche, der Weg verkörpert die Sehnsucht nach mir. Die Suche ist so für mich ein Stück fühlbar geworden. Ich suche einen neuen Anfang, ich suche meine Wertvorstellungen, ich suche den Weg zu mir. Im Gehen liegt der Schlüssel zur Dimension der Erfahrung des eigenen Körpers. [...]

Mein Aufbruch zum Camino, die Woche im letzten September und in diesem Juni, passt zu meinem inneren Aufbruch. Im nächsten Jahr werde ich noch bewusster den Weg gehen und mir Zeit nehmen. Meine Wahrnehmung wird immer besser, auch im täglichen Leben. Die beiden Wochen sind wie Ausflüge in eine neue Welt gewesen. Noch bin ich unsicher und kehre zurück, halte mich an Altbekanntes.

Man sagt, der Camino sei wie das Leben. Alles, was man in seinem (Lebens-)Rucksack mit sich herumtrage, belaste. Loslassen, Konzentration auf das Wesentliche. Kontakt zu Menschen, das Miteinander, Kontakt zur Natur, zu einem selbst und – für mich überraschend – auch zu Gott."

In der nächsten Weiterbildungsgruppe stellte sie offen die Frage und wir tauschten uns über unsere Gottesbilder aus.

„Das Gehen ist der Schlüssel zu mir. Ich habe mir Zeit genommen, meinen Gehrhythmus zu finden. Den richtigen Rhythmus, der zu mir passt, die richtige Geschwindigkeit. [...]

Ich habe erfahren, welchen Wert ich als Person in meinem Sosein haben kann. Das ist eine sehr schöne, wenn auch für mich immer noch gewöhnungsbedürftige, Erfahrung. Es fühlt sich gut an. Während ich diesen Satz schreibe kommen mir die Tränen, ist es doch das, was ich in der Vergangenheit – und auch heute im Alltag – oftmals vermisse oder auch manchmal nicht wahrnehmen kann, weil ich gelernt habe, dass ich nur etwas wert bin, wenn ich etwas tue oder leiste, aber nicht einfach bin."

Tipps

✓ Halten Sie bewusst inne.
✓ Nehmen Sie Stille wahr.
✓ Genießen Sie Orte der Stille.
✓ Suchen Sie einen Ort in der Natur auf, der Ihnen angenehm ist.
✓ Suchen Sie regelmäßig einen Ort in der Natur auf, wo Sie das Gefühl haben, zu sich zu kommen und Energie aufzunehmen.
✓ Erlauben Sie sich Ihre eigene individuelle Sicht Ihrer selbst und der Welt.
✓ Erlauben Sie sich, Zweifel und Krisen zu erleben und sich selbst ihren Sinn zu geben.
✓ Nehmen Sie bewusst die fortlaufende Entwicklung Ihrer eigenen Werte wahr.
✓ Üben Sie Ihre Eigenständigkeit im Bereich der Spiritualität. Tun Sie dies in der Gemeinschaft und im Gespräch mit anderen.
✓ Gestatten Sie es sich, Ihre eigenen Vorgehensweisen, Ihre eigene Sicht der Welt zu haben und sich dennoch mit anderen verbunden zu fühlen.
✓ Suchen Sie Menschen auf, die Sie nicht (wieder) bevormunden, sondern Sie begleiten und Ihnen beistehen in Ihren Konflikten und Krisen, in Ihrer Verzweiflung und Enttäuschung. So kommen Sie wirklich zu sich selbst und können in Beziehung zu anderen gehen.
✓ Suchen Sie sich bewusst Menschen aus, mit denen Sie zusammen sein wollen.

2.16 Wichtigkeit und Gewichtung der verschiedenen Lebensbereiche

Eine sehr entscheidende Erkenntnis war für mich die Beobachtung, dass Menschen ihre Probleme chronisch beibehalten und zu keinen Lösungen in der Balance der Lebensbereiche finden, solange sie diese gegeneinander abwägen. Sie kommen zu keiner wirklichen Lösung, solange sie sich fragen, welcher der wichtigere Bereich oder gar der wichtigste sei, welcher vor dem anderen komme.

Wenn Sie denken, Ihre Erwerbsarbeit sei wichtiger als das Privatleben, weil Sie dort das Geld für die Familie verdienen, dann vernachlässigen Sie unwillkürlich Ihr Familienleben. Zu Ihrer Überraschung werden Sie sich dann Partnerschaftsproblemen, gar Trennung und Scheidung ausgesetzt sehen, weil Ihre Partnerin, Ihr Partner sich nicht beachtet und wertgeschätzt fühlt. Wundern Sie sich nicht, wenn Sie von ihm oder ihr hören: „Geld allein macht nicht glücklich." Oder aber Sie werden sich mit Ihren jugendlichen Kindern konfrontiert sehen, die Ihnen sinngemäß zu verstehen geben, dass Sie – solange Sie sich zu Hause wie im Betrieb aufspielten – ihnen gar nichts zu sagen hätten. Und dass Sie ihnen gestohlen bleiben könnten mit Ihren Moralpredigten, da Sie ja das, was sie anmahnten, selbst nicht täten.

Spätestens dann, wenn Ihnen vom Partner oder der Partnerin und aus dem Freundeskreis solcherlei Töne ans Ohr dringen, könnte es bei Ihnen klingeln. – Sie könnten aufwachen und etwas ändern. Meistens allerdings neigen sehr erschöpfte, „gestresste Menschen" an dieser Stelle zu vielen Rechtfertigungen und beteuern, dass sie das alles ja nur für „die anderen" täten. Tatsächlich sind sie in aller Ernsthaftigkeit von diesem Motiv ihres Handels überzeugt, haben aber dessen Konsequenzen bis jetzt noch nie so ausgeprägt erlebt und zu spüren bekommen. Erschöpfte, „gestresste Menschen" haben sich selbst vergessen, weil sie es anderen recht machen wollen und sich dafür sehr anstrengen. Hier geraten sie nun an die Grenzen ihrer bisherigen Überzeugungen und ihres bisherigen Handelns. Nun sind neue Lösungen gefragt.

Wenn Sie denken Ihr Privatleben sei wichtiger als der Beruf, stellen Sie auf einmal fest, dass Ihnen, obwohl Sie viel arbeiten, gesagt wird, Sie würden sich nicht engagieren. Ihre Haltung wird für andere spürbar und für Sie zum Problem.

Alle Lebensbereiche sind wichtig – aus diesem einfachen Grunde habe ich alle Blätter der Lebensblume gleich groß gezeichnet. Und nur, wenn Sie sich das klarmachen, kommen Sie zu tragfähigen Lösungen. Im nächsten Schritt können Sie für sich erkunden, wie Sie Ihre einzelnen Lebensbereiche in der jetzigen Lebensphase gestalten wollen, was Sie tun und was Sie lassen wollen und wie viel Zeit Sie sich für die einzelnen Bereiche geben möchten. Dieser Prozess braucht eine Weile und geht meist mit inneren und eventuell auch mit äußeren Konflikten einher.

Tragfähige Lösungen erreichen Sie meistens nicht mehr in der Ihnen gewohnten Weise, sondern über einen anderen Weg. Dieser führt, wie oben angedeutet, in der Regel durch eine Phase voller Zweifel. Wir sind es sehr gewohnt, in Kategorien wie „einerseits – andererseits", „entweder – oder", „mehr oder weniger" zu denken. So vertreiben wir Zweifel. Doch dieses Denken hilft nun nicht mehr, denn jetzt steht an, sich von den eigenen Gewohnheiten des Empfindens, Denkens und Handelns zu lösen. So wird der Weg frei für Lösungen 2. Ordnung. Mit diesen helfen wir uns aus der Verzweiflung heraus.

Als Lösungen 1. Ordnung bezeichnen Watzlawick und Beavin (1972) Lösungen, die sich daraus ergeben, dass jemand mehr oder weniger von etwas Gleichbleibendem tut. Lösungen 2. Ordnung bestehen für sie darin, dass jemand etwas anderes tut als zuvor. Bei einer Lösung 1. Ordnung wird die Menge verändert: Wie viel? (quantitative Lösung) Bei einer Lösung 2. Ordnung hingegen handelt es sich vorrangig um eine Veränderung in der Art und Weise: Was? Wie? (qualitative Veränderung).

Ein Beispiel[8] aus der Geschichte:

Wir befinden uns im Mittelalter, sind Bewohner einer befestigten Stadt. Der Stadtherr ist vor Monaten mit den Soldaten auf eine längere Eroberungsfahrt ausgerückt. Feindliche Truppen sind aufgezogen und belagern schon seit einiger Zeit die Stadt und die Einwohner hungern. Auch die Belagerer wissen nicht so genau, wie lange sie noch aushalten können. Ungeduldig geworden, denken sie häufig daran, unverrichteter Dinge abzuziehen. Die Städter berufen derweil eine Ratsversammlung ein. Lange diskutieren sie darüber, was sie tun könnten, um dem drohenden Unheil zu entkommen. Da schlägt die Frau des abwesenden Stadtherrn eine List vor: Sie würden das eine magere Schwein, das noch herumläuft, nicht etwa schlachten, sondern es mit den letzten Vorräten dick und rund mästen – und das Tier dann über die Stadtmauer werfen. Ihr Vorschlag erntet Unverständnis und Anfeindungen, doch letztendlich wird der Plan der Stadtherrin in die Tat umgesetzt: Das Schwein wird gemästet und über die Stadtmauer geworfen. Die Belagerer staunen. Und siehe da: Die Belagerer ziehen ab.

Viele Jahre später wurde die Stadt nach dem Namen der Stadtherrin Carcas benannt und heißt noch heute Carcassonne.

Was ist geschehen? Die Bewohner der Stadt befanden sich in einer Zwickmühle. Sie wollten weder Hungers sterben noch sich den Belagerern ausliefern. So gerieten sie in innere und äußere Konflikte. Was tun in einer solchen Situation? Die Lösung besteht nicht darin, entweder das eine oder das andere zu wählen oder gar keine Entscheidung zu treffen; sondern darin, einen Weg zu gehen, der über das bisher Praktizierte, Gedachte und Gewohnte hinausgeht.

„Und wie kommt man zu solch einer Lösung?"
„Durch einen Einfall."
„Und wie kommt man zu solch einem Einfall?"
„Dadurch, dass man Bedenken, ungewohnte Fantasien und Ideen zulässt."
„Wie kommt man zu ungewohnten Fantasien und Ideen?"
„Indem man zunächst beide Seiten / Standpunkte zulässt und das, was an beiden Seiten / Sichtweisen wichtig ist, herausfindet und ernst nimmt."
„Dann kommen aber Konflikte und Zweifel. Manchmal spürt man sogar Verzweiflung."
„Ja, das stimmt. Es gilt, dies zuzulassen, es zu spüren und auszuhalten."
„Und was passiert dann?"
„Dann lässt man sich abtauchen in das unerschöpfliche Reservoir des Unbewussten. Wenn man wieder auftaucht, hat man mit großer Wahrscheinlichkeit andere, für einen selbst neue Ideen dabei."

---

8 Entnommen und leicht verändert aus: Watzlawick, P. et al. (1974): Lösungen. Zur Theorie und Praxis menschlichen Wandels.

Für unser Thema bedeutet das: Alle Lebensbereiche dürfen als jeweils wichtig immer wieder neu abgewogen und bewertet werden. Sie dürfen nebeneinander stehen und auf ihren Gehalt, ihre Position hin befragt werden. Im Denken und Darüber-Reden ist es hilfreich, sie nicht gegeneinanderzustellen, wie es geschieht, wenn wir mit „einerseits – andererseits" oder „aber" formulieren. Vielmehr empfehle ich Ihnen, eine Gleichzeitigkeit herzustellen: Statt „aber" „und" zu gebrauchen oder auch „gleichzeitig" („Ich möchte dies und gleichzeitig das"), die Bereiche nebeneinanderzustellen. Wenn wir dies zulassen, können die erwähnten inneren und äußeren Konflikte spürbar werden und wirken und einer Lösung 2. Ordnung den Weg bahnen.

Um Ihnen das Prinzip zu verdeutlichen, erzähle ich Ihnen ein Beispiel aus einem Coaching:

Ich beriet einen Mann, der in einer Stadt arbeitete, die 200 Kilometer von seinem Wohnort entfernt lag. Er kam zu mir, weil er darunter litt, beides „nicht unter einen Hut zu bekommen". Trotz Mehrarbeit und auch mehr Einsatz zu Hause gelang ihm sowohl bei der Arbeit als auch zu Hause zunehmend weniger. Die große räumliche Trennung von Beruf und Familie bestand seit drei Jahren und bereitete ihm zunehmend Schwierigkeiten. Seinen Beruf und die Stelle beschrieb er als genau das, was er immer gewollt habe, leider nur so weit von der Familie entfernt. Er fühlte sich zunehmend ausgelaugt und erschöpft. Auch seine Frau und seine Kinder litten darunter. Inzwischen hatte er eine Zweitwohnung gemietet, um unter der Woche im Arbeitsort übernachten zu können. Doch das helfe nicht wirklich und er sah keinen Sinn mehr darin, sich so weiter abzumühen.

Als er seine Situation erzählte, formulierte er mehrmals, dass ihm das Privatleben früher immer wichtiger gewesen sei als der Beruf. Jetzt sah es für ihn so aus, als sei es gerade umgedreht: Das Berufsleben sei wichtiger geworden. Nach seinen Ausführungen befragte ich ihn genauer, um herauszuarbeiten, was ihm im Berufsleben und was im Privatleben wirklich wichtig war. Seine Aussagen schrieb ich an ein Flipchart. Als er mit der Aufzählung fertig war, begann er (wieder), beides gegeneinander aufzurechnen und zu suchen, was jetzt positiv oder negativ sei, was eventuell doch wichtiger und weniger wichtig.

Ich stoppte ihn, erklärte ihm, dass mir auffiel, wie er die beiden Bereiche gegeneinander abwäge, was sprachlich in einem „Aber" und in „einerseits – andererseits" zum Ausdruck komme. Er konnte dies nachvollziehen und war überrascht und neugierig. Ich erklärte ihm, dass er so sprachlich Gegensätze schaffe, und übte mit ihm an ganz einfachen Beispielen statt eines Aber ein Und zu formulieren; einerseits und andererseits einfach wegzulassen, beides mit einem Und zu verbinden und zu beobachten, was in ihm geschieht.

Einerseits möchte ich nach Norwegen in den Urlaub fahren, andererseits würde ich gerne zu Hause bleiben: *Ich möchte nach Norwegen in den Urlaub fahren und ich möchte zu Hause bleiben.*

Einerseits möchte ich ein Bad nehmen, andererseits würde ich gerne einen Sekt trinken: *Ich möchte gerne ein Bad nehmen und ich möchte einen Sekt trinken.*

Er spürte bei der Und-Formulierung im Vergleich zur Aber-Formulierung eine „größere Unsicherheit" und „etwas wie eine Leere, die mich bedroht", „noch keine Lösung". Ich gab ihm als Aufgabe mit nach Hause, sich darin zu üben, beide jetzt erarbeiteten Seiten erst einmal so stehen und auf ihn wirken zu lassen und mit einem UND zu verbinden, wenn er daran denke. Wenn Leere komme, solle er sie erst einmal zulassen und sich dessen gewiss sein, dass er später die Leere würde füllen können. Ich ermutigte ihn, mir das nächste Mal von seinen inneren Erfahrungen zu berichten. Die Flipchartblätter, auf die ich die beiden Seiten mit seinen Punkten geschrieben hatte, gab ich ihm mit.

In der nächsten Sitzung berichtete er mir, dass es ihm etwa zwei Wochen später richtig schlecht gegangen sei. Heftige Zweifeln hatten ihn geplagt und er wusste nicht mehr, wo ihm der Kopf stand. Als er Bauchschmerzen bekam, dachte er, er werde krank. Solche inneren Konflikte wegen der Arbeit und seiner Familie habe er noch nie gehabt. Er habe auch ernsthaft daran gedacht, beides aufzugeben, alles hinzuschmeißen und noch einmal von vorne anzufangen. Seine Überlegung, mich anzurufen, habe er verworfen, weil es ja einen weiteren Termin gab.

Als dieser Termin näher rückte, sei er zunehmend ruhiger geworden und letzte Woche, mitten in der Nacht aus einem Traum, den er nicht mehr erinnern könne, aufgewacht. Und dann hatte er die Lösung: Er könnte beides miteinander verbinden. Dafür müsse er nur zu sich selbst stehen und seinen Standpunkt vertreten – und das wolle und werde er auch. Vielleicht brauche er dazu in der Umsetzung anfangs noch etwas Unterstützung von mir. Er sei sich sicher, er müsse und er wolle auch nicht mehr so viel und so angestrengt arbeiten, um seine Arbeit gut zu machen. Er sei gut und könne seine Qualität einbringen, die Menge mache das letztendlich nicht. Genau betrachtet könne er es auch so einrichten, einen Teil seiner Arbeit vom Büro zu Hause aus zu erledigen. Es sei gewiss auch nicht so viel Einsatz nötig, um sich mit seiner Frau, seinen Kindern und in der Familie gut zu fühlen. Nur was wirklich für ihn stimme, wolle er tun – und das sei dann auch genug und richtig. Vor allem sei jetzt dran, das, was sei, zu genießen.

Wir können die Blume auch anders malen, indem wir die Zeit darstellen, die wir den einzelnen Lebensbereichen einräumen. Bei Coachees, die wegen ihrer Arbeitsüberlastung zu mir kommen, sieht die Blume manchmal so aus:

© Schneider 2013

Abbildung 2-5: Balance der Lebensbereiche?

Im Laufe des Coachings verändern dann die Klienten die Bereiche und bringen sie wieder in eine harmonische Balance.

2.17 Lebensbereiche und Rollen

Wir sind als Menschen unverwechselbare, einzigartige Wesen: Individuen. Wir passen uns als Beziehungswesen an die jeweilige Umwelt und Umgebung an, verhalten uns als Personen und nehmen in den verschiedenen Lebensbereichen verschiedene Rollen ein. So sind wir zum Beispiel im Bereich Familie der Vater unserer Kinder, der Sohn unserer Eltern, der Bruder unserer Geschwister, der Enkel unserer Großeltern usw. Im Beruf sind wir z. B. Mitarbeiter, Geschäftsführer, Führungskraft, Kollege, Betriebsrat usw. Als Mitglied der Gesellschaft sind wir z. B. Staatsangehöriger, Einwohner von [Ort] usw. Genau genommen sind wir immer in einer Rolle bzw. haben sogar mehrere Rollen zu einem Zeitpunkt inne. Da wir Gemeinschaftswesen sind und immer im Verbund mit anderen Menschen betrachtet und behandelt werden, sind wir nie *ohne* Rolle.

Üblicherweise werden – in der Soziologie – die Erwartungen der Gesellschaft an den einzelnen Menschen als Rolle bezeichnet. Wie jemand eine Rolle erlebt, sieht und sie ausgestaltet, ist jedoch auch ein individueller und persönlicher schöpferischer Vorgang, womit sich die Psychologie beschäftigt. Mit Rollen beschreibe und benenne ich die Verbindung einer Person mit anderen Menschen in einer Gesellschaft. Ich benutze hiermit eine sozialpsychologische Sichtweise und sehe eine Rolle als schöpferische Ausgestaltung des Spannungsfeldes von Individuum und Gesellschaft.

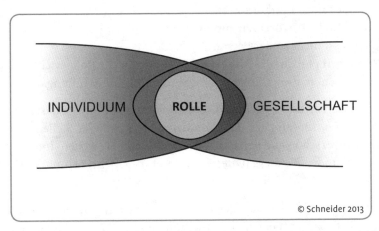

Abbildung 2-6: Rolle als schöpferische Gestaltung, Ausgestaltung des Spannungsfeldes von Individuum und Gesellschaft (modifiziert nach einem Flyer von Servaas van Beekum).

Wir sind immer unverwechselbare Menschen, ein Individuum, gleichzeitig eine Person und gleichzeitig in einer Rolle.

Wenn sich jemand in ein Burnout-Syndrom hineinbewegt, handelt er oft, ohne sich seiner Rolle(n) bewusst zu sein, also ohne Rollenbewusstheit, und vermischt (unbewusst) Rollen: Da ist auf der einen Seite der Mitarbeiter, der sich überarbeitet, ohne sich ernsthafte Gedanken zu machen, wer für was zuständig ist, und der meint, für alles verantwortlich zu sein. Dann ist da der überarbeitete Vater, der seinen Sohn wie seine Mitarbeiter unangemessen anherrscht und von diesem zu hören bekommt, er sei jetzt zu Hause und nicht der Chef im Betrieb. Er ist sich im Moment seiner Vaterrolle nicht bewusst und vermischt zwei Rollen.

Die Entwicklung vom Mitarbeiter zur Führungskraft und die weitere Karriere über verschiedene Führungsebenen stellt an uns die Aufgabe, bewusst zu führen und uns der jeweiligen Rolle(n) bewusst zu sein. Wegen der großen Herausforderung, sich neu zu definieren und unangemessenen Ansprüchen gegenüber abzugrenzen, kommt es an diesen Übergängen nicht selten zu Burnout-Erscheinungen (Schneider 2010).

Häufig höre ich auch: „Ich spiele da nur noch eine Rolle.", was bedeuten kann:
Ich komme als Individuum und als Person in dem, was ich da tue, nicht mehr vor.
Ich habe mich als Mensch und in meiner Selbstbestimmung verloren.
Ich habe keinen befriedigenden Kontakt mehr zu meinen Kunden und Kollegen.

Bei diesen Aussagen ist die Ausgestaltung der Rolle(n) nicht gelungen, weil eine oder
mehrere der folgenden Punkte zutreffen:

- Es ist keine Rollenbewusstheit vorhanden.
- Die Rolle passt nicht zu der Person.
- Die Person bringt nicht die Fähigkeiten mit, die für die Rolle wichtig sind.
- Die Person sieht in dieser Rolle keinen Sinn und keine Erfüllung.

Sich seiner Rolle bewusst zu sein, sie zu definieren und bewusst auszugestalten hat
einen sehr großen Einfluss auf das Wohlbefinden. An dieser Stelle kann das Thema jedoch nicht erschöpfend behandelt werden. Wenn Sie weitere Informationen zu
Rollen suchen, finden Sie diese in der Fachliteratur, z. B. bei Schmid (2005, S. 83 ff.)
und bei Mohr (2008, S. 107 ff.).

Zu diesem Kapitel, „Die Balance der Lebensbereiche", finden Sie im Anhang einen
Fragebogen. Falls Sie ihn noch nicht ausgefüllt haben, wäre jetzt ein geeigneter Zeitpunkt.

Interview 1: Herr I., 46 Jahre alt

Was meinen Sie denn, was Ihnen am meisten geholfen hat, aus dem Burnout herauszukommen?
Am meisten denke ich: die Einstellung zu bestimmten Dingen und natürlich vor allem in Bezug auf Arbeitsabläufe oder Erreichbarkeit, die eigentlich schon etwas mit der Arbeit zu tun
hat. Zum Beispiel, dass man rund um die Uhr per Telefon erreichbar ist. Wir hatten also keine
Trennung zwischen privat und beruflich, was sicherlich ein sehr großer Faktor gewesen ist.

*Was haben Sie an Einstellungen verändert? Oder was war die frühere Einstellung, was ist die jet-
zige Einstellung?*
Wir waren ständig erreichbar, weil die Telefonnummern privat und geschäftlich die gleichen
waren. Nun haben wir tatsächlich eine getrennte Privatnummer mit einem anderen Klingel-
ton. Unser Haus ist nun einmal privat und zur gleichen Zeit Büro. Die Geschäftsnummer klin-
gelt jetzt nur noch im Büro. Wenn wir im Privatbereich sind, hört man es nicht mehr. Das
heißt, beim Mittagessen, Frühstück und bei sonstigen Aktivitäten hört man das Telefon nicht
mehr und läuft auch nicht gleich hin und ist nicht mehr auf dem Sprung.

Und das hat Ihnen am meisten geholfen?
Ich glaube, dass das ein sehr großer Schritt war, dass ich den privaten Bereich vom beruflichen getrennt habe, dass wir auch eine eigene Mailadresse haben und dass ich am Wochenende nicht mehr ins Büro gehe, um private Dinge zu erledigen, wie Wetterstation gucken

oder Mails abrufen. Einfach gesagt: Am Wochenende kann das Büro auch mal komplett nicht betreten werden. Das ist sehr wichtig gewesen.

Eine zweite Sache ist sicherlich fast genauso wichtig, dass ich nämlich viele meiner Aufgaben an meinen Leitmonteur abgegeben habe. Auch vorher hat er schon einige dieser Aufgaben wahrgenommen. Jetzt aber habe ich ihn dazu vergattert, mindestens zwei bis drei Tage im Büro zu bleiben und die Arbeit zu erledigen, die ich vorher mitgemacht habe. Noch nebenbei mitgemacht habe, muss man dazu sagen, weil diese Arbeiten natürlich sehr zeitintensiv waren und von der Belastung her auch sehr hoch. Auch das hat dann zum Erfolg geführt. Der Mitarbeiter ist gut ausgelastet und ich habe wirklich mehr Freizeit.

Und wie geht es Ihrem Mitarbeiter inzwischen damit?
Sehr gut, er freut sich, dass er das machen darf. Er war ja auch sehr krank, das hatten Sie ja mitbekommen. Und er hat mir einmal gesagt, er hat – als er noch nicht wieder gesundgeschrieben war – schon mal im Büro gearbeitet. Das war für ihn wohl die beste Kur, sagte er. Er hatte eine Ablenkung von seiner Krankheit und konnte weiter gut genesen, weil er nicht an die Krankheit gedacht hat. Und jetzt ist er so gut da hineingewachsen, dass es hervorragend klappt.

Hatten Sie Bedenken zu delegieren?
Nein, eigentlich nicht, er hat es ja vorher auch schon teilweise gemacht. Wir sind nur immer wieder in alte Muster abgerutscht, dass er dann im Prinzip auf die Baustelle gegangen ist und ich habe dann wieder die Arbeit gemacht. Es gab keine Regelmäßigkeit, diese Strukturen mussten also erst mal festgeklopft werden, dass das so gemacht werden soll. Und immer wieder ermahnen, es muss jetzt sein.

Und wenn Sie sagen „in alte Muster abgerutscht", wie würden Sie dieses alte Muster bezeichnen? Was ist das für ein Muster?
Ja, das alte Muster heißt, dass der Mitarbeiter auf die Baustelle gegangen ist, keine Zeit mehr hatte, um bestimmte Dinge zu erledigen, und ich die dann einfach mitgemacht habe. Dabei war natürlich volle Pulle angesagt, zu tun, was man eigentlich gar nicht will, sondern nur soll.

Wie würden Sie denn jetzt so im Nachhinein es selbst als Burnout bezeichnen oder definieren? Wie würden Sie es jetzt als Burnout beschreiben?
Ich persönlich habe es zu Anfang auch nicht wahrhaben wollen, dass es ein Burnout ist. Mein Arzt hatte mir es damals gesagt, dass er davon ausgeht, dass er das ist. Ich war eher der Meinung, dass es an bestimmten anderen Dingen liegt, wie zum Beispiel dem Bluthochdruck, der Schilddrüse, und dass vielleicht auch das Alter eine Rolle spielt. Das hat dann schon eine Zeit gedauert, um das zu erkennen, dass es wirklich ein Burnout war.

Was hat Ihnen geholfen, das zu erkennen? Oder wie haben Sie das erkannt?
Durch Literatur und Gespräche mit Ihnen, Gespräche mit meinem Hausarzt. So ist dann letztendlich klar geworden, dass es tatsächlich ein Burnout war, mit allen Symptomen, die man körperlich hat; die nicht gerade angenehm sind und wirklich schwer an die Nerven gehen. Das hat eine Zeit gedauert.

Das heißt, Sie hatten erst einmal körperliche Beschwerden und der Hausarzt hat gesagt, das kann man nicht nur mit dem Körper erklären, sondern durch Überlastung?
Ja, genau.

Wie ist ihr Hausarzt mit Ihnen umgegangen und was war – jetzt im Nachhinein gesehen – vonseiten des Hausarztes wichtig, was Ihnen geholfen hat?
Er hatte ja wegen Blutdruckproblemen und Herzrasen angefangen, Medikamente zu verordnen, die natürlich in der Situation kaum angeschlagen haben. Das liegt einfach in der Natur der Dinge, dass das nicht funktioniert. Und er hat mir dann geraten, Ihre Hilfe in Anspruch zu nehmen. Er wollte mich eigentlich sogar in eine Klinik einweisen. Das aber war alles ein Zeitproblem, zu langwierig, wegen der langen Wartezeiten. Und dann habe ich Eigeninitiative ergriffen und eine private Kur gemacht und parallel dazu mit Ihnen Kontakt aufgenommen und ärztliche Gespräche gesucht.

Hat der Hausarzt Sie auf mich hingewiesen oder haben Sie das von sich aus gemacht?
Das hat der Hausarzt gemacht.

Und wie ging es Ihnen damit, zu mir zu kommen, wie war das anfangs?
Man ist zu Anfang skeptisch. Wie läuft das ab, wie kann es funktionieren, wie geht es überhaupt? Man ist schon skeptisch, ob das nun hilft oder nicht hilft. Eigentlich hatte man ja körperliche Symptome und hat nicht vermutet, dass es mehr vom Geistigen ausgeht.

Und dann hat man da eine Skepsis gegenüber dieser seelischen oder geistigen Seite?
Ja, man sagt ja auch, dass Burnout eine Depression ist.

Was hat Ihnen dann bei mir geholfen, zu mir zu kommen, und dann, auch weiterhin zu kommen? Sie waren ja erst einmal skeptisch.
Ich habe das eigentlich gemerkt, als ich die ersten Ideen vorgeschlagen habe, die Trennung privat – Büro und ähnliche Dinge, dass das genau in die richtige Richtung geht, d.h. Optimierung von Arbeitsabläufen bzw. die Einstellung dazu, dass man delegiert und dass man bestimmte Dinge macht oder nicht macht.

Und was auch ganz wichtig ist, wenn man körperliche Symptome hat, dass man sagt, das ist einfach so, das sind Alarmsignale. Dann achtet man mehr darauf. Es ist wichtig zu lernen, dass bestimme Symptome auch ein Alarmsignal sein können und eigentlich gut sind. Dass man so etwas nicht negativ sieht. Das ist, glaube ich, auch ganz wichtig.

Vielleicht noch einmal so zusammengefasst: Was haben die Gespräche für einen Stellenwert für Sie gehabt?
Ich brauchte einen festen Anlaufpunkt, auf den ich zuarbeiten konnte, und wenn sich in der Zeit, wo keine Gespräche waren, etwas angesammelt hatte, das ich gerne besprechen mochte, dann war das eigentlich immer der große Halt: Dass ich wusste, wenn es mir wieder schlecht ging oder irgendetwas war, das kann ich am Montag gleich besprechen. Das ist ein großer Halt in der Zeit. Wenn es einem wieder besser geht, dann sagt man: Oh, schon wieder hin? Gut, das ist dann einfach so, wenn es einem gut geht, dann muss man es nicht unbedingt haben, aber in der Situation ist das wirklich ein Halt.

Und in der Situation, wo es Ihnen dann gut geht und Sie haben den Termin und gehen zum Termin: Würden Sie jetzt im Nachhinein sagen, hätten wir den dann fallen lassen können?

Es war bisher immer so, dass es fruchtbar war, dass in der Diskussion mit Ihnen immer etwas entstanden ist, was man doch wieder hätte besprechen können oder wollen, sag ich mal, wenn man vorher darüber nachgedacht hätte. Das ergibt sich dann aus dem Gespräch heraus. Also, es ist schon ein sehr großer Halt.

Bei einem Burnout ist ja natürlich immer das eigene Umfeld betroffen, die Lebenspartnerin oder Frau, Kinder oder andere in der Umgebung. Wie war das bei Ihnen?

Also, meine Frau hat da sehr engagiert mitgemacht und natürlich ordentlich mitgelitten an der Stelle. Ja, sie war dann, als es zum Schluss sehr lange gedauert hat, auch mit den Nerven am Ende. Es ist ja so: Wir arbeiten natürlich sehr eng zusammen, weil wir eine eigene Firma haben. Da ist es natürlich so, dass alles davon berührt ist, alle Umwälzungen. Alles, was wir so gemacht haben, wurde natürlich zu Anfang von ihr skeptisch gesehen. Mittlerweile sagt sie selber, dass das, was wir gemacht haben – mit dem Telefon und dem Privatbereich –, komme ihr einfach zugute. Auch sie nimmt jetzt im Büro mehr Hilfe in Anspruch. Sie spürt selber eine Entlastung. Das passt also schon an der Stelle, das hat letztendlich für beide was gebracht. Also sie war sehr stark davon betroffen, das ist keine Frage.

Sie war dennoch, als Sie angefangen haben Veränderungen vorzunehmen, skeptisch?

Zunächst einmal ja.

Ist jetzt aber sozusagen mitgezogen?

Ja, jetzt wird es ja gut. Sogar bestens. Bei den Kindern war es so, dass sie natürlich von allem Bescheid wussten und auch einmal gefragt haben, wie es funktioniert, wie es geht. Sie waren aber, da sie außer Haus sind, davon nicht so ganz betroffen.

Was war denn sonst noch wichtig?

Es war auf alle Fälle sehr wichtig, dass ich in den ganzen Arbeitsablauf Pausen eingebracht habe. Zum Beispiel gehe ich ab und zu mal zwischendurch spazieren. Wenn ich eineinhalb Stunden im Büro war, dann gehe ich kurz raus, laufe einmal um den Block oder durch den Wald. Dann habe ich mir angewöhnt, Auflockerungsübungen zu machen. Und vor allen Dingen, um dadurch von der Arbeit abzulenken, achte ich auf Vogelstimmen oder das, was rundherum passiert, um nicht ans Büro oder an das letzte Telefonat zu denken. Und ich mache auch regelmäßig Mittagsruhe, auch wenn ich unterwegs bin. Wenn ich müde bin, fahre ich nicht erst nach Hause, um über den ersten Müdigkeitspunkt hinwegzukommen, sondern fahre zur nächsten Autobahnraststätte oder dem nächsten Parkplatz und lege mich da hin. Ich mache da auch autogenes Training. Was mir auch sehr gut hilft, ist die Muskelentspannung nach Jacobson. Die mache ich fast jeden Abend Die zwei Dinge gehören also auch mit dazu, das ist ganz wichtig.

Sie haben gesagt, dass Sie auf die Vogelstimmen und diese Sachen achten, und von der Muskelentspannung berichtet. Da ist mein Eindruck, dass das ganz wichtig ist, weil Sie sich dann auf etwas anderes konzentrieren. Die Muskelentspannung ist ja auch eine Wahrnehmungsübung. Beim Spazierengehen achten Sie auf die Vogelstimmen außen und bei der Muskelentspannung achten Sie dann gezielt auf Ihre Körperempfindungen innen. Es sind im Grunde Wahrnehmungsübungen.

Ja, und die sollte man auch regelmäßig durchführen. Wenn ich es ein paar Tage nicht gemacht habe, dann ist es einfach anders. Zum Beispiel das Schlafen ist dann schlechter. Genau, das ist also eine Auswirkung, deswegen mach ich es regelmäßig, damit ich gut schlafen kann.

Das machen Sie, um runterzufahren und umzuschalten?
Ja.

Was finden Sie noch wichtig?
Dass ich meine Einstellung verändert und neue Anpassungen gefunden habe und dass diese Anpassung im Prinzip nicht wieder zu dem führt, was einmal war.

Dass Sie mich immer angeleitet haben, eigene Ideen zu entwickeln und diese weiterzuverfolgen. Wenn man gesagt hat, so und so könnte ich es machen, haben Sie einen darin bestärkt und auch noch ein bisschen ausgeführt, wie man es machen kann. Also schon alles aus dem eigenen Ich heraus, nichts von außen aufgesetzt, sondern von einem selber.

3. | Die Grundbedürfnisse stillen

Die Grundvoraussetzung für Wohlergehen und Gesundheit unseres Organismus ist beim Menschen wie bei anderen Säugetieren die Befriedigung der Grundbedürfnisse[9]. Wir können noch so viele Einsichten gewinnen, neue Verhaltensweisen einüben, wenn wir die Ebene der Grundbedürfnisse nicht mit einbeziehen, erreichen wir keine dauerhaften Lösungen und laufen Gefahr, immer wieder „Rückschläge", „Zusammenbrüche", „Einbrüche" zu erleiden, weil wir in alte hinderliche Gewohnheitsmuster zurückfallen.

In den verschiedenen Lebensbereichen werden Grundbedürfnisse in unterschiedlich starker Ausprägung gestillt. Berücksichtigen wir das in unserer Alltagsgestaltung, organisieren wir unsere Lebensbereiche bewusst und achten dabei auf die Befriedigung der Grundbedürfnisse, dann fühlen wir uns wohl und gesund. Dies erreichen wir zum einen durch eine hohe Achtsamkeit für diese Bedürfnisse, zum anderen indem wir bewusst Konflikte und Krisen annehmen und lösen.

Im Zuge dieses Prozesses passen wir uns immer wieder neu an: an uns selbst als Wesen mit einem Körper, einem Geist und einer Seele und an die Umwelt.

Damit Sie sich selbst einen Eindruck davon machen können, wie Sie mit Ihren Grundbedürfnissen umgehen, finden Sie einen Fragebogen im Anhang, den ich auch für meine Seminarteilnehmer und Einzelklienten als Arbeitsgrundlage verwende. Mit der Beantwortung der Fragen erlangen Sie mehr Bewusstheit für Ihre Grundbedürfnisse und in Verbindung mit dem Text sehen Sie gleichzeitig, wo Sie für sich noch etwas Angenehmes entwickeln könnten. Füllen Sie jeweils zu dem entsprechenden Grundbedürfnis den Fragebogen aus – ganz nach Belieben nach oder während des Lesens. Als Auswertung können Sie ein Bedürfnisprofil erstellen.

---

9   Die Primärliteratur, auf die ich hier aufbaue: Maslow (1981), S. 62 ff. und Maslow (1985), S. 37.

3.1 Sauerstoff

Fragebogen Grundbedürfnisse, Seite 1 (Anhang, Seite 222)

Ohne Sauerstoff geht gar nichts. Unser Organismus kommt ohne ihn nicht aus, wir brauchen Sauerstoff für die Energiegewinnung im Körper.

Tipps

✓ Lüften Sie ab und zu Ihren Raum.
✓ Gehen Sie ab und zu an die frische Luft.

3.2 Licht

Fragebogen Grundbedürfnisse, Seite 2 (Anhang, Seite 223)

Wie wichtig für unseren Organismus Licht ist, lernte ich das erste Mal bewusst vor 25 Jahren kennen, als ich von Süddeutschland in die norddeutsche Tiefebene zog. Als Arzt begegneten mir Menschen mit ausgeprägt trockener Haut und Hautjucken; diese Phänomene kannte ich bis dahin nicht. Ich fand heraus, dass diese Erscheinungen durch Mangel an Vitamin D verursacht wurden, weil Menschen nämlich in den Herbst- und Wintermonaten durch fehlende Sonneneinstrahlung selbst kein Vitamin D mehr bilden können.

Auch als Coach erlebte ich vor Jahren, wie sich Mitarbeiter und Mitarbeiterinnen in Callcentern beklagten, dass sie sich unbehaglich und unwohl fühlten, weil ihnen bei ihrer Bildschirmarbeit in abgedunkelten Räumen das Tageslicht fehlte.

Licht nehmen wir über die Haut und insbesondere über die Netzhaut der Augen auf und produzieren Vitamin D (über die Haut) und andere Botenstoffe (über die Netzhaut), die direkt unser seelisches Wohlbefinden beeinflussen. Nehmen wir zu wenig Licht auf, reagieren wir mit Schwermut.

Nachdem wir nach Norddeutschland gezogen waren, entpuppte sich die Anschaffung eines Kaminofens mit großer Glasscheibe als meine persönliche Lösung. Diesen feuere ich im Winter regelmäßig abends an. Ich genieße es sehr, seine Wärme zu spüren und in die Flammen zu schauen. Jahrelang bin ich zudem mit meiner Familie im Winter für eine Woche in den Schnee und in die Sonne gefahren. Schon nach wenigen Tagen war die Schwere der nordischen Dunkelheit von mir abgefallen und ich fühlte mich wieder leicht und wohl.

3.3 Wasser

Fragebogen Grundbedürfnisse, Seite 3 (Anhang, Seite 224)

Unser Körper besteht zu 50 bis 55 % bei Frauen und zu 60 bis 65 % bei Männern aus Wasser. Wenn wir zu wenig trinken, leidet unser Konzentrationsvermögen und viele Stoffwechselvorgänge funktionieren unzureichend. Viele Menschen trinken – auch und gerade während der Arbeit – zu wenig.

Tipps

- ✓ Stellen Sie sich eine Thermoskanne mit Tee oder eine Flasche Wasser samt Glas auf Ihren Schreibtisch.
- ✓ Bieten Sie Ihren Gästen Wasser, Saft oder Tee an. Versorgen Sie dabei auch sich selbst.
- ✓ Üben Sie solche und vergleichbare Rituale ein, sodass Sie regelmäßig und genügend trinken.

3.4 Nahrung

Fragebogen Grundbedürfnisse, Seite 4 (Anhang, Seite 225)

Wenn wir regelmäßig kleine Portionen essen und etwa sechsmal am Tag entsprechend kleine Mahlzeiten zu uns nehmen, fühlen wir uns wohl.

Tipps

- ✓ Nehmen Sie kleine, gesunde Mahlzeiten zu sich. Gönnen Sie sich dafür Pausen.
- ✓ Denken Sie daran, Obst und Gemüse zu essen. Finden Sie heraus, welches Obst, welches Gemüse Ihnen besonders gut schmeckt, und haben Sie es vorrätig.
- ✓ Ernähren Sie sich mit gesunden Speisen.
- ✓ Erkundigen Sie sich über für Sie passendes gesundes Essen.

3.5 Ausscheidung

Fragebogen Grundbedürfnisse, Seite 5 (Anhang, Seite 226)

Unser Organismus nimmt nicht nur Wasser und Nahrungsstoffe auf, er scheidet auch die Stoffe aus, die er nicht verwerten kann. So haben Menschen sehr regelmäßig das Bedürfnis, zur Toilette zu gehen. Wenn wir einen natürlichen Rhythmus zulassen, dann entwickeln wir interessanterweise morgens nach dem Aufstehen eine natürliche Abfolge: zur Toilette gehen („klein"), duschen, anziehen, frühstücken, zur

Toilette gehen („groß"). Danach können wir in der Regel gut mit unserer Arbeit beginnen.

Ich habe es immer wieder erlebt, dass Menschen sich ihr Bedürfnis zum Toilettengang „aus Zeitgründen" regelrecht abtrainiert hatten (meistens beeilten sie sich sehr). Das Resultat waren oft Verdauungs- und Blasenprobleme, die dann ärztlich behandelt werden mussten. Auch Vorstadien mit unbestimmten Beschwerden im Unter- oder Oberbauch sind recht verbreitet. Haben die Betroffenen gelernt, sich für ihre Toiletten-Bedürfnisse wieder Zeit zu nehmen, verschwinden die Probleme. Dies illustriert, welch förderlichen Effekt eine verhältnismäßig kleine, einfache Anpassung für das Wohlbefinden und die Gesundheit hat.

Mal ehrlich: Wie konzentriert und entspannt können Sie arbeiten, wenn Sie Druck auf Blase oder Darm haben? Ist es nicht viel angenehmer und effektiver, vor Arbeitsbeginn und / oder vor einer Besprechung die Toilette aufzusuchen? Auch tut es allen Beteiligten gut, wenn z.B. während einer Besprechung eine entsprechende Pause eingelegt wird.

Tipps

✓ Achten Sie auf ein für Sie stimmiges Aufsteh- und Frühstücksritual. Richten Sie sich die Abfolge so ein, dass sie zu Ihnen passt.
✓ Achten Sie bei der Arbeit darauf, dass Sie erst Ihre Grundbedürfnisse stillen, bevor Sie weiterarbeiten.

3.6 Vermeidung von Schadstoffen

Fragebogen Grundbedürfnisse, Seite 6 (Anhang, Seite 227)

Unser Organismus wird krank, wenn er zu intensiv Schadstoffen ausgesetzt wird. Schadstoffe nehmen wir über die Luft, die Haut, die Nahrungsmittel auf. Auch Lärm können wir zu den Schadstoffen rechnen, wenn dieser über ein bestimmtes Maß hinausgeht. Dass Krebserkrankungen durch Umweltgifte ausgelöst werden, ebenso Allergien verschiedenster Art, ist sehr gut erforscht. Und viele Umweltgifte sind in unserer unmittelbaren Umgebung. An der Universität Rostock fand man beispielsweise in Krebszellen Tonerpartikel. Viele Menschen arbeiten in der Nähe von Laserdruckern oder Kopiergeräten und entwickeln Tonerallergien.

Um Schadstoffe wahrzunehmen und sie zu vermeiden, brauchen wir all unsere Sinne. Doch leider können wir viele Schadstoffe gar nicht wahrnehmen und orten. Auch werden Sinneseindrücke gar nicht mehr zum Gehirn weitergeleitet, wenn sie ständig und ohne Veränderung vorhanden sind. Denken Sie nur daran, dass Sie schlechte Luft im Raum in der Regel erst bemerken, wenn Sie aus dem Zimmer gegangen waren und dann zurückkommen. Es ist der Unterschied, der ans Gehirn gemeldet wird.

Wenn Sie zum Beispiel ein Stück Fleisch aus dem Kühlschrank holen und bemerken, dass „es schlecht riecht ", oder Sie empfinden unbestimmten „Ekel", dann entsorgen Sie es am besten sogleich, denn sonst werden Sie sich aller Voraussicht nach vergiften. Und auch für viele andere Dingen gilt: Achten Sie auf Ihre Wahrnehmung und Ihre Intuition – und vertrauen Sie dem, was Sie spüren. Lassen Sie sich durch Äußerungen wie: „Sei nicht so empfindlich!", „Stell dich nicht so an!", „Du Sensibelchen!" nicht davon abbringen.

Tipps

- ✓ Stehen Sie zu Ihren Wahrnehmungen und Empfindungen, wenn Sie sich durch Umwelteinflüsse gestört fühlen.
- ✓ Schaffen Sie Abhilfe.
- ✓ Nehmen Sie als Betroffene/r Unterstützung durch Professionelle und Selbsthilfegruppen in Anspruch.

3.7 Konstante Körperkerntemperatur

Fragebogen Grundbedürfnisse, Seite 7 (Anhang, Seite 228)

Um gesund zu bleiben, um uns nicht zu „erkälten" oder zu überhitzen, müssen wir uns entsprechend der Außentemperatur und Luftfeuchtigkeit kleiden und sollten bei extremeren Bedingungen nicht zu lange im Freien verweilen. Unsere Körperkerntemperatur wird einmal im Jahr entsprechend unserer klimatischen Umgebung, in der wir uns aufhalten, im Gehirn eingestellt; diese müssen wir dann konstant halten. Eine sehr einfache, aber gute Methode, sich wohltemperiert zu halten, ist folgende: Morgens schauen Sie aus dem Fenster, blicken aufs Thermometer oder treten auf den Balkon. So schätzen Sie Temperatur und Wetter ein und kleiden sich dann entsprechend.

Ich möchte Sie daran erinnern, dass Sie Ihr Wohlgefühl und Ihre Leistungsfähigkeit steigern können, wenn Sie auf Ihre Arbeits- und Wohnbedingungen und auf Ihre Kleidung achten. Aus Untersuchungen wissen wir, dass in einer Umgebung mit ausreichend Platz, wenig Geräuschen, guter Raumtemperatur, passender Luftfeuchtigkeit, grünen Pflanzen und Licht Menschen am kreativsten und ausdauerndsten arbeiten; sie weisen zudem die wenigsten Krankheitstage auf. Es gibt Firmen, die sich auf die Ausstattung von Arbeitsräumen und die dafür am besten geeigneten Pflanzen spezialisiert haben. Es gibt spezielle Pflanzsysteme, die leicht zu pflegen sind und deren Pflege auf Wunsch ebenfalls von diesen Firmen übernommen wird.

Tipps

✓ Achten Sie auf eine angenehme Raumtemperatur und passende Kleidung.
✓ Richten Sie sich Ihre Räume behaglich ein.
✓ Richten Sie insbesondere Ihre Arbeitsräume behaglich ein, im Hinblick auf Luft- und Lichtqualität, Temperatur, vorherrschende Farben und Pflanzen.

3.8 Körperhygiene

Fragebogen Grundbedürfnisse, Seite 8 (Anhang, Seite 229)

Den eigenen Körper zu pflegen verhilft nicht nur zu einem Wohlgefühl, sondern unterstützt langfristig unsere Gesundheit. Das Zähneputzen ist dabei genauso hilfreich wie weitergehende Körperpflege. Wie angenehm ist es doch, zu duschen oder ein ausgiebiges Bad zu nehmen, in aller Ruhe die Nägel zu pflegen. Sich einzucremen und die Haare zu kämmen. Im Winter in die Sauna zu gehen oder in ein Dampfbad, sich im Solebecken treiben zu lassen, den Whirlpool zu genießen. In Deutschland gibt es sowohl eine alte Badekultur als auch eine neue, große Wellnessbewegung, die daran anknüpft.

Tipps

✓ Lassen Sie sich ab und an ein schönes Bad einlaufen und nehmen sich ausreichend Zeit dafür.
✓ Lassen Sie sich ruhig mal darauf ein, mit Ihrer Frau / Ihrem Mann oder einem anderen vertrauten Menschen einen Wellnesstag oder gar ein Wellness-Wochenende zu genießen.

3.9 Stimulation und Zuwendung

Fragebogen Grundbedürfnisse, Seite 9 (Anhang, Seite 230)

Ich stelle fest, dass heutzutage viele Menschen sich nicht im Klaren darüber sind, wie es um ihre Bedürfnisse nach Stimulation und Zuwendung steht. Ihnen fehlt damit auch der Zugang zur bewussten Steuerung dieser Bedürfnisse, was auch ein Erklärungsansatz für die Häufung von Burnout-Erscheinungen ist. Um zu verstehen, wie wir Bewusstheit und Steuerung wieder erlangen können, lohnt es sich, sich näher mit den Grundbedürfnissen nach Stimulation und Zuwendung auseinanderzusetzen. Deshalb habe ich den folgenden Abschnitt bewusst ausführlich gehalten. Aus meiner Sicht behandelt er eines der wichtigsten Themen zur Erhaltung und Wiedererlangung körperlichen und seelischen Wohlbefindens.

3.9.1 Leben und Reize

Organismen brauchen Reize, um zu überleben, also Stimulation. Ohne Licht, Wärme / Kälte, Berührung oder irgendeine Form von sinnlicher Wahrnehmung sterben sie. Um die Bedeutung von Stimulation zu erfassen, vergegenwärtigen Sie sich, wie belebend ein angenehmes Gekitzelt-Werden sein kann oder auch „das Kribbeln im Bauch" des Verliebt-Seins. Bereits in den 1950er-Jahren zeigten Forscher in einem Experiment, dass Versuchspersonen, die sich in einen völlig reizabgeschirmten Raum ohne Geräusche und ohne Licht aufhielten, nach einiger Zeit Halluzinationen entwickelten. Da sie keine Reize von außen erhielten, produzierten diese Menschen selbst welche.

Reize sind überlebensnotwendig. Menschen begeben sich deshalb gern in Gesellschaft, in einen gewissen Trubel, auch in „kitzlige" Situationen mit Risiko und Grenzerfahrungen. Dort erleben sie sowohl Außenreize als auch Innenreize, sie spüren sich. „Ich habe gemerkt, dass ich noch lebe", sagte ein Teilnehmer nach einer Übung im Hochseilgarten. Aus dem Mund eines ganz offensichtlich quicklebendigen Mannes klang diese Aussage vielleicht etwas merkwürdig, doch sie drückte den Kern seiner Erfahrung aus: „Ich habe mich gespürt."

Eine Unterform von Stimulation ist die Aufmerksamkeit, die Beachtung, die Zuwendung durch Menschen und andere Lebewesen über

- Blicke,
- Gesten,
- Worte,
- Geruch
- und Körperberührung.

3.9.2 Die Geschichte der Zuwendungstheorie

Das menschliche Bedürfnis nach Zuwendung wurde in den 1950er-Jahren sehr gründlich erforscht. René Spitz[10] untersuchte die Entwicklung von Säuglingen und Kleinkindern und stellte fest, dass zu wenig Zuwendung zu Krankheiten und sogar zum Tode führte. Eric Berne[11] (1975) stellte fest, dass Menschen ständig eine bestimmte Menge an Zuwendung brauchen und sich bewusst oder unbewusst so verhalten, dass sie sich genau diese Zuwendung verschaffen. Die kleinste Einheit an Zuwendung bezeichnete er als Streicheleinheit, ein Begriff, der inzwischen in unseren Wortschatz eingegangen ist.

3.9.3 Arten der Zuwendung

Positive und negative Zuwendung
Wenn Menschen nicht genügend positive Zuwendung erhalten, verhalten sie sich unbewusst so, dass sie zumindest negative Zuwendung bekommen. Auch wenn Letztere als unangenehm empfunden wird, sie ist immer noch besser als gar keine. Schon als Säuglinge, Kleinkinder und Kinder entwickeln wir entsprechend unserer Umgebung ein individuelles Zuwendungsverhalten, mit dem wir uns meist unbewusst eine bestimmte Menge an positiver und negativer Zuwendung holen.

Bedingungslose und bedingte Zuwendung
Anerkennung gibt es in positiv und negativ erlebter, in bedingungsloser und bedingter Form. Unter **bedingungsloser positiver Zuwendung** verstehen wir, wenn jemand Zuwendung erhält, weil sich der andere einfach für ihn interessiert, ihn einfach mag und dies zum Ausdruck bringt („Ich freue mich, dich zu sehen!"). Bedingungslose Zuwendung ist an keine Voraussetzung oder Leistung geknüpft und ist die Basis für ein starkes, gutes Selbstgefühl. Sicher kennen Sie, wie gut es tut, wenn sich jemand Ihnen interessiert zuwendet oder Ihnen sagt, dass er Sie mag, „einfach nur so". Auf einer der ersten Autofahrten mit der neuen jungen Hündin kommentierte mein Sohn die Situation einmal so: „Ist doch interessant, sie macht überhaupt nichts Besonderes, eventuell sogar noch Mühe, weil sie Gassi gehen muss, und dennoch mögen wir sie alle, einfach so."

---

10   Rene Spitz (1952): Emotional Deprivation in Infancy.
11   Eric Berne (2001, 1974); Leonhard Schlegel (1995) gibt einen guten Überblick (S. 101–105).

Zuwendung	positive	negative
bedingte (Verhalten)	„Ich mag die Art, wie du sprichst."	„Deine Art zu sprechen gefällt mir nicht."
unbedingte (Sein)	„Ich mag dich einfach."	„Ich kann dich nicht leiden!" „Hau ab!"

© Schneider 2013

Abbildung 3-1: Arten der Zuwendung

Unter **negativ bedingungsloser Zuwendung** verstehen wir, wenn jemand generell abgelehnt wird; wenn ihm mit der Haltung begegnet wird: „Ich mag dich überhaupt nicht!", „Geh weg!" oder „Hau ab!". Dies kann in Worten oder auch nur in Gesten ausgedrückt werden.

Dann gibt es **positiv bedingte Zuwendung**, die für Verhalten, Dinge, Taten, Überzeugungen und Leistungen gegeben bzw. erhalten wird: „Mir gefällt, wie du singst." Oder: „Das hast du prima gemacht!" Und es gibt **negativ bedingte Zuwendung**. Sie ist ebenfalls an Bedingungen und Leistungen geknüpft, was sich in folgenden Bemerkungen ausdrückt: „Ich mag nicht, wie du dich gerade verhältst", „Ich mag deine Art nicht!" Oder: „Das hast du schlecht gemacht!"

Bei Menschen mit Burnout und anderen Erschöpfungszuständen finden wir ausgeprägt das Phänomen, dass sie sehr wenig oder gar keine bedingungslose Zuwendung für sich in Anspruch nehmen. In ihrer Lebensgeschichte haben sie gelernt, Zuwendung fast immer nur für Leistung zu erhalten. Wenn sie etwas erhalten oder sich etwas nehmen, meinen sie, es sich verdienen zu müssen, sonst haben sie Schuldgefühle. Sie haben häufig das innere Gefühl, nur dann eine Lebensberechtigung zu haben, wenn sie etwas leisten. Unbewusst versuchen Sie, die Lücke der fehlenden bedingungslosen Zuwendung mit bedingter Zuwendung zu füllen. Ein Unterfangen, das nie gelingt und in Stresssituationen in die Erschöpfung führt, da das Bedürfnis nach bedingungsloser Zuwendung langfristig nicht durch bedingte Zuwendung gestillt werden kann.

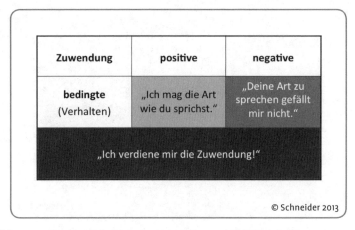

Abbildung 3-2: Der Versuch, bedingungslose Zuwendung durch bedingte zu ersetzen

3.9.4 Zuwendungsmuster und unbewusste Zuwendungsregeln

Folgen Menschen in ihrem Verhalten unbewussten Zuwendungsmustern – was bedauerlicherweise sehr häufig der Fall ist –, dann gehorchen sie einer oder mehrerer der nachfolgenden „Zuwendungsregeln" (Steiner 1982); diese werden gesellschaftlich gelebt, sind oft anerzogen, jedoch den Betroffenen meist nicht bewusst.

Sie geben keine positive Zuwendung, auch wenn sie dies eigentlich möchten.

Meist haben sie es nicht gelernt und gerade in der Rolle als Vorgesetzte, Eltern oder Lehrer haben sie Angst, die anderen würden ihnen „auf der Nase herumtanzen", wenn sie sie lobten. Diese Menschen beachten positive Leistungen nicht und geben erst in dem Moment, in dem etwas nicht so läuft, wie sie es gern hätten, negative Zuwendung. Wir alle kennen die Aussage: „Wenn ich nichts sage, ist alles in Ordnung." Manchmal wird diese mit folgendem Nachsatz kombiniert: „Und wenn etwas nicht stimmt, werde ich es schon sagen." Auch in Paarbeziehungen geizen Menschen häufig mit positiver Zuwendung und schaffen so für das Gegenüber und ebenso für sich selbst ein unangenehmes Klima.

Sie fragen oder bitten nicht um Zuwendung, wenn sie diese möchten, oder spüren schon gar nicht mehr, dass sie Zuwendung jetzt gut gebrauchen könnten.

Vielen Menschen wurde es aberzogen, um positive Zuwendung zu bitten. Meist lernen sie, wirkliche Liebe und Anerkennung zeichne sich dadurch aus, dass sie von allein gegeben werde, und nur dann sei sie etwas wert. Andere Menschen, Partner, Kinder, Mitarbeiter, Vorgesetzte, Freunde müssten ihnen ihre Wünsche schon „von den Augen ablesen". Allerdings zeigt die Realität, dass andere nicht wissen können, was wir möchten und / oder brauchen – sie können es uns keineswegs von den Augen ablesen. Hintergrund ist m. E. folgender: Bedürfnisse zu zeigen, um etwas zu bitten, wird in unserer Kultur meist als Schwäche angesehen. Das Gegenteil ist richtig: Um etwas zu bitten, ist etwas zutiefst Natürliches und sogar Erwachsenes, zeugt von Selbstbewusstsein und Stärke. Wenn erwachsene Menschen bewusst um etwas bitten, dann macht sie dieses Handeln frei.

Sie nehmen positive Zuwendung nicht an, auch wenn diese ihnen gefallen würde.

Was steckt dahinter? Nun, häufig wurden wir als Kinder mit positiver Zuwendung manipuliert, und auch als Erwachsene widerfährt uns dies. Wir bekommen von manchen Menschen vor allem dann positive Zuwendung, wenn sie etwas von uns wollen und versuchen, uns über diese Schmeichelei gefügig zu machen. Also haben wir gelernt, uns zu schützen, indem wir positive Zuwendung kategorisch ablehnen; schließlich wollen wir uns nicht manipulieren lassen und unbedingt unsere Selbstbestimmung behalten. Der Nachteil eines solchen angelernten Schutzautomatismus ist allerdings, dass wir in ein Zuwendungsdefizit geraten und uns irgendwie doch unwohl, unverstanden und ungeliebt fühlen. Denn wenn wir nicht zwischen manipulativer und aufrichtig gemeinter Anerkennung unterscheiden, entgehen uns auch die passende, ehrliche Zuwendung und deren förderliche Wirkung auf uns.

Sie lehnen positive Zuwendung nicht ab, wenn sie nicht passt.

Es kommt vor, dass uns jemand eine positive Zuwendung gibt, die wir nicht möchten, die für uns nicht passt, die unter Umständen auch manipulativ eingesetzt wird. Diese Zuwendung bewusst nicht anzunehmen, sondern sich von ihr zu distanzieren, ist für unser inneres seelisches und äußeres soziales Wohlbefinden von großer Bedeutung. Solch eine Abgrenzung von Unpassendem ist wichtig für unsere Eigenständigkeit und Selbstbestimmung.

Sie haben Schwierigkeiten, sich selbst Anerkennung zu geben.

Vielen Menschen wurde Selbstanerkennung konsequent aberzogen. Sie seien dann überheblich und arrogant, wurde Ihnen gesagt. Sie haben gehört: „Eigenlob stinkt!“ Dabei ist das Wahrnehmen und Anerkennen der eigenen Person und der eigenen Taten, Überzeugungen und Leistungen ein wesentlicher Beitrag zu einem gut ausgeprägten Selbst- und Selbstwertgefühl. Darüber hinaus ist es für die seelische Gesundheit und das innere Gleichgewicht wichtig, „es sich selbst schön machen“ zu können und sich selbst fürsorglich zu behandeln. Dies umfasst z. B. eine gedanklich und emotional achtsame und wohlwollende Zuwendung zu sich selbst; sich ein erholsames Bad einlaufen zu lassen, einen Spaziergang im Abendrot zu unternehmen ...

Zusammengefasst lauten die unbewussten Zuwendungsregeln:[12]

Gib keine positive Zuwendung!
(„Sonst tanzen dir die Leute auf der Nase herum!")

Bitte nicht um positive Zuwendung!
(„Du könntest als schwach angesehen werden!")

Nimm positive Zuwendung nicht an!
(„Du könntest manipuliert werden!")

Lehne positive Zuwendung nicht ab!
(„Du könntest als arrogant gelten!")

Gib Dir selbst keine positive Zuwendung!
(„Du könntest als eitel und überheblich gelten!")

Für negative Zuwendung gilt allerdings:[13]

Gib negative Zuwendung!
(„... auch wenn du dich dabei nicht gut fühlst!")

Hole dir negative Zuwendung!
(„Sie ist besser als gar keine!")

Nimm negative Zuwendung an!
(„Sonst bekommst du sowieso keine!")

Lehne negative Zuwendung nicht ab!
(„Sonst bist du ungehorsam!")

Gib dir selbst negative Zuwendung!
(„So bist du ein braves Kind / ein folgsamer Mitarbeiter!")

In Kombination mit dem oben beschriebenen Grundprinzip: „Negative Zuwendung ist besser als gar keine" wirkt sich die gelebte, gesellschaftlich tradierte Zuwendungskultur so aus, dass Menschen als Kinder und Jugendliche lernen, negative Zuwendung zu erhalten und zu geben, wenn sie nicht genügend oder keine positive Zuwendung erhalten. Sie etablieren dieses Verhalten dann als unbewusstes Gewohnheitsmuster. Auch als Erwachsene setzten sie sich dann – vor- und unbewusst – immer wieder negativer Zuwendung aus oder rufen diese – vor- und unbewusst – hervor.

---

12 Nach Steiner (1982), modifiziert nach Kösel (1993), S. 99.
13 Schneider (1987).

Nicht selten verstehen Menschen positive Zuwendung als negative – als hätten sie in diesem Moment einen Zuwendungsumwandler aktiviert, der positiv in negative ummodelt.

Ein Beispiel:

Jemand sagt zu seiner Freundin: „Diese Bluse steht dir sehr gut!" Die Freundin antwortet: „Da sieht man ja mal wieder, dass ich dir schnurzegal bin. Was ich gestern für dich gemacht habe, hast du ja überhaupt nicht bemerkt." (Oder – noch deutlicher: „Dass ich mich schon gestern extra für dich schick gemacht hatte, hast du ...)

Vielleicht ahnen oder verstehen Sie jetzt manche Ihrer eigenen Verhaltensweisen oder auch manche Ihrer Mitmenschen. Haben Sie nicht schon manchmal Ihren Kopf geschüttelt und sich gefragt: „Wie kommt der denn bloß dazu, so etwas zu machen?", „Warum geht sie dieses hohe Risiko ein?", „Warum macht der mit diesem provozierenden Verhalten einfach so weiter? Er ist doch damit schon auf die Nase gefallen. Hat er denn noch nicht genug Ablehnung kassiert?", „Warum muss sie sich denn immer so in den Mittelpunkt drängen?" Etc.

Bewusste Auflösung der Zuwendungsregeln

Die Auflösung der unbewussten Zuwendungsregeln oder -gewohnheiten und die Hinwendung zu einem bewussten Einsatz kann man sprachlich so zusammenfassen:

Gib anderen positive Zuwendung!
(„Wenn es passt. Dadurch zeigst du Interesse und schaffst stimmigen Kontakt.")

Bitte andere um positive Zuwendung!
(„Wenn du sie brauchst oder möchtest und es zur Situation und dem Gegenüber passt.")

Nimm positive Zuwendung von anderen an!
(„Wenn sie für dich stimmt: Du bleibst dabei frei, zu tun und zu lassen, was für dich stimmt.")

Lehne positive Zuwendung anderer ab!
(„... wenn sie für dich nicht stimmt.")

Gib dir selbst positive Zuwendung!
(„Dadurch wirst du selbstbewusst und selbstbestimmt!")

Zuwendungsprofil 1

Wenn Sie mögen, können Sie selbst für sich noch einmal durchdenken, wie Sie mit positiver und negativer Zuwendung umgehen, indem Sie das folgende Zuwendungsprofil für sich ausfüllen. Stellen Sie die geschätzte Häufigkeit in den verschiedenen Kategorien für positive und negative Zuwendung als Balkendiagramm dar.

Positive Zuwendung		um Zuwendung bitten	Zuwendung geben	Zuwendung annehmen	Ablehnen, Zuwendung zu geben	Ablehnen, Zuwendung anzunehmen	Veranlassen, Zuwendung zu geben	sich selbst Zuwendung geben
	10							
	9							
	8							
	7							
	6							
	5							
	4							
	3							
	2							
	1							
Negative Zuwendung	1							
	2							
	3							
	4							
	5							
	6							
	7							
	8							
	9							
	10							

© Schneider 2013

Abbildung 3-3: Arten der Zuwendung. Zuwendungsprofil 1 (nach Schneider 1987, S. 93)

3.9.5 Zuwendungsautarkie

Für mich war es eine meiner spannendsten Erfahrungen, die Logik der Zuwendung kennenzulernen und zu verstehen, wie wir uns in unserem Bedürfnis nach Zuwendung verhalten. Das Allerwichtigste war für mich zu verstehen, dass Menschen sich unbewusst in negativer Form von anderen abhängig machen und abhängig halten, wenn sie die gesellschaftlich tradierten Zuwendungsregeln nicht durchschauen und für sich selbst nicht auflösen. Erst wenn sie sich voll bewusst machen, was sie an Zuwendung brauchen und möchten und lernen, mit Zuwendung bewusst umzugehen, werden sie frei und liefern sich nicht länger anderen ungewollt aus. Sie steuern dann die Befriedigung ihrer Zuwendungsbedürfnisse selbst und werden darin autark.

Unter Autarkie verstand man im alten Griechenland die wirtschaftliche Unabhängigkeit des Landes. Auf Personen übertragen könnte man sagen, dass sie dann als autark gelten können, wenn sie um ihre Bedürfnisse wissen, diese kennen, steuern und dafür sorgen, dass sie gut ausgestattet und „satt" sind. Dann sind sie frei zu entscheiden, wann, von wem, wie und welche Zuwendung sie geben, sich holen, annehmen und ablehnen. **Diese Zuwendungsautarkie ist eine der wesentlichen Grundlagen dafür, sich in Beziehungen verbunden und zugleich eigenständig zu fühlen.**

3.9.6 Die gesellschaftliche Bedingtheit von Zuwendungsmustern

Für mich war es interessant, schockierend, ernüchternd und lehrreich zu erfahren, wie „Mächtige", Systeme, Institutionen und Organisationen ganz bewusst schon über Jahrtausende mit dem Wissen um das Bedürfnis nach Zuwendung Macht ausüben und Menschen durch den Entzug von positiver Zuwendung und anderen Grundbedürfnissen von sich abhängig und dadurch manipulierbar machen. Dass dies funktioniert, sehen Sie auch daran, dass der Entzug von Grundbedürfnissen auch als Foltermethode eingesetzt wird. Wenn man Menschen ihrer Grundbedürfnisse beraubt, werden sie gefügig und überangepasst, um zu überleben.

3.9.7 Nicht bewertende Zuwendung

Aus meiner Sicht ist es erstrebenswert, sich von den Kategorien negativer und positiver Zuwendung sogar komplett freizumachen, wobei es realistisch erscheint, diesen Idealzustand fortlaufend anzustreben und ihn mehr und mehr zu realisieren. Womöglich ist die wertvollste Form der Zuwendung, einfach miteinander in Kontakt zu sein, miteinander zu arbeiten, zu reden, sich auszutauschen, sich zu berühren, miteinander zu lachen, zu weinen, wütend zu sein, Angst zu haben; sich mit den eigenen Empfindungen, Wünschen, Bewertungen und in eigenen Taten mitzuteilen, ohne an positive oder negative Zuwendung zu denken, ohne zu bewerten, Kritik zu üben oder zu loben. Sich dem Gegenüber unverstellt zu zeigen und zu verstehen zu geben, Interesse zu zeigen und auf das Interesse des anderen zu antworten scheint mir überhaupt ein wichtiger Schlüssel zu „glücklichen" Begegnungen und Beziehungen zu sein.

Im Fachjargon sprechen wir hier auch von Rückmeldungen: Rückmeldungen geben, anfordern und entgegennehmen. Lebendigen Organismen ist eigen, dass sie ständig

Rückmeldeschleifen schaffen, sich rückkoppeln, ihre Wahrnehmung, ihre Einschätzung und ihr Handeln selbst überprüfen und sich zusätzlich von anderen Menschen deren Wahrnehmungen, deren Einschätzungen und Handlungsalternativen mitteilen lassen. So erweitern sie ihren Horizont und entwickeln sich weiter (siehe auch Schneider 2011, S. 19).

3.9.8 Zuwendungsformen

Menschen mögen Zuwendung für alles Mögliche. Wofür genau, lässt sich sehr treffend in den folgenden Zuwendungskategorien (abgeleitet aus Kahler 2008, S. 137) darstellen:

Zuwendung für ...
Leistung: Menschen erfahren gern Zuwendung für das, was sie gemacht und geleistet haben.
Struktur / Ordnung: Für manche, denen es selbst sehr wichtig ist, Strukturen (Ordnung) zu schaffen und einzuhalten, ist es bedeutend und sehr befriedigend, nicht nur für ihre Leistung, sondern auch für ihre Pünktlichkeit, ihre Zeitstruktur, ihre Sorgfalt, ihre Arbeitsstruktur wertgeschätzt zu werden.
Überzeugungen: Für manche Menschen, die stark für Werte und Überzeugungen eintreten, ist es sehr befriedigend, dafür Anerkennendes zu hören. Wenn z.B. ein Projekt erfolgreich war, sind sie für etwas ihnen Wichtiges oder Wertvolles eingetreten und würden sich sehr schlecht fühlen, wenn ihre Überzeugungen, ihre Werte und ihr Einsatz nicht gesehen und anerkannt würden. Dies gilt in besonderem Maße auch dann, wenn etwas einmal nicht geklappt hat.
die Person: Menschen mögen es (manche mehr, manche weniger), wenn sie einfach als Person wahrgenommen werden – unabhängig von ihrer Leistung. Sie schätzen es, wenn man sich für sie interessiert, sich mit ihnen über das unterhält, was sie gerade bewegt in ihrem Leben (auch im Privaten).

Zuwendung durch ...
sinnliche Anregung: Menschen fühlen sich wohl, lebendig und angeregt, wenn sie ihre Sinne nähren, mit all ihren Sinnen wahrnehmen, z.B. wenn man bei einem Spaziergang den Boden spürt, den Wind fühlt, die Vögel hört ... Auch Arbeit kann man sinnlich begreifen und genießen: den Kontakt mit den Menschen, dem Werkstoff, dem eigenen Erleben, wenn es „flutscht," ; wenn man sieht, was man geschaffen hat; wenn man hört, wie die Maschine surrt, die Fäden zusammenlaufen.

spielerischen Kontakt: Menschen genießen es zu plaudern, zu singen, zu tanzen, sich zu berühren, miteinander zu spielen, miteinander lachend, weinend und zornig zu arbeiten und dabei Spaß zu haben.

Aufregung / Erregung: Für Menschen ist es auch bedeutend, dass etwas geschieht, dass sie Reize, Abwechslung erfahren, denn das regt sie (im positiven Sinne) auf. Es gibt Menschen, die besonders viel Aktivität entfalten, die zum Ausdruck bringen, dass Stillstand „der Tod" wäre. Sie streben nach Intensität und Dichte im Leben, üben sich in Fun- und Risikosportarten. Dabei (in der Erregung / Aufregung / Stimulation) spüren sie sich.

Alleinsein: Diese Form der Zuwendung habe ich bereits in Teil 1 beschrieben. Es ist für Menschen enorm wichtig, Zeit allein zu verbringen, um sich selbst zu spüren, zu zentrieren und immer wieder zu sich zu finden und sich zu erneuern. Das Alleinsein ist auch der Zugang zu tiefen menschlichen Schichten und zur Auseinandersetzung mit existenziellen Themen wie Tod, Freiheit, Isolation und Sinn.

Ruhe / Stille: Menschen genießen Ruhe und Stille.

Zuwendungsprofil 2:

Ich schlage Ihnen vor, sich ein wenig Zeit zu nehmen und nachzuspüren, wie wichtig Ihnen die dargestellten Zuwendungsformen sind und wie Sie sie pflegen. Als kleine Hilfestellung gebe ich Ihnen hier ein Profil vor.

Wie wichtig ist mir ...?	gar nicht wichtig					sehr wichtig
1. Anerkennung für Leistung	⓪	①	②	③	④	⑤
2. Anerkennung für Pünktlichkeit / Gründlichkeit / Ordnung?	⓪	①	②	③	④	⑤
3. Anerkennung für meine Überzeugungen, mein Engagement?	⓪	①	②	③	④	⑤
4. Mich spüren durch Aktivität / Aufregung / Erregung?	⓪	①	②	③	④	⑤
5. Anerkennung für mich als Person (wer ich bin, wie ich bin, wie ich mich fühle)?	⓪	①	②	③	④	⑤
6. Sinnliche Anregung durch Bilder, Töne, Gerüche, Geschmack, Empfindungen?	⓪	①	②	③	④	⑤
7. Spielerischer Kontakt?	⓪	①	②	③	④	⑤
8. Körperkontakt?	⓪	①	②	③	④	⑤
9. Alleinsein?	⓪	①	②	③	④	⑤
10. Ruhe / Stille?	⓪	①	②	③	④	⑤

Wie häufig erhalte ich …?	nie					sehr häufig
1. Anerkennung für Leistung	⓪	①	②	③	④	⑤
2. Anerkennung für Pünktlichkeit / Gründlichkeit / Ordnung?	⓪	①	②	③	④	⑤
3. Anerkennung für meine Überzeugungen, mein Engagement?	⓪	①	②	③	④	⑤
4. Mich spüren durch Aktivität / Aufregung / Erregung?	⓪	①	②	③	④	⑤
5. Anerkennung für mich als Person (wer ich bin, wie ich bin, wie ich mich fühle)?	⓪	①	②	③	④	⑤
6. Sinnliche Anregung durch Bilder, Töne, Gerüche, Geschmack, Empfindungen?	⓪	①	②	③	④	⑤
7. Spielerischer Kontakt?	⓪	①	②	③	④	⑤
8. Körperkontakt?	⓪	①	②	③	④	⑤
9. Alleinsein?	⓪	①	②	③	④	⑤
10. Ruhe / Stille?	⓪	①	②	③	④	⑤

Wie häufig nehme ich an …?	nie					sehr häufig
1. Anerkennung für Leistung	⓪	①	②	③	④	⑤
2. Anerkennung für Pünktlichkeit / Gründlichkeit / Ordnung?	⓪	①	②	③	④	⑤
3. Anerkennung für meine Überzeugungen, mein Engagement?	⓪	①	②	③	④	⑤
4. Mich spüren durch Aktivität / Aufregung / Erregung?	⓪	①	②	③	④	⑤
5. Anerkennung für mich als Person (wer ich bin, wie ich bin, wie ich mich fühle)?	⓪	①	②	③	④	⑤
6. Sinnliche Anregung durch Bilder, Töne, Gerüche, Geschmack, Empfindungen?	⓪	①	②	③	④	⑤
7. Spielerischer Kontakt?	⓪	①	②	③	④	⑤
8. Körperkontakt?	⓪	①	②	③	④	⑤
9. Alleinsein?	⓪	①	②	③	④	⑤
10. Ruhe / Stille?	⓪	①	②	③	④	⑤

Wie häufig hätte ich gern ...?	nie					sehr häufig
1. Anerkennung für Leistung	⓪	①	②	③	④	⑤
2. Anerkennung für Pünktlichkeit / Gründlichkeit / Ordnung?	⓪	①	②	③	④	⑤
3. Anerkennung für meine Überzeugungen, mein Engagement?	⓪	①	②	③	④	⑤
4. Mich spüren durch Aktivität / Aufregung / Erregung?	⓪	①	②	③	④	⑤
5. Anerkennung für mich als Person (wer ich bin, wie ich bin, wie ich mich fühle)?	⓪	①	②	③	④	⑤
6. Sinnliche Anregung durch Bilder, Töne, Gerüche, Geschmack, Empfindungen?	⓪	①	②	③	④	⑤
7. Spielerischer Kontakt?	⓪	①	②	③	④	⑤
8. Körperkontakt?	⓪	①	②	③	④	⑤
9. Alleinsein?	⓪	①	②	③	④	⑤
10. Ruhe / Stille?	⓪	①	②	③	④	⑤

Zusammenfassung	——————— Wie wichtig? ················· Wie häufig erhalte ich? - - - - - - - - - Wie häufig hätte ich gerne?					
1. Anerkennung für Leistung	⓪	①	②	③	④	⑤
2. Anerkennung für Pünktlichkeit / Gründlichkeit / Ordnung?	⓪	①	②	③	④	⑤
3. Anerkennung für meine Überzeugungen, mein Engagement?	⓪	①	②	③	④	⑤
4. Mich spüren durch Aktivität / Aufregung / Erregung?	⓪	①	②	③	④	⑤
5. Anerkennung für mich als Person (wer ich bin, wie ich bin, wie ich mich fühle)?	⓪	①	②	③	④	⑤
6. Sinnliche Anregung durch Bilder, Töne, Gerüche, Geschmack, Empfindungen?	⓪	①	②	③	④	⑤
7. Spielerischer Kontakt?	⓪	①	②	③	④	⑤
8. Körperkontakt?	⓪	①	②	③	④	⑤
9. Alleinsein?	⓪	①	②	③	④	⑤
10. Ruhe / Stille?	⓪	①	②	③	④	⑤

Menschen sind in ihrem Bedürfnis nach Zuwendung verschieden. Wenn Sie Ihr Profil mit dem eines/r anderen vergleichen, werden Sie dies bestätigt finden. Wenn Sie um diese Unterschiedlichkeit wissen und sich darauf einlassen, andere Menschen entsprechend ihren Bedürfnissen zu achten und ihnen diese auch zu erfüllen, soweit es für Sie passt, werden Sie feststellen, wie wohltuend und erfüllend Sie Kontakte und Beziehungen gestalten können.

Beispiel: Mitarbeitermotivation

Mir fällt dabei ein Coachee ein, der sich für die Motivation seiner Mitarbeiterinnen und Mitarbeiter interessierte und wissen wollte, wie er diese denn motivieren könnte.

Ich fragte ihn, wie er denn mit ihnen umgehe, welche Zuwendung die Einzelnen gerne bekämen und welche er ihnen gebe. Er berichtete ausführlich von den Mitarbeiterinnen und Mitarbeitern seines Führungsteams. Er charakterisierte jeden Einzelnen und beschrieb mehr oder weniger ausgeprägt die oben dargestellten Formen der Zuwendung. Es wurde sehr deutlich, wie unterschiedlich sich die Teammitglieder in ihrem jeweiligen Bedürfnis nach Zuwendung verhielten und wie unterschiedlich mein Coachee auf sie reagierte. Bei manchen fiel es ihm leichter, bei anderen schwerer. Eine Frau z. B. brauchte hauptsächlich Zuwendung als Person, das hatte ihm anfangs am meisten zu schaffen gemacht. Doch als er darauf einging, kam es zu einer sehr befriedigenden Zusammenarbeit. Er stellte fest, dass er diese Form am wenigsten bei sich ausgeprägt habe, dass es ihm aber guttue, sie zuzulassen. Ich hatte den Eindruck, dass mein Coachee hervorragend mit den unterschiedlichen Personen umging, gab ihm dies zu verstehen und überließ ihm, da er sehr daran interessiert war, Profil und Text zu den Formen der Zuwendung.

Zuwendungsformen und Zuwendungsarten bei Burnout

In meiner Arbeit ist mir aufgefallen, dass Menschen, die mit einem Burnout-Thema zu mir kamen, bestimmte Formen der Zuwendung überzogen und andere vermisst hatten, ohne es zu wissen. Sie hatten Zuwendungsarten und -formen, die sie nicht gelernt hatten, durch andere ersetzt. Wenn es ihnen nach dem Burnout wieder gut ging – manchen „so gut wie nie zuvor" –, stellten sie erstaunt fest: Vor dem Burnout waren sie hauptsächlich der Anerkennung von Leistung, Überzeugungen und (Zeit-)struktur (Pünktlichkeit) sowie der Aufregung hinterhergelaufen, ohne es selbst zu merken.

Jetzt, wo sie sich wirklich wohlfühlten, verbrachten sie Zeit allein, pflegten den Kontakt in der Paarbeziehung, mit Kindern und Freunden, genossen sinnliche Anregung, genossen auch sich und andere als Person. Vor dem Burnout waren sie in ein „Hamsterrad", einen „Teufelskreis" geraten, bis sie nicht mehr konnten oder zusammenbrachen. Zuwendung hatten sie meistens in negativer Art gegeben und erhalten.

Erst nach einiger Zeit der Arbeit an sich selbst und im Gespräch mit Vertrauten war ihnen dann aufgefallen, was ihnen gefehlt hatte: positive bedingte, vor allem aber bedingungslose Zuwendung zu geben und zu empfangen sowie in den Zuwendungsformen eine ausgewogene individuelle „Diät" zu genießen.

Beispiel:

> Herr K. stellte fest, dass immer dann, wenn es im Betrieb ruhiger wurde, er in sich Unruhe verspürte und das Gefühl hatte, es müsse etwas getan werden. Er hatte in der Vergangenheit in vergleichbaren Situationen stets neue Projekte angeschoben, die er im Nachhinein bereute, weil er sie als blinden Aktionismus entlarvte und sie außer „Action" nichts eingebracht hatten. Als er diese Unruhe nun erneut spürte, machte er dies im Coaching zum Thema und fand heraus, dass er diese „aktionistische" Verhaltensweise bei seinem Vater erlebt hatte und in Momenten der Unruhe dessen Verhalten kopierte. Der könne noch heute, in hohem Alter, nicht ruhig sitzen und zettle immer noch zu viele Aktionen an.

> Für ihn, den Sohn, passte das aber nicht. Er wollte auch einfach mal da sitzen und sich erholen, lesen, joggen, mit seinen Kindern spielen oder sich mit seiner Frau eine schöne Zeit machen. Er hatte in seiner Ursprungsfamilie gelernt, diesen Zuwendungsformen nicht den eigentlich gewünschten Raum zu geben. Nach dieser Erkenntnis setzte mein Coachee seine Zuwendungsbedürfnisse so um, wie es für ihn passte, und fühlte sich dabei ausgesprochen wohl und war auch im Geschäft sehr erfolgreich. Er stellte fest, dass es ihm guttat, sich von seinem Vater zu unterscheiden, eine eigenständige Person und einzigartig zu sein. Dies fühlte sich nicht nur im Kontakt zu sich selbst, seinen Kindern, seiner Frau und den Mitarbeitern in der Firma gut an, sondern verbesserte auch den Kontakt zum Vater.

Jeder Mensch entwickelt im Laufe seines Lebens bestimmte Vorlieben und eine ganz individuelle Zusammensetzung verschiedener Zuwendungsformen. Oft kommen im Laufe des Lebens neue hinzu oder wir prägen bestehende in Quantität und Art anders aus. Neue Entwicklungen kündigen sich häufig in Form kleinerer oder größerer Krisen oder durch Krankheit an. Menschen fallen durch Erkrankungen aus und somit aus den täglichen Gewohnheiten heraus, können innehalten und merken plötzlich, was ihnen fehlt. Sie können bisher nicht gelebte, aber jetzt anstehende Entwicklungen wahrnehmen, annehmen und im nächsten Schritt bewusst entwickeln, was jetzt in ihrem Leben „dran" ist.[14]

Sie können aber auch, ungeachtet der Krankheitsphasen, in denen sie spürten, was ihnen fehlt, wieder in die alten Gewohnheitsmuster zurückfallen – was leider häufig der Fall ist. Mit Achtsamkeit, Bewusstheit und selbstbestimmtem, aktivem Sich-Ein-

---

14 Diese Auffassung von Krankheit als Ausdruck und Ermöglichung anstehender Entwicklungen beschrieb Viktor von Weizsäcker (2008), der in Heidelberg den ersten Lehrstuhl für Psychosomatische Medizin in Deutschland innehatte, in seinem Buch „Warum wird man krank?".

lassen und Handeln können Menschen Entwicklungsherausforderungen annehmen, sie nicht nur dem Zufall überlassen und ihre ureigene Art, Zuwendung zu gestalten, selbst in die Hand nehmen.

Tipps

✓ Fragen Sie sich ab und zu: „Wie gehe ich mit Zuwendung um?"
✓ Welche Arten und Formen der Zuwendung sind mir am liebsten?
✓ Welche Arten und Formen der Zuwendung sind mir wichtig?
✓ Welche würde ich gerne bewusst pflegen? Fangen Sie gleich mit dem Üben an und besorgen Sie sich die Zuwendung, die Sie gerade als für sich wichtig wahrgenommen haben.
✓ Seien Sie mit sich geduldig, gehen Sie einen Schritt nach dem anderen.

Aus meiner Sicht ist ein wesentlicher Schlüssel zur Veränderung des Umgangs mit Zuwendung folgender: Versetzen Sie sich in die Lage, ganz bewusst zu entscheiden, was Sie an Zuwendung annehmen und was Sie an Zuwendung geben. Legen Sie fest, wo Ihre innere Grenze verläuft, und entscheiden Sie dann, was Sie an Zuwendung annehmen und was Sie geben. Die nächsten beiden Bilder bzw. Imaginationen verdeutlichen das:

Die Stadtmauer (die Burg)

Stellen Sie sich vor, Sie seien der Stadtherr, die Stadtherrin einer mittelalterlichen Stadt oder Burg; sie haben eine Stadtmauer oder Burgmauer gebaut, ein ausgeklügeltes Öffnungs- und Schließungssystem, über das Sie die Verfügungsgewalt haben. Sie entscheiden, wer und was durch die Tore hereinkommt und hinausgeht. Sie haben zwar nicht in der Hand, was alles auf Sie zukommt oder aus Ihrer Stadt heraus will. Aber wen Sie hinein- oder was Sie herauslassen, entscheiden nur Sie.

Die Praline

Betrachten Sie positive Zuwendung wie eine Praline: Sie ist in schönes Papier eingepackt. Sie dürfen die Praline auswickeln und schauen, was drin ist. Sie schauen, riechen und schmecken. Sie entscheiden, ob sie die Süßigkeit in den Mund nehmen oder nicht, wenn sie Ihnen z. B. nicht gefällt, sie nicht angenehm riecht oder aussieht. Und sollten Sie die Praline schon im Mund haben und erst dann feststellen, dass sie Ihnen nicht schmeckt, dürfen Sie das Ding wieder ausspucken. Wenn sie Ihnen schmeckt, lassen Sie sie in aller Ruhe auf der Zunge zergehen. Sie „verdauen" sie, schließen die Nährstoffe für sich auf – lassen sich davon nähren. Auch später werden Sie sich noch daran erinnern können und in der Erinnerung davon zehren. In kargen Zeiten werden Sie auf Ihre Erinnerungsbank zurückgreifen können.

Nehmen Sie bewusst Zuwendung an, wenn es für Sie passt. Achten Sie darauf, was in Ihnen vorgeht! Es kann sein, dass Sie zuerst durch ein Gefühl der Schuld oder Beschämung hindurch müssen; dies ist ein Relikt aus Ihrer Geschichte, in der Sie etwas Vergleichbares nicht tun durften oder sich nicht so sein lassen durften.

Geben Sie Zuwendung, ja: Werden Sie vielleicht sogar großzügig darin, Zuwendung zu schenken! Gehen Sie Ihrem Interesse, Ihren Impulsen nach. Sicherlich hatten Sie schon häufig den Wunsch oder das Verlangen, jemandem etwas Schönes oder Nettes zu sagen oder ihn/sie zu beschenken, haben es dann aber nicht getan. Warum eigentlich nicht? Geben Sie ganz bewusst Ihrem Interesse nach und achten Sie darauf, wie es Ihnen und den Beschenkten dabei geht.

Ziehen Sie daraus neue Schlüsse: Bauen Sie Ihr Zuwendungsrepertoire aus!

3.10 Gestaltung

Unser Bedürfnis nach Gestaltung leben wir im schöpferischen Arbeiten, dem Schaffen aus. Ich fasse den Arbeitsbegriff weit und bezeichne die Tätigkeiten, mit denen wir unser Geld verdienen, als Erwerbsarbeit. Doch alles, was wir sonst noch tun, ist auch Arbeit. In der Arbeit, im Schaffen bringen wir unsere Talente zum Leben. Dies ist ein Grundbedürfnis. Deshalb sind Hobbys so bedeutsam, weil wir in unserer Erwerbsarbeit nie alle unsere Talente ausleben können. In unseren Hobbys jedoch widmen wir uns dem, was uns liegt und uns Befriedigung gibt.

Bei von Burnout Betroffenen kann man manchmal feststellen, dass sie in ihrer Erwerbsarbeit nicht das tun, was ihnen liegt – sie setzen ihre Talente nicht um. Dieses Gefühl der Sinnlosigkeit im Tun begünstigt dann Burnout- oder auch Boreout-Zustände.

Die Tochter

Eine Frau, die ein Burnout-Syndrom samt schwerem Bandscheibenvorfall erlitten hatte, träumte in der Zeit kurz vor ihrer Genesung von der Geburt einer Tochter. Diese war so winzig klein, dass sie gerade in eine große Streichholzschachtel passte. Sie war fast durchsichtig, wie ein Pilz beschaffen und hatte einen Saugrüssel. Die Frau legte ihre Tochter in einer kleinen Schachtel in den Heizungskeller und ging eine andere Frau besuchen. Auch diese bekam ein Kind. Die Träumerin half ihr, gemeinsam mit anderen Frauen, bei der Geburt. Als sie dort mitgeholfen und eher noch Undank geerntet hatte, begann sie sich darüber zu wundern, dass sie hier half und bei sich zu Hause ihr eigenes Kind gar nicht weiter beachtet hatte. Sie ging schnurstracks nach Hause und schaute nach ihrer Tochter im Heizungskeller. Ein Glück, das winzige Wesen lebte noch und es lagen sogar noch andere klitzekleine Kinder daneben. Als sie ihre Tochter hochnahm, schoss Milch in ihre linke Brust ein. Doch es gelang der Träumerin nicht, sie zu stillen. So nahm sie zunächst einen anderen Winzling, mit dem es gelang, und endlich klappte es auch mit ihrer kleinen Tochter.

Als die Frau den Traum erzählte, war ihr selbst rasch klar, dass dieser Traum ihre berufliche Situation abbildete: Sie machte nicht voll und ganz das, was ihr das Liebste war, sondern hielt sich mit anderen Arbeiten auf und half häufig anderen dabei, ihre Dinge zu realisieren – also auf die Welt zu bringen. Natürlich hatte sie selbst viele Talente, darunter auch etliche ungelebte (die anderen Kinder). Es war ihr klar, dass sie nie alle Talente leben konnte, dass es jetzt aber darauf ankam, das, was sie wirklich wollte und wovon sie wusste, dass es „das Ihre" war, zu nähren und umzusetzen.

Für Menschen, deren Berufe in erster Linie Denkprozesse ausmachen und Ergebnisse, die sie nicht mit der Hand anfassen können, ist es oft sehr befriedigend und ausgleichend, wenn sie schreinern, tischlern oder malen. Die Ergebnisse dieser Tätigkeiten können sie dann tatsächlich ansehen und anfassen.

Tipps

✓ Finden Sie heraus, was an Ihrer Arbeit Sie wirklich befriedigt.
✓ Lassen Sie Arbeiten sein, die Sie als nicht befriedigend und sinnlos empfinden.
✓ Finden Sie schöpferisch befriedigende Tätigkeiten, die Sie ausfüllen.
✓ Bauen Sie diese schöpferisch befriedigenden Tätigkeiten aus und verabschieden Sie sich von anderen, die Sie eher aufhalten.
✓ Decken Sie die in Ihnen schlummernden Talente auf und lassen Sie sie erblühen.

3.11 Pausen und Erholung

Fragebogen Grundbedürfnisse, Seite 11 (Anhang, Seite 232)

Unser Organismus, eine körperlich-geistig-seelische Einheit, ist so aufgebaut, dass wir einem ständigen Wechsel von Leistung und Pausen unterworfen sind. Dieser Rhythmus besteht aus Abschnitten von 80 bis 90 Minuten Leistung und 20 bis 30 Minuten Pause. In den Ruhephasen finden Stoffwechselumstellungen statt. Unser Körper regeneriert sich. Unsere Atmung verändert sich. Wir geraten in Bewusstseinszustände, die der Trance ähneln, und geben uns Tagträumen hin. In den Leistungsphasen wiederum sind wir wach, voll da, bereit, unsere Kraft einzusetzen und fließen zu lassen, schöpferisch zu arbeiten, zu gestalten, zu schaffen, mit vollster Konzentration tätig zu sein.

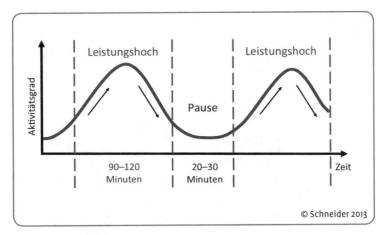

Abbildung 3-4: Natürlicher Leistung-Pause-Rhythmus (modifiziert nach Rossi [1993])

Die Pausenphasen beginnen mit „Mach-mal-Pause-Signalen" (Rossi 1993/2007), abschweifenden Gedanken, Unkonzentriertheit, Fehlern, Schlaffheit, Müdigkeit, dem Bedürfnis, sich setzen oder legen zu wollen (sofern wir uns körperlich bewegt haben), dem Drang nach Bewegung (sofern wir gesessen oder gelegen haben), Hungergefühlen, dem Bedürfnis, zur Toilette zu gehen, zu essen, zu trinken, zu ruhen, abzuspannen, loszulassen. Die Grundbedürfnisse melden sich von ganz allein.

So äußern sich Mach-mal-Pause-Signale:[15]

- Sie hängen im Stuhl.
- Sie schleppen sich dahin.
- Die Schritte, die Arme, die Beine, der Körper werden schwer.
- Sie haben das Gefühl, sich recken, umherlaufen oder eine Pause machen zu wollen.
- Sie gähnen oder seufzen.
- Sie stellen fest, dass Ihr Körper erschöpft ist.
- Sie bekommen plötzlich Hunger.
- Sie haben trockene Lippen und Durst.
- Sie stellen fest, dass Sie zur Toilette müssten.
- Sie fühlen sich irgendwie „daneben".
- Es fällt Ihnen schwer, sich zu konzentrieren.
- Sie schweifen ab.
- Sie merken, dass Ihr Gedächtnis nachlässt.
- Sie bekommen Schwierigkeiten, Wörter zu finden, die Sie sagen wollen.
- Sie erleben einen Leistungsabfall.

---

15 Erweitert nach Rossi 1993, S. 53.

Wenn wir die Pausen zulassen, atmen wir tief aus, gehen den Grundbedürfnissen nach und spüren nach etwa 20 bis 30 Minuten wieder Kraft und Energie in uns aufsteigen. Wir fühlen uns erholt und frisch und können erneut ans Werk gehen.

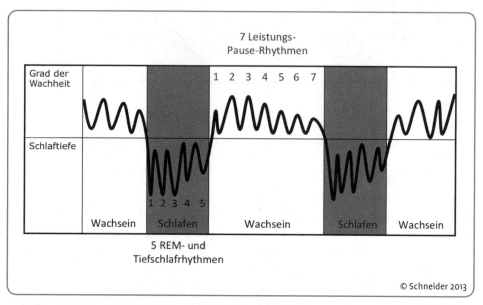

Abbildung 3-5: Wach-Schlaf-Rhythmus, Tiefschlaf- und REM-Phasen, Leistungs-Pause-Rhythmus

Am Tag durchlaufen wir sieben solcher Leistungs-Pause-Rhythmen; in der Nacht sind es fünf. Dann entsprechen diese Rhythmen den Tiefschlaf- und den sogenannten REM-Schlafphasen, in denen wir träumen, uns bewegen, sprechen, schmatzen und mit den Augen rollen (Rapid Eye Movements). Die Pause entspricht der Tiefschlaf-, die Leistung der REM-Phase.

Wir haben die Fähigkeit und auch die grundsätzliche Möglichkeit, Pausen zu übergehen. Wenn wir Pausen übergehen, schütten wir Adrenalin aus und kurbeln so unseren Organismus an. Diese Möglichkeit ist im Laufe der Menschheitsentwicklung als Anpassung entstanden und auch sinnvoll. Wenn die Urzeit-Jäger einem Mammut bereits anderthalb Stunden oder auch länger auf den Fersen waren, machte es wenig Sinn, gerade dann eine Pause einzulegen, wenn ihnen danach war – das Essen wäre dann ausgefallen. Allerdings hatten unsere Vorfahren die Angewohnheit, sich ausgiebig zu erholen, wenn sie von der Jagd zurückgekehrt waren. Auch heute macht es manchmal Sinn, eine Pause zu übergehen. Wenn dies bewusst geschieht und die Pause nachgeholt wird, entsteht dadurch kein Problem.

Wenn wir Pausen übergehen, bringen wir uns in Disstress, eine unangenehme und krank machende Form des Stresses (die Unterscheidung von Stress, Disstress und Eustress können Sie in Kapitel 4.6 nachlesen). Der Disstress fällt umso schwerwiegender aus, je mehr und je länger wir Pausen übergehen. Körperliche Funktionsstörungen wie Unwohlsein, Verspannungen, verschiedene Schmerzzustände wie Muskelschmerzen, Kopfschmerzen, Bauchschmerzen sind die Folge. Bei langer und ausgeprägter Unterdrückung von Erholungsphasen entwickeln Menschen psychosomatische und körperlich nachweisbare Erkrankungen bis hin zum Herzinfarkt.

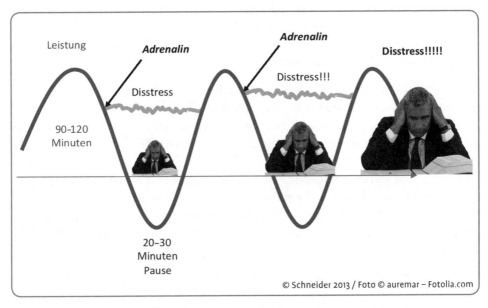

Abbildung 3-6: Übergehen von Pausen durch Ausschütten von Adrenalin

Wir können uns also selbst die Droge Adrenalin verpassen und mit ihrer Hilfe Pausen überspringen. Wenn Sie schon einmal Nachtwachen gemacht haben, kennen Sie das Phänomen, dass Sie nach spätestens zweimaligem Übergehen der Pause eine ganz andere Energie verspüren: Sie bekommen den „zweiten Wind", wie man zu sagen pflegt. Rossi nennt ihn „das High durch die eigenen Hormone". Allerdings ist nachgewiesen, dass sich Menschen in diesem Zustand häufig überschätzen und sich Mitmenschen, Situationen und sich selbst gegenüber unsensibel verhalten. Auf Dauer sind Menschen, die sich keine Pausen gönnen, ineffektiv. Jemand, der längerfristig mehr als zehn Stunden am Tag arbeitet, mag sich selbst als noch so effektiv einschätzen: In der Regel ist er oder sie es nicht.

Übergehen wir Pausen, so müssen wir sie – den Gesetzen unseres Körpers folgend – später nachholen. **Diesen Satz möchte ich noch einmal sagen: Jede übergangene Pause müssen wir nachholen, das liegt in der Natur unseres Körpers.** Tun wir es nicht, treiben wir uns selbst in den Disstress.

Und wann holen wir nach? Gewöhnlich irgendwann unter der Woche, am Wochenende oder im Urlaub. Holen wir die Erholung nicht nach, erschöpfen wir uns zunehmend. Anfangs erholen wir uns am Wochenende nicht mehr genügend, aber noch ausreichend im Urlaub. Später funktioniert dieses Prinzip dann auch im Urlaub nicht mehr. Das Defizit an Pausen baut sich langsam und stetig auf, und damit auch der Disstress. Körperliche, geistige und seelische Beschwerden stellen sich ein. Wenn Menschen regelmäßig am Wochenende und / oder im Urlaub krank werden, dann ist dies ein Hinweis auf ein solches Erholungsdefizit.

Mit der Beachtung des Leistungs-Pause-Rhythmus und einem guten Pausenmanagement haben Sie einen der wichtigsten Schlüssel für ein gesundes, zufriedenes und erfolgreiches Leben in der Hand. Bei zahlreichen Menschen, die Tag für Tag hohe Leistung bringen, habe ich das beobachten können. Die Beachtung der Pausen ist eine zentrale Voraussetzung für hoch kreatives, konzentriertes, einfühlsames, ausdauerndes und damit letztendlich sehr erfolgreiches und wohltuendes Arbeiten. Wenn Sie Pausen zulassen und einbauen, schalten Sie unwillkürlich Phasen des Innehaltens, des Spürens, des Hinhorchens, des Nachdenkens, also kleine Besinnungsphasen ein. Sie erhöhen damit Ihre Achtsamkeit und Ihre Bewusstheit für die Dinge, die wirklich wichtig sind.

Wie bereits oben erwähnt, holen wir fehlende Pausen während der Arbeitszeit in der Freizeit nach. Im Laufe meiner Arbeit ist mir sehr klar geworden, dass uns so Zeit in unserem Privatleben verloren geht **Wir beuten also unser Privatleben aus, wenn wir die Pausen nicht während der Arbeitszeit machen!**

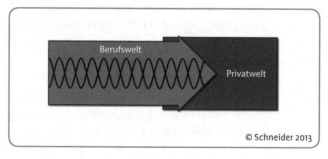

Abbildung 3-7: Die Ausbeutung unseres Privatlebens durch das Übergehen von Pausen

Meist merken das die Menschen in unserer unmittelbaren Umgeben, die Frau, der Mann, die Kinder. Sie machen uns darauf aufmerksam, doch wir schieben das Thema erst einmal weg, wollen nicht ihre Klagen hören, nicht ihre Bedürfnisse und Wünsche. Stattdessen sagen wir ihnen: „Stellt euch nicht so an!" und erwarten sogar, für unseren „heldenhaften Einsatz" für die Firma, für die Familie, für die Gesellschaft, für die Kirche, für ... auch noch gelobt zu werden. Bei der Reflektion über genau dieses Dilemma entstand der provokativ wirkende Untertitel des Buches: „Erfolgreich arbeiten – erholt in den Feierabend".

Raucherpausen

In einem Seminar zum Thema Stresskompetenz habe ich in einer Firma eine interessante Entdeckung gemacht, die sich überall machen lässt: Mitarbeiterinnen und Mitarbeiter, die rauchten, machten regelmäßig „Raucherpausen". Sie baten ihre Kolleginnen und Kollegen, derweil aufs Telefon aufzupassen oder andere kleine Dienste zu übernehmen. Und die Nichtraucher? Sie hatten „keinen Grund", „keinen Anlass" für Pausen, machten deshalb keine und beklagten sich über die Raucher, die Pausen machten und ihnen auch noch Arbeit aufbürdeten.

Es war hochinteressant, mit den Rauchern wie Nichtrauchern das Pausenthema zu besprechen. Nachdem ich allen den Leistung-Pause-Rhythmus erklärt hatte, ging es darum, für die Nichtraucherinnen und Nichtraucher Formulierungen zu finden, mit denen sie ihre Pausen einleiten konnten – und zwar zu ganz ähnlichen Bedingungen wie die Raucher. Rauchen ist deshalb so entspannend, weil man beim Rauchen tief(er) ausatmet. Man kann aber auch tief ausatmen, ohne zu rauchen. Probieren Sie es mal!

Wenn Sie Ihre Pausengestaltung ändern wollen, beginnen Sie damit, dass Sie sich die Wichtigkeit der Pausen innerlich vor Augen führen und auf Ihre inneren Bedürfnisse hören. Setzen Sie Hilfsmechanismen ein, etwa Erinnerungen durch den Computer, die Sekretärin, Kollegen. Die Art der Pausengestaltung hängt dann ganz davon ab, wo, wie und was Sie arbeiten. Entscheidend ist, dass Sie eine individuelle und für Sie passende Form finden. Nehmen Sie sich, was Sie brauchen, ohne auf eine Erlaubnis durch andere zu warten. Wenn Sie Pausen machen, hilft das zum einen Ihnen, zum anderen hilft Ihre Ausgeglichenheit und Effektivität umgehend auch den anderen und Ihrer Firma. Kleiner Tipp: Hängen Sie Ihre neuen Erkenntnisse nicht an die große Glocke, machen Sie die Pausen einfach still für sich.

Warum? Menschen, die zu viel arbeiten, haben oft verlernt, Erschöpfungsgefühle als etwas Natürliches anzusehen und zu spüren. Sie fürchten sich vor übergroßer Schwäche und Kontrollverlust und fühlen sich auch deshalb schlecht, wenn sie erschöpft sind. Diese Fehlwahrnehmung gilt es aufzulösen und die natürliche Erschöpfung wieder als angenehm und gut zu spüren.

Erzählen Sie aber solchen Menschen, die ihre Erschöpfungsgefühle verleugnen, dass Sie Pausen machen, fühlen sie sich schlecht und Sie bekommen deren Ängste zu diesem Thema in einer unangemessenen Form des Ärgers ab. Deshalb mein Rat: Machen Sie einfach Pausen, still und für sich. Und wenn Menschen, die sich im Disstress befinden, z. B. Ihre Vorgesetzten, Sie fragen, wie es Ihnen geht, sagen Sie einfach: „Ich habe sehr viel zu tun!" Oder sogar: „Ich habe derzeit viel Stress!"

Übrigens: Haben Sie schon bemerkt, dass Sie, wenn Sie an etwas arbeiten, gerade in Pausen, beim Tagträumen oder im Halbschlaf die kreativsten Ideen haben? Nils Bohr hat in solch einem Zustand sein Atommodell erfunden.

Tipps

✓ Machen Sie nach 90 Minuten Arbeit eine mindestens 20-minütige, besser eine 30-minütige Pause.

✓ Machen Sie auch mal allein, also ohne Gesellschaft, Pause.

✓ Wenn Sie Pause machen, achten Sie darauf, dass Sie Ihr Arbeitsumfeld verlassen. Spazieren Sie durch den Park, gehen Sie hinaus in die Natur.

✓ Gönnen Sie sich Ruhe und genießen Sie die Ruhe nach Kräften.

✓ Wenn Sie in Pausen gern reden, dann wählen Sie andere Themen als die Arbeit.

✓ Unser Wort Pause kommt vom griechischen „pauomai" (= aufhören). Also hören Sie in einer Pause auf mit dem, was Sie gerade tun, und machen Sie etwas anderes. Noch erholsamer ist es, wenn Sie gar nichts tun, sondern Ihre Grundbedürfnisse zulassen. Folgen Sie Ihren Instinkten.

✓ Finden Sie Ihren passenden Arbeit-Pause-Rhythmus heraus und halten Sie diesen so oft wie möglich ein.

✓ Gönnen Sie sich am Wochenende und im Urlaub echte Erholung. Schlafen Sie erst einmal ausgiebig, auch wenn es drei Tage und länger dauern sollte, bis Sie sich einigermaßen erholt fühlen.

✓ Lassen Sie sich nicht von der Hektik, dem Druck und der Agitation anderer anstecken. Bleiben Sie bei sich und Ihrem Rhythmus, es wird sich für Sie lohnen.

✓ Finden Sie wieder zu einem gesunden Erschöpfungsgefühl.

✓ Machen Sie sich klar: Erschöpfung ist etwas völlig Natürliches.

✓ Verwechseln Sie Erschöpfung nicht mit Depression. Nur weil Sie erschöpft sind, sind Sie nicht schwach oder krank. Wenn Sie erschöpft sind, ist als Nächstes Erholung dran.

✓ Wenn Ihnen in Pausen oder nachts im Halbschlaf kreative Ideen kommen, notieren Sie diese und setzen dann Ihre Pause oder Ihren Schlaf fort.

Literaturempfehlung:

Ernest L. Rossi: 20 Minuten Pause.
Rossi beschreibt den Leistung-Pause-Rhythmus, die wissenschaftlichen Hintergründe und die Folgen des Einhaltens und des Nichteinhaltens dieses Rhythmus. Es ist eines der anregendsten Bücher, um Disstress und Burnout zu verstehen und aufzulösen.

3.12 Alleinsein

Fragebogen Grundbedürfnisse, Seite 12 (Anhang, Seite 233)

Dieses Bedürfnis habe ich in Teil 1 (S. 40) bereits beschrieben und abgehandelt, sodass ich hier nur auf den Fragebogen hinweise, mit dessen Hilfe Sie sich dieses Grundbedürfnis noch einmal bewusst machen können.

3.13 Schlaf

Fragebogen Grundbedürfnisse, Seite 13 (Anhang, Seite 234)

Wir Menschen brauchen zwischen sechs und zwölf Stunden Schlaf am Tag. Auch wenn die meisten Menschen durchschnittlich acht Stunden brauchen, hat man in Schlaflabors festgestellt, dass die individuellen Unterschiede tatsächlich recht groß sein können. Untersuchungen haben ergeben, dass die meisten Menschen in Deutschland zu wenig schlafen. Weil sich im Schlaf unser Organismus erholt, führt zu wenig Schlaf zu heftigen gesundheitlichen Störungen. In den sogenannten REM-Phasen träumen wir und arbeiten die Erlebnisse des Tages auf. Unser Gehirn überprüft und vergleicht neuen Eindrücke oder „Daten" mit früheren Erlebnissen. Hier kommen sogar Erfahrungen unserer Vorfahren ins Spiel, die anscheinend in unseren Genen gespeichert sind und auf die wir im Schlaf zurückgreifen können.

Auch im Schlaf arbeitet unser Organismus zu unseren Gunsten. Nicht von ungefähr sagen wir vor größeren Entscheidungen: „Ich schlafe noch mal drüber." Unsere unbewussten Traumvorgänge helfen uns zu sortieren, abzuwägen und passende Lösungen zu finden. Mit einiger Übung können wir uns unsere Traumbilder aus der Nacht bewusst machen und sie reflektieren; diese Bilder sind eine reichhaltige Fundgrube für eine bildhafte Aufarbeitung von Themen und eine frisch sprudelnde Quelle für kreative Lösungen. Gleiches gilt für unsere Tagträume. Aus diesem Grund ist die Traumarbeit in meiner Seminartätigkeit zu einem festen Bestandteil geworden, und zwar jeweils am Morgen des zweiten und dritten Seminartages. Wenn Sie Ihre Träume beobachten, verstehen und als Lösungshilfen begreifen möchten, empfehle ich Ihnen, sich mit einem Fachmann zu beraten. Es gibt zum Thema Traumdeutung auch sehr gute Literatur.[16]

Ein Burnout-Syndrom geht in der Regel mit Schlafstörungen einher. Der Schlaf wird meist unterbrochen und so entsteht ein weiteres Schlafdefizit. In einigen Fällen habe

---

16 K. Vollmar & K. Lenz (2003): Traumdeutung; Jung, C.G. (1999): Der Mensch und seine Symbole.

ich auch Klienten erlebt, die sehr lange (bis zu 15 Stunden) schliefen und dennoch kaum wach bleiben konnten. Meist waren diese Menschen ob ihres Verhaltens völlig irritiert, interessanterweise ihre Ärzte ebenso. Erst als ich den Klienten näher erläutert hatte, dass der wahre Grund für ihr langes Schlafen offenbar ein Nachholbedarf von nicht gemachten Pausen war, und sie dann zuließen, so lange zu schlafen, wie ihnen guttat, ging das Schlafbedürfnis ganz allmählich zurück.

Gerade Menschen, die sehr viel arbeiten, brauchen vor dem Schlafengehen Umschaltprozesse, um gut einzuschlafen – eine Art Auslauf-, Ausspann- oder Abspannphase.

Tipps

- ✓ Spielen Sie vor dem Schlafengehen noch etwas mit der Partnerin, dem Partner oder den Kindern.
- ✓ Gehen Sie in Gesellschaft oder auch allein spazieren.
- ✓ Lesen Sie noch 20 Minuten.
- ✓ Fernsehen hilft im Großen und Ganzen gar nicht beim Abspannen, es sei denn, Sie suchen sich gezielt etwas aus, das Ihnen wirklich gefällt, und schalten das Gerät aus, sobald die Sendung vorbei ist. Zappen führt meistens zu noch mehr Nervosität, zu noch größerer Erschöpfung und noch unruhigerem Schlaf.
- ✓ Entspannungsübungen erweisen sich als sehr erfolgreich, z. B. Muskelentspannungsübungen nach Jacobson und Atemübungen aus dem Yoga.
- ✓ Eine große Hilfe für gutes Einschlafen ist die Gestaltung Ihres Schlafzimmers. Steht dort Ihr Laptop? Liegen dort Arbeitsbücher oder andere Dinge, die Sie an die Arbeit erinnern? Passen Licht, Farben oder Geräuschpegel zum Schlafen und Entspannen?
- ✓ Ins Schlafzimmer gehören die Dinge, die Ihnen Schlaf signalisieren, sonst nichts. Dies zu beachten ist sehr wichtig.
- ✓ Gestalten Sie Ihr Schlafzimmer so (um), dass Sie dort nichts tun außer schlafen. Sie werden sehen, wie günstig diese Eindeutigkeit und Beschränkung sich auswirken.
- ✓ Finden Sie für sich persönliche heraus, wie viel Stunden Schlaf Sie wirklich brauchen.
- ✓ Wenn Sie vor lauter Unruhe und vielen anstehenden Themen nicht schlafen können, stehen Sie auf, notieren alles auf einem Blatt Papier, sortieren Sie die Themen und gehen dann schnurstracks wieder schlafen.
- ✓ Schlafen Sie ausgiebig und lange.

3.14 Der Ausdruck von Gefühlen

Fragebogen Grundbedürfnisse, Seite 14 (Anhang, Seite 235)

3.14.1 Was sind Gefühle?

Jetzt haben wir *fast* alle Grundbedürfnisse behandelt. Aber zumindest ein ganz wichtiges fehlt noch: der Ausdruck von Gefühlen. Wir nennen Gefühle auch sehr treffend Emotionen (vom lateinischen emovere = heraus bewegen). Gefühle entstehen in uns, sie bringen uns in Bewegung, sie wollen gelebt und nach außen bewegt werden. Wir können nicht *nicht* fühlen, unsere Gefühle sind einfach da. Sie entstehen in uns, sie werden durch innere und äußere Reize ausgelöst, in Bewegung gesetzt und dann sichtbar.

Innere Reize sind innere Körpervorgänge, Vorstellungen und Bilder (beispielsweise denken Sie an einen Unfall, den Sie hatten), äußere Reize sind sinnliche Wahrnehmungen von außen (Sie sitzen im Auto und sehen beispielsweise einen großen Lastwagen direkt auf sich zurasen). Beides löst in Ihnen sofort Empfindungen und Gefühle aus. Gefühle lösen Handlungen nach außen aus, ganz eigene, auf die jeweilige Auslösesituation passende Reaktionen (z. B. das Steuer herumreißen und ausweichen), und sie lösen Handlungen nach innen aus: Der Organismus wird so gesteuert, dass er auf die Reaktion nach außen vorbereitet ist und diese durchführen kann. In einer Angstsituation gehört z. B. dazu: die Pupillen weit zu stellen, um möglichst viel zu sehen; die Gefäße zu verengen und den Herzschlag hoch zu regeln zur schnellen Durchblutung. Gefühle führen uns Energie zu und regen uns zu überlebenswichtigen zielgerichteten und sinnvollen Verhaltensweisen an.

Gefühle sind zudem sogar der Motor für Denkprozesse, auch wenn unsere Kultur Denken und Fühlen eher trennt. Doch ohne Emotionen ist Denken gar nicht möglich, z. B. dann, wenn es um persönliche und soziale Probleme geht, die mit Risiko und Konflikt zu tun haben. Die Verbindung von Gefühlen und Bewusstsein hilft uns, Situationen denkerisch zu durchdringen. Mit mehr Bewusstsein für unsere vielfältigen Gefühlsregungen können wir etwas bewirken, in Gang setzen und verändern. So werden Gefühle zur Quelle der Kreativität und der Problemlösung und sind keineswegs evolutionärer Luxus. Sie gehören zur „Logik des Überlebens" (Damasio 2000, S. 57).

Ohne dass wir es wissen, arbeiten Gefühle in uns für unser Überleben. Machen wir uns das nicht bewusst, gehen nicht wir mit den Gefühlen, sondern die Gefühle mit uns um.

Es ist sinnvoll, ein Gefühl (emotion) von einer Empfindung (sensation) zu unterscheiden. Empfindungen sind Körperwahrnehmungen wie ein Ziehen, Kribbeln, eine Spannung oder ein Schmerz. Empfindungen habe ich bereits als Signale für Grundbedürfnisse beschrieben und Gefühle gehen immer mit Empfindungen einher: Es gibt keine Gefühle ohne Empfindungen. Wenn sich jemand gerade ärgert,

„stehen ihm die Nackenhaare zu Berge", vielleicht hat er auch „einen dicken Hals". Das sind Beschreibungen von Empfindungen, denn tatsächlich stellen sich bei Ärger die Haare auf und die Halsmuskulatur spannt sich an.

Ich möchte Ihnen im Folgenden eine Landkarte vorstellen, mit der ich selbst mich im „lebendigen Urwald" der Gefühle gut orientiere (siehe Abb. 3-8): Sie zeigt Grundbedürfnisse und Gefühle. Diese Landkarte habe ich über viele Jahre der praktischen Arbeit in recht pragmatischer Form zusammengestellt; ich nutze sie viel in meiner Arbeit, wenn ich Menschen begleite.

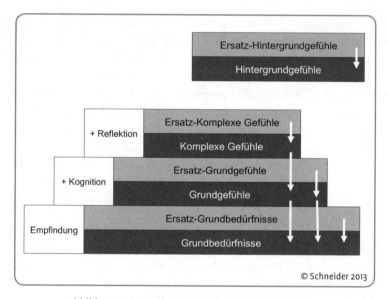

Abbildung 3-8: Landkarte der Gefühle und Bedürfnisse

Damit Sie einen ersten Eindruck für die Einteilung in diese Kategorien bekommen, zeige ich Ihnen einige Beispiele:

Ersatz-Hintergrundgefühle:	angespannt, unruhig, hektisch ...
Hintergrundgefühle:	entspannt, gespannt, ruhig ...
komplexe Ersatzgefühle:	Eifersucht, Ohnmacht ...
komplexe Gefühle:	Scham, Schuld, Eifersucht, Liebe ...
Ersatzgefühle:	Depression, Niedergeschlagenheit ...
Grundgefühle:	Angst, Ärger, Trauer, Freude ...
Ersatz-Bedürfnisse:	rauchen, übermäßig essen ...
Grundbedürfnisse:	Sauerstoff, Licht, Wasser ...
Empfindungen:	Schmerz, Kribbeln, Lust ...

3.14.2 Die Funktion der Gefühle

Schon Darwin stellte fest, das jedes Gefühl eine Funktion hat. Auch Thomson (1989) hat diesen Sachverhalt sehr schön beschrieben. Kurz und zusammengefasst heißt dies:

- Gefühle sind bereitgestellte Energie, um zielgerichtet und sinnvoll zu handeln.
- Gefühle werden durch innere oder äußere Reize ausgelöst. Wir können nicht keine Gefühle haben.

3.14.3 Grundgefühle

Im Folgenden möchte ich die Grundgefühle, ihre Auslöser, die begleitenden Empfindungen und ihre Funktion in einer Kurzbeschreibung skizzieren. Ich möchte Ihnen hauptsächlich ein Gesamtverständnis vermitteln: Wann tauchen diese Gefühle auf? Woran erkennen wir sie? Wofür sind sie gut? Zu jedem der Gefühle gibt es weiterführende Literatur (siehe unten); am besten lässt sich allerdings im Gespräch erörtern, was die Gefühle ausmacht und welche Funktion sie haben.

Mit **Ärger** reagieren wir, wenn etwas nicht so läuft, wie wir es uns vorgestellt haben. Die dazugehörenden körperlichen Empfindungen sind: beschleunigter Puls, verstärkte Durchblutung („roter Kopf"), Anspannung der Muskulatur, Energiefließgefühl über den Rücken, den Kopf und aus den Augen (so wird die Redensart „wenn Blicke töten könnten" noch verständlicher).

Der Ärger verhilft uns dazu, etwas an einer Situation, am Verhalten anderer und auch an unserem eigenen Verhalten zu ändern. Mit Ärger nehmen wir Einfluss, wir gestalten. Deshalb sage ich gern: Ärger ist Gestaltungskraft.

Ein Beispiel:

Wenn Sie – verständlicherweise – mit Ärger darauf reagieren, dass jemand Ihr Auto angefahren hat, während Sie einkaufen waren, werden Sie sich im nächsten Schritt so verhalten, dass im Endeffekt Ihr Auto repariert wird und der Verursacher bzw. seine Versicherung den Schaden bezahlt.

Mit dem Einsatz von **Ärger** bewegen wir uns selbst in die gewünschte Richtung, aber auch andere oder Dinge und Bedingungen dorthin, wo wir sie haben wollen. Insofern ist Ärger Gestaltungskraft.

Mit **Angst** reagieren wir auf Bedrohungen. Unsere Pupillen werden weit, wir ziehen die Schultern hoch und halten kurz den Atem an, bekommen weiche Knie und Gänsehaut, es läuft uns kalt über den Rücken. Mit dieser Energie schützen wir uns und andere. Wenn Sie z. B. einen Fehler gemacht haben, der negative Auswirkungen auf Ihr Geschäft haben könnte, reagieren Sie natürlicherweise mit Angst und schauen, dass der Fehler möglichst schnell behoben wird, mit dem Ziel, Schaden von sich und Ihrem Geschäft abzuwenden. Oder stellen Sie sich vor, Sie führen Auto und hätten nie Angst. In diesem Fall würden Sie jetzt nicht diesen Text lesen, denn Sie wären mit größter Wahrscheinlichkeit bereits tot. Mit Angst schützen wir uns und andere.

Sexuelle Gefühle und Sexualität führen – neben und auch abgesehen von der Fortpflanzung – zu tiefen emotionalen Beziehungen und einer hohen Verbundenheit.

Schmerz tritt bei akuten Verletzungen auf und warnt uns vor weiteren, zeigt uns somit Grenzen auf. Wenn wir auf den Schmerz hören, verhalten wir uns so, dass wir heil bleiben oder wieder heil werden. Dies gilt für körperlichen und seelischen Schmerz.

Ekelgefühle entstehen in uns als Reaktion auf etwas für uns Ungesundes und lassen uns auf Abstand gehen. Wenn Sie z. B. ein Stück Fleisch aus dem Kühlschrank nehmen, zeigt Ihnen Ihr Ekelgefühl an, ob es möglicherweise verdorben ist. Ihr Ekel wird begleitet von unangenehmen Empfindungen in Bauch, Schlund und Mund. Und das ist gut so, denn sonst würden Sie sich schädigen. Auch auf seelischer Ebene gibt es Ekelgefühle und auch sie signalisieren uns, besser Abstand zu halten.

Mit **Schamgefühlen** reagieren wir, wenn wir Grenzen brauchen, einen intimen persönlichen Bereich. Die ersten Schamgefühle zeigen Kinder, wenn sie „fremdeln". Sie brauchen Abstand, wollen ganz langsam erkunden, was da „Fremdes" auf sie zukommt. Später signalisieren uns Kinder, dass sie auf der Toilette von anderen nicht gesehen werden möchten. Menschen bedecken ihre Blößen, ihre Scham. Schamgefühle helfen uns, abzuschirmen und uns Achtung zu verschaffen. Diese ursprünglichen Schamgefühle unterscheide ich von einer anderen Form, die ich als Beschämungsgefühle bezeichne. **Beschämungsgefühle** sind angelernte Schamgefühle, die entstehen, wenn jemand in seinem Sosein gedemütigt, abgewertet, missachtet, ausgelacht oder entwürdigt wird. Beschämungsgefühle kommen sehr häufig vor, da Beschämung als Erziehungsmittel in Familien, Gruppen, Organisationen und in der Politik eingesetzt wird. Sicherlich erinnern auch Sie sich an Situationen, in denen Sie für etwas ausgelacht wurden, das bei Ihnen einfach so war, wie es war (z. B. rote Haare, Bedürfnisse, Gefühle ...), an denen Sie in diesem Moment nichts ändern konnten. Wenn diese Gefühle in ähnlichen Situationen wieder auftauchen, erröten Menschen, sie haben ein aufsteigendes Wärmegefühl und würden am liebsten im Erdboden versinken.

Mit **Schuldgefühlen** reagieren wir, wenn wir etwas getan haben, das unseren ethischen Vorstellungen nicht entspricht; oder wenn wir etwas unterlassen haben, das unserer ethischen Vorstellung entspräche. Schuldgefühle sind Anlass, Werte zu entwickeln. Schuldgefühle und ein schlechtes Gewissen kommen auch sehr häufig als Ersatzgefühle vor, wenn andere ursprüngliche Gefühle wie Ärger und Freude damit abgewehrt werden.

Ein Beispiel:

Eine Frau macht etwas anders als früher, weil sie das so möchte. Sie sagt Nein dazu, jemandem immer und immer wieder einen Gefallen zu tun. Dieser Gefallen besteht darin, dass sie für die andere Person etwas tut, was diese selbst könnte. Das möchte sie nicht mehr, es ist ihr unangenehm und sie sieht, dass sie der anderen damit auch nicht wirklich helfen kann. Als sie ihr dann wirklich nicht mehr hilft, taucht bei ihr ein schlechtes Gewissen auf: „Sei doch nicht so hartherzig! Du wirst schon sehen, was andere von dir denken, wenn du so eigennützig handelst. Du bist egoistisch!"

Was ist passiert? Die so Handelnde hat erst einmal nach ihren Gefühlen, ihrem Wunsch, ihrer Lust gehandelt. Was sie noch nicht ganz vollzogen hat, ist eine bewusste Abwägung und Entscheidung dessen, was aus ihrer Sicht wichtig und richtig ist, und ihrer eigenen Motive. Als sie anders handelt, tauchen die übernommenen Werte auf und lösen ihr schlechtes Gewissen aus. Erst wenn sie ihre Werte reflektiert und sie das, was sie möchte, mit den jetzt aktuell für sie und von ihr definierten Werten abgestimmt hat, handelt sie ohne schlechtes Gewissen. Statt eines schlechten Ge-Wissens hat sie nun ein Wissen, wieso sie so handelt. Ähnlich verhält es sich mit angelernten Schuldgefühlen. Eine stimmige Handlung beinhaltet Gefühl (Pathos), Wertehaltung (Ethos) und Ausdruck (Logos) (Schneider 2001, S. 153). Betrachten wir menschliche Entwicklung, so beinhaltet sie (immer wieder) eine bewusste Werteentwicklung. Aufgerufen dazu sind wir, wenn Schuldgefühle und ein „schlechtes Gewissen" auftauchen.

Wenn Menschen etwas gelungen ist, freuen sie sich. Körperlich erleben sie ein „Hoch", die Energie fließt, sie fühlen sich beschwingt, tanzen. Ist die **Freude** größer, feiern sie ein Fest. Insbesondere in der Freude verbinden sich Menschen in unserer Kultur mit anderen Menschen, mit sich selbst und manchmal sogar mit dem Kosmos. Wenn Sie über Freude mehr erfahren wollen, hören Sie die Neunte Symphonie von Beethoven, „An die Freude". Der Text und die Musik vermitteln ganz viel über das, was Freude ausmacht.

Gefühl	Auslöser	Empfindung	Aufgabe (f)
Ärger	Frustration	Anspannung	Veränderung
Angst	Bedrohung	Gänsehaut	Schutz
Traurigkeit	Verlust	Zug zum Boden	Loslassen
Schmerz	Verletzung	Schmerz	Heilung
Freude	Gelingen	Bewegung	Verbindung
Stolz	Gelingen	aufrechte Haltung	Selbstbestimmung
sexuelle Gefühle	sexueller Reiz	„Kribbeln im Bauch"	Bindung
Neugier	Neues	Kribbeln	Entwicklung
Ekel	Abstoßendes	Bauch-Mund-Gefühl	Schutz
Scham	Abwertung im Sein	Erröten, Wärme	Achtung
Schuld	Abwertung im Tun	geduckte Haltung	Ethik

Abbildung 3-9: Grundgefühle: Auslöser und Funktionen (modifiziert nach Schneider 1997)

Mit natürlichem **Stolz** reagieren wir ebenfalls, wenn uns etwas gelungen ist. Die spezielle Facette von Stolz im Vergleich zur Freude ist, dass wir etwas geschafft haben, was uns ganz persönlich für unser einzigartiges Sosein wichtig ist. Wenn es zum Beispiel jemand endlich schafft, Nein zu sagen und sich durchzusetzen, dann empfindet er Stolz, geht aufrecht, mit erhobenem Kopf und geweiteter Brust. Stolz ist ein wichtiges Entwicklungsgefühl und drückt Selbstbestimmung und Verbundenheit mit sich und der Welt aus.

Exkurs: Verlust

Das Thema **Verlust** löst einige Gefühle aus. Wenn Menschen einen Verlust erleiden, **trauern** sie (Abb. 3-10). Sie reagieren mit **Schmerz** und **Ärger**, sie hadern mit sich, mit anderen, mit Gott und der Welt. Sie reagieren mit **Angst**, denn: Was wird jetzt werden? Sie empfinden **Erleichterung**, wenn Leiden ein Ende hat, manchmal sogar **Freude**, etwa wenn das Leiden schon lange dauerte, der Verlust lange überfällig war. Sie spüren **Ohnmacht**, denn sie können den Verlust nicht abwenden. Wenn sie sich schließlich den Verlust eingestehen, empfinden sie in diesem Moment Traurigkeit, weinen, schluchzen, lassen los, lassen Vergangenes Vergangenheit werden. Kommt ein Verlust plötzlich und unerwartet, stehen Menschen unter **Schock**: Sie erkennen, was passierte, lassen aber noch – zu ihrem eigenen Schutz – keine Gefühle zu.

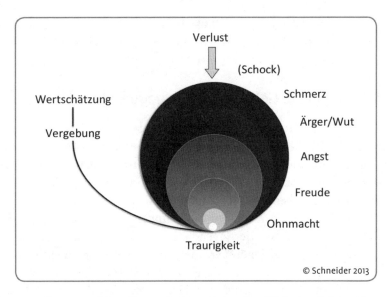

Abbildung 3-10: Trauern und Annahme nach einem Verlust (modifiziert nach Schneider 1997, S. 71)

Mit **Trauern und Traurigkeit** halten sich Menschen lebensfähig. Durch das Zulassen der Traurigkeit können sie die Vergangenheit hinter sich lassen und im Hier und Jetzt auf eine Zukunft hin weiterleben. Wer seine Vergangenheit hinter sich lässt, verzeiht sich, anderen sowie den Umständen.

Je nach Schwere eines Verlustes durchlaufen Menschen mehr oder weniger viele Trauer-Spiralen, d.h., sie verarbeiten bis zum Abschluss des Trauervorgangs das Ganze in verdaubaren Dosen. Es ist kein Zufall, dass früher Menschen nach dem Tod eines Angehörigen ein Jahr lang Schwarz trugen. So lange dauert auch heute noch der Trauer- und Annahmevorgang nach einem wichtigen Verlust. Am ersten Weihnachtsfest nach dem Ereignis spüren Menschen den Verlust noch stark, zum Fest im Jahr darauf ist er natürlicherweise verarbeitet.

Verluste und Burnout

Ausgangspunkt für einen Burnout sind häufig Verluste: Ein Ziel kann nicht erreicht werden, ein wichtiger Mitarbeiter geht, der Arbeitsplatz wird gewechselt, der Vorgesetzte wird ausgetauscht, das Büro muss aufgegeben werden. Wenn diese Verluste nicht zugelassen und emotional verarbeitet werden, führt dies zu Problemen. Das Neue kann nicht angenommen werden, die Menschen werden unweigerlich ineffektiv und inkompetent. Strengen sie sich in einer solchen Lage an, ohne den Verlust aufzuarbeiten, arbeiten sie sich ebenso unweigerlich in einen Zustand von

Burnout hinein. Wenn Menschen **Neugierde** empfinden, dann entdecken und entwickeln sie. Neugierde führt dazu, dass sie sich weiterentwickeln und wachsen.

3.14.4 Ursprüngliche Gefühle und Ersatzgefühle

Wie bei den Grundbedürfnissen und bei den Scham- und Beschämungsgefühlen bereits beschrieben, haben Organismen die Fähigkeit, je nach Umgebungssituation die ursprünglich auf einen bestimmten Reiz hin entstehenden Gefühle (ursprüngliche Gefühle) zu verändern und durch andere Gefühle (Ersatzgefühle) zu ersetzen. Dies machen wir Menschen in unserer individuellen Entwicklung schon in jungen Jahren, um mit der Situation, in der wir uns befinden, gut klarzukommen. So lernen wir zum Beispiel im Kindes- oder Jugendalter, keine Angst zu zeigen, falls unsere Eltern oder andere wichtige Bezugspersonen auf unsere Angst nicht eingehen, uns vielleicht noch beschämen, wenn wir Angst zeigen. Statt der Angst zeigen wir dann z. B. Ärger, falls unsere Eltern angenehmer darauf reagieren. Für uns fühlt sich dieser Ärger zwar unangenehm und anders an als ursprünglicher Ärger, er sichert uns aber die überlebenswichtige Verbundenheit zu den Bezugspersonen. Kinder wollen ihre Eltern nicht verunsichern und in Schwierigkeiten bringen, denn wenn es den Eltern gut geht, können sie am besten für die Kinder da sein.

Genauso gut wäre aber vorstellbar, dass ein Kind seine Angst durch Traurigkeit oder Freude ersetzt. Vielleicht erinnern Sie sich an die Situation, dass Sie allein in den Angst einflößenden Keller gehen mussten und dabei vor sich hin sangen, trällerten oder pfiffen, um die Angst zu vertreiben? Jedes Gefühl können wir durch andere Gefühle abdecken und so ersetzen.

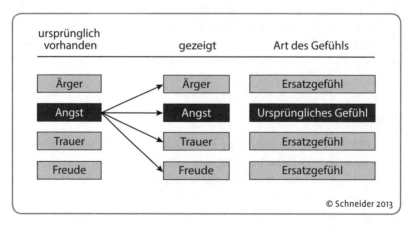

Abbildung 3-11: Grundprinzip Ersatzgefühl – Ärger, Trauer und Freude als Ersatzgefühle für Angst

Wie bei den vier in der Grafik herausgegriffenen Grundgefühlen können Sie dasselbe Prinzip bei jedem anderen Gefühl anwenden. So kann Angst ein Ersatzgefühl für Ärger, Trauer oder Freude sein; Trauer ein Ersatzgefühl für Ärger, Angst oder Freude; Freude ein Ersatzgefühl für Ärger, Angst oder Traurigkeit.

Alle Menschen entwickeln im Laufe ihrer Lebensgeschichte Ersatzgefühle. Mit diesen kommen sie so lange gut klar, wie sie in dem Beziehungssystem leben, in dem sie die Ersatzgefühle gelernt haben, oder in einem System, das mit den entsprechenden Gefühlen gleich umgeht. Wechseln sie aber das Beziehungssystem, beispielsweise wenn sie in den Kindergarten, die Schule, die Ausbildung, in eine andere Familie, an die Universität oder in einen anderen Betrieb kommen, können die Ersatzgefühle plötzlich zum Problem werden. Es kann aber auch ganz anders sein, nämlich dass sie eine große Erleichterung verspüren, weil sie lange vergrabene Grundgefühle endlich leben und zeigen können und Resonanz darauf erhalten: „Endlich kann ich so sein, wie ich bin!", „Schön, dass ich hier lachen kann!", „Schön, dass ich hier bei der Arbeit auch Spaß haben kann und nicht immer alles so ernst und schwer sein muss" usw.

In der Regel sind Gefühle, mit denen jemand Probleme hat, Ersatzgefühle. Gleichzeitig sind die darunter schlummernden ursprünglichen Gefühle in ihrem Ausdruck nicht oder wenig geübt und deshalb mit Angst besetzt. Als Ausbilder, Berater und Psychotherapeut helfe ich dem Einzelnen, das ursprüngliche Gefühl zum Leben zu bringen. Das Ersatzgefühl kann er dann nach und nach fallen lassen. Je nachdem wie stark die Erfahrung ausgeprägt ist, lassen sich Ersatzgefühle mit oder ohne professionelle Hilfe auflösen.

Es folgen nun noch einige Anhaltspunkte zur Unterscheidung von ursprünglichen Gefühlen von den Ersatzgefühlen: Ursprüngliche Gefühle „sind unmittelbare Reaktionen auf innere oder äußere Reize. Sie werden empfunden, als Sinneseindrücke aufgenommen und sind nach einer gewissen Zeit zu Ende. Sie werden nicht wiedergekäut und ständig von Neuem hervorgeholt" (English 1982, S.119).

Ursprüngliche Gefühle sind[17]
- einfach,
- schlicht,
- von relativ kurzer Dauer
- und wechseln sich regelmäßig ab.

---

17 Mündl. Mitteilung von Rüdiger Rogoll, 1976.

„Ersatzgefühle sind ... daran erkennbar (oder: werden dadurch sichtbar), dass sie nicht auf das Hier und Jetzt bezogene, passende Gefühle darstellen, sondern durch einen Auslöser in der Hier-und-Jetzt-Situation wird ein früher gelernter Vorgang (oder Ich-Zustand) aktiviert und im Hier und Jetzt ausgelebt; er führt dabei zu keiner passenden Problemlösung" (Schneider 1997, S. 74).

Ersatzgefühle und -Verhaltensweisen
- passen (rein logisch-denkerisch) nicht in die Situation,
- fühlen sich unangenehm an,
- dauern meist länger,
- führen nach ihrem Empfinden oder ihrem Ausdruck zu keiner wirklichen Befriedigung,
- beinhalten eine innere Bestätigung einer eigenen (Skript[18])-gelernten und einschränkenden Grundhaltung zu sich selbst, zu anderen und zur Welt oder zum Leben im Allgemeinen.

Das Prinzip des Ersatzes gilt für alle bislang aufgelisteten Gefühlskategorien und für alle, die noch folgen. Dieses Prinzip gilt zudem auch für unsere weiteren menschlichen Reaktions- und Ausdrucksformen. Wenn wir einem Gefühl begegnen, können wir uns fragen, ob es sich um ein ursprüngliches Gefühl oder ein Ersatzgefühl handelt. Handelt es sich um ein Ersatzgefühl, stellt sich die Frage, welche ursprünglichen Gefühle oder gar Bedürfnisse darunterliegen (für diese Frage stehen die Pfeile in Abb. 3-12).

3.14.5 Komplexe Gefühle

Als komplexe Gefühle bezeichne ich facettenreiche Gefühle wie Liebe, Eifersucht, Enttäuschung, Ohnmacht. Sie setzen sich aus Grundbedürfnissen und Grundgefühlen zusammen. Fühlt jemand z. B. Eifersucht, so ist er im Kontakt mit seinem Bedürfnis nach Zuwendung und hat Angst, denjenigen zu verlieren, von dem er sich die Zuwendung erwünscht. Wenn jemand von Liebe spricht, meint er Zuwendung in Kombination mit anderen Grundgefühlen.

Gerade beim Thema Liebe wird deutlich, dass wir im Laufe des Lebens bestimmte Vorstellungen über Gefühle entwickelt haben; wir sehen sie auf eine ganz bestimmte

---

18 Mit dem Begriff Skript (script = im Amerikanischen ein Drehbuch für einen Film) beschreibt Berne (1975) Einstellungen und Verhaltensweisen, die Menschen früher als Lösungen gelernt haben und jetzt in Stresssituationen wieder aktivieren. Diese führen heute aber nicht mehr zu einer Problemlösung, sondern eher zu Problemen.

Art und definieren sie für uns. Manchmal frage ich einen Klienten, wenn er von Liebe spricht, was er in dieser konkreten Situation genau damit meint. Es ist hochinteressant und für den Klienten aufschlussreich, wenn ihm durch meine Frage deutlich wird, welche Bedürfnisse er hat und welche Gefühle er in einer Beziehung ausleben möchte.

Enttäuschung – ein Schlüsselgefühl bei Burnout

An dieser Stelle möchte ich auf das Gefühl der Enttäuschung näher eingehen, denn es spielt in Burnout-Situationen eine wichtige Rolle: Mit Enttäuschung reagieren wir, wenn wir begreifen, dass wir ein gestecktes Ziel nicht erreicht haben oder nicht erreichen werden, wenn Dinge nicht so eintreten, wie wir sie uns vorgestellt haben. Im ersten Moment der Enttäuschung empfinden wir Wut und Angst. Wenn wir den Verlust zulassen, durchlaufen wir den weiter oben beschriebenen Trauerprozess und sind am Ende enttäuscht: Wir gestehen uns ein, dass wir uns getäuscht haben. Oft gestehen sich Menschen im Burnout-Prozess eine Enttäuschung nicht ein und leiden still, ohne zu wissen, warum. Wenn ihnen die Enttäuschung bewusst wird und sie sich diese eingestehen, sind sie zwar zunächst ernüchtert, später jedoch erleichtert.

Mit der Enttäuschung sind sie voll in der Realität angekommen. Zu einem vitalen, natürlichen Leben gehört es, dass wir Fantasien und Ideen entwickeln, Ideale anstreben, uns begeistern. Darin zeigt sich unsere Kreativität. Wenn wir ein Ideal nicht erreichen und scheitern, setzt die Enttäuschung ein. Lassen wir sie zu, justieren wir uns an der Realität, sortieren uns sozusagen neu ein. Wir lassen unseren Geist wieder „arbeiten", entwickeln Fantasien und gehen weiter. So entstehen lebendige Prozesse. Das evolutionäre Grundprinzip lautet Versuch und Irrtum. Wichtig erscheint mir dabei, dass wir irgendwann begreifen, dass Ziele und Ideale selten genauso erreicht werden können, wie wir sie uns vorgestellt haben. Fantasien und Ideale helfen uns dabei, uns vorwärts und in die gewünschte Richtung zu bewegen. Die zugelassene Enttäuschung hilft uns dabei, uns zu erden.

Wenn Menschen keine Fantasien mehr entwickeln, weil sie sich vor einer möglichen Enttäuschung fürchten, werden sie im Endeffekt trotzdem enttäuscht sein, weil sie sich als trockene oder verbitterte Realisten auch nicht wohlfühlen. Verlieren sich Menschen in ihren Fantasien, werden sie auch enttäuscht sein, weil sie als Fantasten keinen Fuß auf den Boden bekommen.

Im Zusammenbruch höre ich Menschen häufig sagen: „Das Kartenhaus ist zusammengefallen", „Mir ist der Boden unter den Füßen weggezogen worden", „Ich fühle mich am Boden zerstört" oder „Ich bin auf dem Boden der Tatsachen angekommen". Interessanterweise sagen sie es, obgleich sie noch nicht wissen, was sie sagen …

Das zusammengebrochene Kartenhaus steht gewöhnlich als Bild dafür, dass die Fantasien sich als nicht realitätstauglich erwiesen haben. Der unter den Füßen weggezogene Boden steht in der Regel dafür, dass jemand seine Fantasien mit der Realität gleichgesetzt oder verwechselt hat und dass jetzt diese Täuschung zusammenbricht. Meist haben Betroffene Angst davor, noch tiefer zu fallen; und doch ist genau dies nötig, um auf dem Boden der Tatsachen anzukommen. Eine Möglichkeit, um nicht so hart wie befürchtet aufzukommen und sich nicht zu verletzen, ist z. B., sich abzuseilen.

„Ich fühle mich am Boden zerstört" steht in der Regel dafür, dass jemand auf dem Boden der Tatsachen angekommen ist, sich dabei aber (zunächst) zerstört und verletzt fühlt. „Ich bin auf dem Boden der Tatsachen angekommen" hingegen steht in der Regel dafür, dass jemand die Realität annimmt, wie sie ist, und seine Fantasien und Ideale weiterentwickelt.

Die Kunst eines lebendigen Lebens besteht darin, mit beiden Füßen fest auf dem Boden zu stehen, schwungvoll darauf zuzugehen und dabei – aufrechten und erhobenen Hauptes – Horizont sowie Himmel gut im Blick zu haben.

Gekränkt, verletzt und beleidigt fühlen sich Menschen in dem Moment, in dem sie es nicht schaffen, sich an Stellen, wo Enttäuschungen auftreten, die Realität einzugestehen. Solche Gefühle würde ich an dieser Stelle als Ersatzgefühle bezeichnen.

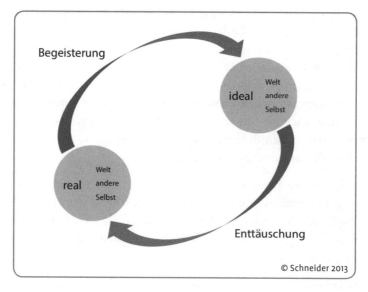

Abbildung 3-12: Begeisterung und Enttäuschung, ein Ausdruck lebendiger Auseinandersetzung mit sich selbst, anderen und der Welt

3.14.6 Hintergrundgefühle

Als Hintergrundgefühle bezeichnen wir Gefühle wie „Ermüdung, Energie, Aufregung, Wohlsein, Krankheit, Spannung, Entspannung, Elan, Lethargie, Stabilität, Instabilität, Gleichgewicht, Ungleichgewicht, Harmonie, Dissonanz" (Damasio 2000, S. 343). Hintergrundgefühle zeigen die Gesamtverfassung eines Menschen an. Stimmungen entstehen aus dem Zusammenwirken der Hintergrundgefühle und den anderen ursprünglichen Gefühlen und Ersatzgefühlen. Wir erkennen Hintergrundgefühle insbesondere „an der Körperhaltung, dem Tempo und der Ausrichtung unserer Bewegungen und sogar am Tonfall und dem Sprachrhythmus bei der Mitteilung von Gedanken" (Damasio 2000, S. 343), an der Mimik und der Gestik.

3.14.7 Souveränität

Ich fasse die oben beschriebenen Grundprinzipien bezüglich der Gefühle in einem einfachen pragmatischen Modell zusammen (siehe Abb. 3-13):

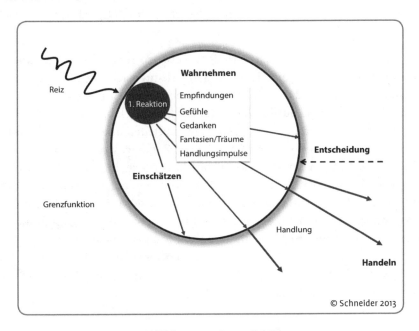

Abbildung 3-13: Souveränität

Unser Organismus reagiert auf bestimmte innere und äußere Reize mit einer ersten inneren Reaktion, bestehend aus Körperempfindungen, Gefühlen, Gedanken und Handlungsimpulsen. Wir haben die Möglichkeit, die Wahrnehmung dieser ursprünglichen Reaktionen zu schulen, diese einzuschätzen und dann zu entscheiden, wie wir diese Empfindungen in eine gerichtete Handlung umsetzen. Je besser wir uns Bewusstheit schaffen können, umso besser können wir uns auch von Reizen abschirmen und distanzieren (Grenzfunktion). Empfinden, Fühlen, Denken und Handeln können wir dann voneinander unterscheiden und füreinander nutzbar machen. An den Stellen, wo wir es schaffen, uns bewusst mit unseren ersten Reaktionen (Empfindungen, Gefühlen, Gedanken, Impulsen) wahrzunehmen, diese einzuschätzen und zu entscheiden wie wir handeln, fühlen wir uns gut und souverän[19].

„Das Bewusstsein macht Gefühle der Erkenntnis zugänglich und unterstützt damit die innere Wirkung von Emotionen. Es versetzt diese in die Lage, den Denkprozess durch Vermittlung des Fühlens zu durchdringen. Schließlich ermöglicht das Bewusstsein jedem Objekt, erkannt zu werden – dem ‚Objekt' Emotion genauso wie jedem anderen Objekt –, und verbessert damit die Fähigkeit des Organismus, angepasst zu reagieren, d. h., auf seine besonderen Bedürfnisse einzugehen. Die Emotion ist – ebenso wie das Bewusstsein – dem Überleben eines Organismus verpflichtet" (Damasio 2000, S. 74).

Greifen Menschen zu einer Ersatzverhaltensweise, so reagieren sie auf einen Reiz einfach mit einer Reaktion, eine Handlung, die sie im Nachhinein als unangenehm wahrnehmen. Sie haben das Gefühl, es ist ihnen „einfach passiert", sie „konnten nicht anders", „waren dem ausgeliefert". Das können sehr lang andauernde, eher träge Reaktionen sein. Es kann aber zu sehr unvermittelten und schnellen Reaktionen kommen, wenn Menschen Gefühle über längere Zeit angestaut haben: „Es kam wie ein Blitz!" Meistens und „immer wieder" beschließen sie, in Zukunft dieses Gefühl oder diese Situation möglichst zu vermeiden und darauf aufzupassen, „dass es nicht wieder passiert". Das eigentliche Gefühl und seine Auslöser machen sie sich so nicht bewusst und sie lernen nicht, entsprechend dieser ursprünglichen Empfindungen, Gefühle, Gedanken und Impulse im jeweiligen Moment passend zu reagieren. Sie scheitern wieder und es „passiert" ihnen in den entsprechenden Situationen „immer wieder", „wenn das Fass voll ist". In der Transaktionsanalyse beschreiben wir dieses Verhalten auch mit „Rabattmarken kleben".

---

19 Souverän von französisch sous (selbst) und reigne (regieren) = sich selbst regieren.

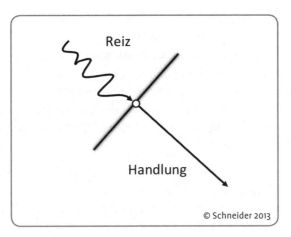

© Schneider 2013

Abbildung 3-14: Ersatzverhalten – ein Gewohnheitsverhalten ohne Bewusstheit

Verschaffen sich Menschen Bewusstheit über die Auslöser und die ersten inneren Reaktionen (Empfindungen, Gefühle, Gedanken und Handlungsimpulse), finden sie verschiedene Ausdrucksformen (Bilder, Töne Formen von Körperausdruck) und Sprache, dann begreifen und fassen sie ihre Gefühle; sie geben ihnen eine Ausdrucksform, eine Fassung und erleben sie als Quelle von Kreativität und Schaffenskraft.

„Gefühle sind Spiegelungen erwachter Potenziale, ein Regenbogen befreiter Energie"
(Ngpa Chögyam)

Am Beginn der Entwicklung hin zu einer solchen Auffassung von Gefühlen steht an, den Raum für die Wahrnehmung und die Einschätzung (der Kreis in Abb. 3-15) zu öffnen. Damit befähigen wir uns – auch in Bruchteilen von Sekunden – aus verschiedenen Handlungsoptionen auszuwählen, souverän zu handeln und uns souverän zu fühlen.

Zusammengefasst hilft folgende Haltung:

- Ich kann nicht *nicht* empfinden.
- Ich kann nicht *nicht* fühlen.
- Ich empfinde und fühle lustvoll.
- Meine Gefühle können noch so groß und intensiv sein, ich kann gleichzeitig denken und verantwortlich handeln.
- Meine Fantasien sind lebendig und reichhaltig, ich brauche sie nicht Wirklichkeit werden zu lassen.

Die Gefühle sind eingebettet in unseren Gesamtorganismus und treten zu verschiedenen Zeiten in unterschiedlicher Ausprägung auf. Antonio Damasio (2000, S. 110 ff.) hat dafür das Bild eines Orchesters verwendet: „Stellen Sie sich das Verhalten eines Organismus als die Darbietung eines Orchesterstücks vor, dessen Partitur während der Aufführung erfunden wird. Wie die Musik, die Sie hören, von vielen Instrumentengruppen erzeugt wird, die zusammenspielen, so ist das Verhalten eines Organismus das Ergebnis mehrerer biologischer Systeme, die zusammenarbeiten. Die verschiedenen Instrumente erzeugen verschiedene Töne und spielen verschiedene Melodien. Entweder spielen sie während des ganzen Stücks oder sie pausieren hin und wieder, unter Umständen über mehrere Takte hinweg. Gleiches gilt für das Verhalten eines Organismus. [...]

Wären Sie ein Dirigent und würden Sie auf die fiktive Partitur für das Verhalten des Organismus blicken, dann würden Sie sehen, wie in jedem Takt verschiedene musikalische Stimmen senkrecht miteinander verbunden sind. Zweitens, einige Komponenten des Verhaltens sind immer präsent und bilden die kontinuierliche Grundlage der Darbietung, während andere nur während bestimmter Zeiträume der Darbietung in Erscheinung treten. Die ‚Verhaltenspartitur' würde den Einsatz einer bestimmten Verhaltensweise in einem bestimmten Takt und ihr Ende einige Takte später verzeichnen [...]. Trotz der verschiedenen Komponenten ist das Verhaltensprodukt eines jeden Momentes ein integriertes Ganzes, eine Verschmelzung von Einzelbeiträgen, nicht unähnlich der polyfonen (vielstimmigen) Verschmelzung einer Orchesterdarbietung. Aus dem entscheidenden Merkmal, das ich hier beschreibe, dem Zusammenwirken in der Zeit, entsteht etwas, was sich durch keines seiner Teile charakterisieren lässt."

sprachlicher Bericht

spezifische Handlungen

spezifische Emotionen

fokussierte Aufmerksamkeit

basale Aufmerksamkeit

Hintergrundemotionen

Wach-Sein

© Schneider 2013

Abbildung 3-15: Die Verhaltenspartitur (Damasio 2000, S. 112, Tabelle 3.1)

Ich habe Ihnen jetzt in mehreren Bildern skizziert, wie man Gefühle verstehen kann. Vielleicht fühlen Sie sich jetzt etwas verwirrt? Das geschieht im positiven Sinne dann, wenn unsere bisherigen Vorstellungen durcheinandergeraten und neu sortiert werden wollen. Ich will Sie mit meinen Bildern und Skizzen anregen, sich ein eigenes Bild zu machen.

Wie wir Gefühle sehen und wie wir sie bewerten hat einen wesentlichen Einfluss darauf, wie wir uns mit unseren Gefühlen fühlen und wie wir mit ihnen handeln. Meine Absicht ist es, Ihre Nachdenklichkeit und Ihre Sensibilität anzuregen, sodass Sie sich von vorgefertigten Meinungen lösen können und frei dafür sind, Ihre Gefühle selbst zu verstehen. Aus meiner Sicht schränken sich Menschen ein, wenn sie – wie häufig üblich – die Gefühle in gute und schlechte bzw. in negative und positive Gefühle einteilen. Was gut ist, soll sein, was schlecht ist, darf nicht sein. Ich habe Ihnen jetzt eine andere Sicht dargestellt: Negativ sind Gefühle dann, wenn wir uns mit ihnen einschränken oder uns festfahren. Dass es angenehme und unangenehme Empfindungen und Gefühle gibt, ist an sich aber weder positiv noch negativ, sondern natürlich und überlebenswichtig.

3.14.8 Gut fühlen – schlecht fühlen

Ich habe im Laufe der Zeit festgestellt, dass Menschen sich insgesamt *gut* fühlen, wenn sie sich gut *fühlen* – egal welche Gefühle sie gerade haben. Und dass Menschen sich insgesamt *schlecht* fühlen, wenn sie sich schlecht *fühlen* – egal welche Gefühle sie gerade haben.

> „Ich fühle mich *gut*!"   „Ich *fühle mich* gut!"
> „Ich fühle mich *schlecht*!"   „Ich *fühle mich* schlecht!"

Manchmal sage ich zu meinen Klienten:

„Stellen Sie sich vor, ich treffe Sie in drei Jahren auf dem Markt und frage Sie, wie es Ihnen geht. Wenn Sie mir spontan antworten: ‚Danke mir geht es gut, ich bin gerade stinksauer!' dann geht es Ihnen wirklich gut.

Es ist die Einstellung zu unseren Gefühlen und wie wir mit ihnen umgehen, die ausmacht, wie wir uns letztendlich insgesamt fühlen. Als vor Kurzem ein Klient zu mir kam und Angst davor hatte, bei der bevorstehenden Beerdigung mit den Gefühlen über den Verlust seines Vaters nicht fertig zu werden, gab ich ihm am Ende des Gespräches folgendes Bild mit:

> *Die Gefühle sind wie Wellen auf der See, Sie und auch alle anderen Menschen können sie nicht wegmachen.*

Allerdings können Sie – wie andere auch – lernen, mit Ihnen spielerisch umzu-gehen:
durch sie hindurchtauchen,
unter ihnen hindurchtauchen und
auf ihnen surfen.

Er berichtete mir später, wie gut es ihm getan hatte, dass er seine Gefühle spürte und einen passenden Ausdruck dafür gefunden hatte. Ganz zu seiner – jedoch nicht zu meiner – Verwunderung fühlte er sich „geradezu glücklich".

Glücklich fühlen Menschen sich, wenn sie die Gefühle, die gerade natürlicherweise da sind, fließen lassen und steuern.

Tipps

✓ Finden Sie eine eigene Einstellung zu ihren Gefühlen.

✓ Überdenken Sie, was Sie gelernt haben und bilden sich ein eigenes Urteil.

✓ Ich empfehle Ihnen, Ihre Gefühle nach und nach nicht mehr in „gute" und „schlechte" Gefühle zu unterteilen, sondern in verschiedene Gefühle, und sie zu benennen.

✓ Wenn Sie sich schlecht fühlen, üben Sie, sich gut zu fühlen.

✓ Üben Sie sich darin, vertrauten Menschen Ihre Empfindungen und Gefühle mitzuteilen (wenn Sie es bisher noch nicht getan haben). Benutzen sie als Leitschnur die *Formel K* (Seite 138).

3.15 Bewegung

Fragebogen Grundbedürfnisse, Seite 15 (Anhang, Seite 236)

Auf das Thema Bewegung bin ich bereits in Kapitel 2.11 ausführlicher eingegangen. Vielleicht wenden Sie sich jetzt aber noch einmal dem Fragebogen zu. Oder Sie machen ernst, indem Sie tatsächlich eine Form der Bewegung praktizieren, vielleicht eine, die Sie beim Lesen von Kapitel 2.11 für sich entdeckt oder wiedergefunden haben, die Ihnen Freude und Lust machen würde.

3.16 Zusammenfassung: Grundbedürfnisse stillen

Nachdem ich Ihnen nun einen Eindruck von den verschiedenen Grundbedürfnissen vermittelt habe und Sie selbst Ihre eigenen Beobachtungen gemacht haben, möchte ich dieses Kapitel mit der Auswertung des Fragebogens und einigen Beobachtungen, die ich mit Klienten gemacht habe, abschließen.

Wie und woran erkennen wir unsere Grundbedürfnisse?

Die Grundbedürfnisse erkennen wir an körperlichen Empfindungen. Als Empfindungen bezeichne ich körperliche Wahrnehmungen, das, was wir körperlich spüren, merken (engl. sensations von lat. sensere = spüren, merken). Ein Kribbeln auf der Haut, ein Ziehen im Bauch, Spannung, Schmerz, Herzklopfen, Erregung usw.

Sie gähnen (Sauerstoff / Erholung / Schlaf).

Sie spüren eine Enge in der Brust (Atmen / Sauerstoff).

Sie fühlen sich „verpappt", im wahrsten Sinne des Wortes „unwohl in Ihrer Haut" (Körperhygiene).

Sie haben trockene Lippen / einen trockenen Mund (Durst).

Ihre Magengegend macht sich bemerkbar (Hunger).

Sie stellen Druck auf der Blase oder im Enddarm fest (Ausscheidung).

Ihnen wird speiübel (Ekel, Vermeidung von Schadstoffen).

Sie spüren Bewegungsimpulse (Bewegung).

Sie spüren ein Kribbelgefühl auf dem Rücken und einen Bewegungsimpuls, sich an jemanden anzuschmiegen (körperliche Zuwendung).

Sie möchten mit jemandem sprechen (Zuwendung).

Sie schwitzen (Körperkerntemperatur).

Sie frieren (Körperkerntemperatur).

Sie möchten sich die Augen reiben, als sei Sand darin. „Das Sandmännchen ist da!" (Schlaf)

Ihnen stehen „die Haare zu Berge" oder Sie haben „einen dicken Hals" (Ärger).

Ihnen wird „kalt und warm", sie bekommen „weiche Knie" (Angst).

- Sie spüren Tränen in den Augen, fühlen eine Bewegung zum Boden hin (Rührung, Traurigkeit).
- Sie möchten am liebsten jauchzen, springen und tanzen (Freude).
- Sie empfinden Aufbruchsstimmung, einen Kitzel (Neugierde).
- Sie möchten etwas tun, anpacken, schaffen (Gestaltung).
- Sie möchten Stille, Ruhe, Rückzug (Alleinsein).

Unser Körper gibt uns Signale, wenn Grundbedürfnisse anstehen. Nehmen wir diese nicht wahr oder übergehen sie, auch wenn wir sie wahrnehmen, wenden wir Energie auf, sie abzuwehren, und manövrieren uns in Mangelsituationen, die Disstress bedeuten. Es entstehen körperliche, seelische und soziale Schwierigkeiten. Meistens machen uns auch Mitmenschen darauf aufmerksam. Machen wir uns unsere Empfindungen und vorsichtig auch rein denkerisch unsere Bedürfnisse immer wieder bewusst und sorgen im Vorhinein für ihre Befriedigung, geht es uns gut.

Grundbedürfnisprofil

Ich habe in vielen Seminaren und in der Arbeit mit einzelnen Klienten den Grundbedürfnisfragebogen ausfüllen lassen. Die Antworten und die Auswertung dienten mir als Gesprächsgrundlage. Interessant finde ich, dass doch eine eindeutige Tendenz in der Befriedigung von Grundbedürfnissen zu erkennen ist:

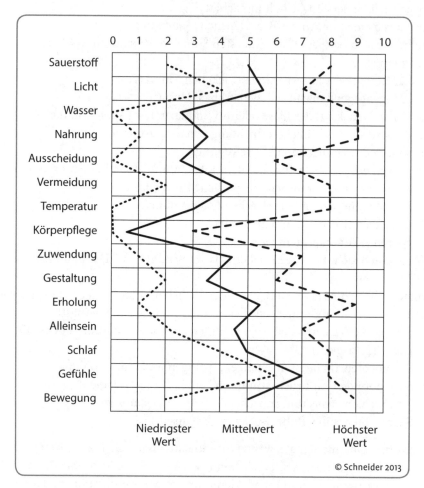

Abbildung 3-16: Grundbedürfnisprofil von Klienten

Am besten befriedigten die Klienten, mit denen ich gearbeitet habe, das Bedürfnis nach Körperhygiene, dann folgten Wasser, Ausscheidung, Nahrung, Gestaltung und die Vermeidung von Schadstoffen. Weniger gut befriedigten sie die Bedürfnisse nach Alleinsein, Zuwendung, Bewegung, Schlaf, Sauerstoff, Licht, Erholung und dem Ausdruck von Gefühlen, wobei Zuwendung, Erholung, Bewegung und der Ausdruck von Gefühlen ganz weit unten stehen. Die in Abb. 3-16 dargestellten Werte (von 0-10) basieren auf dem subjektiven Wohlergehen der Klienten. Liegt ein Wert über 4, besteht ein eindeutiger Veränderungsbedarf.

ÜBUNG

Wie sieht Ihr Grundbedürfnisprofil aus?

Wenn Sie die Fragebögen bearbeitet haben, können Sie nun mithilfe des unten stehenden Vordruckes Ihr persönliches Grundbedürfnisprofil erstellen.

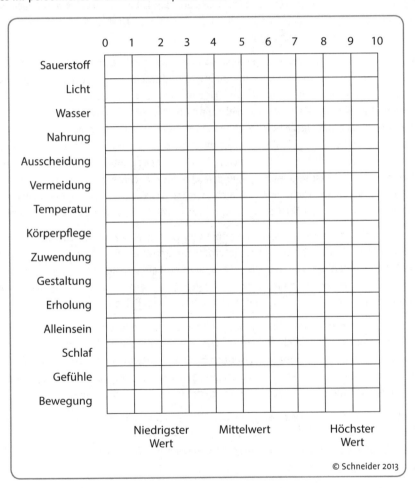

Interview 2: Herr A., 49 Jahre alt

Was würden Sie jetzt im Nachhinein gesehen als Burnout bezeichnen?
Geistige Erschöpfung, wobei man diese nicht mehr merkt, wenn man geistig arbeitet. Bei mir hat er sich dadurch bemerkbar gemacht, dass ich plötzlich extreme Rückenschmerzen bekam. Im Laufe der darauffolgenden Woche wurde dann bei vier, fünf Ärzten der Körper auf organisches Versagen in welche Richtung auch immer untersucht. Das hat angefangen mit Bandscheibenvorfall und ging hin bis zum Bauchspeicheldrüsenkrebs. Das war so die letzte Diagnose. Als dann die ganzen Testergebnisse aus den Laboren zurück waren, hat mir jeder der Ärzte gesagt: „Das war es für Sie, Sie sind kerngesund!" Und ich sagte: „Ja, und wo kommen dann die Rückenschmerzen her?"

Dann war ich zwei, drei Wochen zu Hause und bin dann ganz normal wieder arbeiten gegangen, aber die Schmerzen kamen immer häufiger und irgendwann war ich auch bei meinem Arzt und habe mich mit ihm unterhalten. Und er kam dann auf die Idee und sagte: „Ich rufe bei einem Kollegen an, Herrn Dr. Schneider, und überlasse es nicht mehr Ihnen selbst, sich da einen Termin zu holen. Jetzt hole ich Ihnen einen Termin!" Und dann hat er langsam das Gespräch in diese Richtung gelenkt und alles das, was er abgefragt hat, das waren so Dinge, wo ich sagen muss: „O.k., das trifft auf dich zu. Du bist kaputt, müde, kannst dir schlecht noch Dinge merken. Du hast regelmäßig irgendwelche Rückenschmerzen, du hast das Gefühl, du bist für alles verantwortlich." Ich weiß nicht, wie ich das ausdrücken soll, übertrieben gesagt läuft es hinaus auf: „Du fühlst dich für alles, was in der Welt passiert, verantwortlich!"

Ich habe mich dann natürlich vor das Internet gesetzt und erst einmal recherchiert. Mein Arzt hatte mir dann auch eine richtig gute Internetseite genannt und gesagt: „Da ist ein schöner Test, füllen Sie den mal für sich alleine aus, aber ehrlich!" Als ich dann unten auf den Auswertungs-Button geklickt habe, wurde mir angezeigt: „Wenn Sie alles richtig und wahrheitsgemäß beantwortet haben, dann sollten Sie schnellstmöglich einen Fachmann aufsuchen!"

Das war dann das erste Mal, dass ich mich hingesetzt und gedacht habe: „Du hast jahrelang behauptet, das kann dir nicht passieren. Das war wirklich eine überhebliche Haltung." Ich wusste nicht, wie mir das passieren konnte, aber ich steckte tief drin. Also, es war wirklich, als hätte man etwas Schreckliches in der Zeitung gelesen. Dann kamen Gefühle in einem hoch, die teilweise dazu geführt haben, dass einem die Tränen gekommen sind.

Oder wenn man eine traurige Szene in einem Film gesehen hat, da konnte man sich gar nicht gegen wehren. Und nachdem ich auch gelesen habe, dass das ebenfalls Anzeichen für Burnout sind, habe ich es doch mit der Angst zu tun bekommen, zumal eben kurz vorher das mit dem Robert Enke passiert ist.

Und obwohl ich wirklich sehr an meiner Frau hänge, trotzdem habe ich immer Situationen gesucht, in denen wir nicht alleine waren, um zu verhindern, dass ich mit meiner Frau ein längeres persönliches Gespräch führen musste. Ganz einfach um zu verhindern, dass meine Frau in diesen Gesprächen gespürt hätte: „Moment mal, irgendetwas stimmt da nicht." Immer habe ich dafür gesorgt, dass wir mit mehreren zusammen waren, habe also diese Zweier-Situation im Grunde genommen komplett abgeschafft. Das war zwar nicht bewusst; ich bin ja nicht mit dem Gedanken losgegangen, wenn wir an die Ostsee fahren, dann will ich, dass der und der dabei sind. Nein, es ist im Unterbewusstsein passiert. Ich habe einfach solche Situationen vermieden, weil ich wahrscheinlich, oder mit Sicherheit, so ein Gefühl hatte, wenn wir uns in einer Gruppe bewegen, dann fällt nicht so sehr auf, was ich sage.

Nachdem ich über diese ganze Situation intensiver nachgedacht habe, muss ich zugeben, da habe ich es schon mit der Angst bekommen. Auch gerade nach dem Gespräch mit Dr. E. ist es mir schon komisch geworden.

Und wovor hatten Sie dann Angst?
Ja, weiß ich nicht. Vielleicht so zu enden wie der Enke.[20] Oder dass man herausfindet, in welchem seelischen Zustand ich mich befinde. Also im Grunde eine Angst, dass, wenn man sich zeigt, mit dem was wirklich ist, man dann erledigt ist. So ungefähr. Witzigerweise ist heute in der Zeitung ein Bericht, dass der Ersatztorwart von Hannover 96 ein Burnout hat.

Jetzt haben Sie ungefähr beschrieben: So war das mit dem Burnout, und damals waren Sie an der und der Stelle. Wie ist es dann weitergegangen?
Ja, gut, durch die ersten Gespräche mit Ihnen ist mir bewusst geworden, dass ich mich für alles und jeden verantwortlich gefühlt habe. Mir ist klar geworden, der einzige Weg aus diesem Tunnel heraus kann nur sein, dass ich persönlich an mir etwas ändere. Mir war klar, dass es nur einen Menschen gibt, der dafür sorgen kann, dass ich mich aus diesem Elend herausziehen kann (zeigt auf sich und nickt nachhaltig mit dem Kopf)! Das ist mir durch unsere ersten gemeinsamen Gespräche klargeworden. Gerade so die ersten Male. Da haben wir auch die Abstände nicht so groß gehabt, Gott sei Dank! Wenn wir am Anfang solche Abstände gehabt hätten, wie wir sie jetzt haben, von drei bis vier Wochen, ich glaube, das hätte mir nicht so viel geholfen.

Gerade am Anfang war es gut, über all diese Dinge zu sprechen. Was mir auch sehr viel geholfen hat: Sie hatten anfangs gesagt, ich solle mal einen emotionalen Lebenslauf schreiben. Und die Zeit, als ich mich dann hingesetzt habe und den Lebenslauf geschrieben habe, da ist mir eigentlich erst so vor Augen geführt worden, was eigentlich in den letzten zehn, fünfzehn, zwanzig Jahren mit mir passiert ist ... Das ist falsch: Was ich mit mir selber gemacht habe:

Ich habe immer dann, wenn ich das Ziel erreicht hatte oder kurz zuvor, schon wieder einen Schritt weitergedacht: „O.k., nun ist das Ziel abgehakt, jetzt musst du das nächste Ziel in Angriff nehmen." Das hat mich eigentlich immer wieder getrieben, wobei ich bis heute noch nicht herausgefunden habe, wodurch das ausgelöst worden ist. Ich vermute einfach mal, weil meine Eltern mich nicht auf die Realschule haben gehen lassen und ich dann eben irgendwann gesagt habe: „O.k., dann mach ich es eben auf dem zweiten Weg." Und das habe ich dann nach und nach in der Abendschule gemacht.

Durch unsere Gespräche am Anfang ist mir auch bewusst geworden: „Du musst deine Einstellung ändern, du musst dein Verhalten komplett ändern!" Im privaten Bereich habe ich

---

20 Robert Enke war Torhüter der Fußballnationalmannschaft und hat sich das Leben genommen.

es als nicht so schlimm empfunden. Am schlimmsten habe ich es im Dienst, empfunden. Da habe ich mir dann halt überlegt: „Wie kannst du dich aus solchen Situationen retten?" Ich habe den Vorteil, in meinem Büro eine Doppeltür zu haben. So habe ich dann gesagt: „O.k., du machst jetzt die erste Zeit beide Türen zu." Und so wie ich hörte, dass die äußere Tür aufging, habe ich sofort aufgehört etwas zu tun und habe mir überlegt: „Ganz ruhig, nicht gleich reagieren, erst einmal horchen, was da kommt." Das hat einige Wochen gedauert. Anfangs habe ich immer noch nach Ausreden gesucht oder auch gesagt: „O.k., komm lass liegen!" Aber so nach und nach habe ich es dann geschafft, dahin zu kommen, wo ich heute bin: Dass ich sagen kann: „Was ist das?" und den Kollegen dann – sinnbildlich gesehen – sanft wieder hinausschieben.

Und heute ..., klar, kommen immer noch Situationen, wo ich geneigt bin, wieder zurückzufallen. Aber bevor ich ganz unten aufschlage, merke ich „Moment mal, was machst du hier? Das hat mit dir eigentlich nicht zu tun." Und ich bin mittlerweile in der Lage, mitten in diesem Fall zu stoppen und mich wieder aufzurichten und zu sagen: „O.k. Jungs, guckt da und da, macht das und das!" Und das war es. Und das führt einfach dazu, dass ich mich immer besser fühle.

Und was mir auch sehr, sehr viel geholfen hat, gerade am Anfang: Ich habe hinterher, nach unseren Gesprächen, jedes Mal mit meiner Frau auch über das, worüber wir beide geredet haben, noch einmal gesprochen. Und das „Miese" in Anführungszeichen bei meiner Frau ist, die hat ein Gedächtnis wie ein Elefant. Die hatte also wirklich zu allen Beispielen, von denen ich ihr so erzählt habe, ein Beispiel aus dem Privatleben parat gehabt: „Denk mal an die Situation da und da!" Das war das „Miese" dabei (lacht ironisch). Und da ist mir halt auch bewusst geworden, es war nicht nur alles im Berufsleben, sondern es hat auch im privaten Bereich viele solcher Situationen gegeben, die mir selber gar nicht mehr so bewusst waren. Aber meine Frau hat sie mir vor Augen geführt. Auch das hat mir dann geholfen. Und immer dann, wenn ich im privaten Bereich wieder angefangen habe, in so eine Situation zu rutschen, hat meine Frau etwas zu mir gesagt oder hat mich unter dem Tisch mal angeschubst. Und ich habe dann gedacht: „Mensch, es ist doch recht häufig im privaten Bereich gewesen."

Was ist das Es, die Situation auch im privaten Bereich, gewesen?
Wie soll ich sagen? Im Grunde genommen, dass ich mich verantwortlich gefühlt habe für alles Mögliche. Wenn ein Bekannter erzählt hat, er will an seinem Haus die Dachziegel erneuern am Wochenende, der brauchte mich nicht zu fragen. Er brauchte mir das nur zu erzählen und ich habe sofort gesagt: „O.k., dann lass uns um acht Uhr anfangen, dann sind wir schneller fertig!" Ich habe mich immer angesprochen gefühlt. Für mich war das immer wie: „Kannst du mir helfen?!", obwohl die Frage ja so direkt nie gekommen ist. Da, muss ich sagen, hat meine Frau mir unheimlich viel geholfen. Sie hat immer gesagt: „Nicht das rechte, nimm das linke Ohr!" Heute kann ich relaxt dasitzen und mir anhören, wenn ein Bekannter erzählt: „Also, ich muss am Wochenende das machen und das machen." Dann kann ich mir das anhören, ohne dass ich ein schlechtes Gewissen bekomme.

Und was meinen Sie, wie Sie Ihr schlechtes Gewissen losgeworden sind? Wie haben Sie das ge-
macht?
Durch harte Arbeit: In der Anfangszeit sitzt man natürlich da und das Gegenüber erzählt und
erzählt, und ich musste mir wirklich innerlich sagen: „Halt die Klappe!" Ich habe wirklich aufgehört zuzuhören. Ich musste mich wirklich zwingen, an etwas anderes zu denken, damit ich
ja nicht auf die Idee komme zu sagen: „Ich bin Samstag früh um sieben oder um acht da." Das
war ganz schön hart, das hat lange gedauert. Es ist mir grundsätzlich immer leichter gefallen,
wenn meine Frau neben mir gesessen hat, weil die in solchen Fällen mit aufgepasst hat und
mich dann erinnert hat. Sie hat immer gesagt: „Nicht rechtes, linkes Ohr! Durchzug!"

Oder vielleicht mit einem anderen Ohr hören. Sie hören ja jetzt anders hin und Sie hören ja jetzt
auch auf sich: Was passt für Sie, was stimmt für Sie?
Ja, das ist das, was am anderen Ende dabei rausgekommen ist. Zum Beispiel wollte mein Bruder im Garten ein paar alte Pflanzen rausreißen. Da war mir klar, das schafft er nicht alleine,
weil die zu groß und zu fest sind. Da hatte ich kein Problem zu sagen: „Ich helfe dir." Und das
Schöne ist: Wenn es um meinen Bruder geht, egal was der macht, ob wir nun Terrassensteine
verlegen oder tapezieren oder sonst irgendetwas, habe ich das nie als: „Ich muss helfen!"
empfunden. Da konnte ich mich einfach fallen lassen. Mein Bruder ist bei uns im Haus der
Handwerker, kann alles, fliest und haste nicht gesehen. Mit dem zusammen habe ich auch
unser Elternhaus ausgebaut. Da mach ich nur die Hilfsarbeiten, hier mal auflegen, da mal
Steine holen, den Müll wegbringen …

Für mich ist es immer eine spannende Geschichte zu erfahren, wie jemand ein schlechtes Gewissen
auflöst. Das war meine Frage. Was steht dann an der Stelle des schlechten Gewissens? Was ist
anstatt eines schlechten Gewissens da, wenn Sie jetzt etwas tun? Ein gutes Gefühl?
Ja. Wenn hier so das schlechte Gewissen ist und hier so das gute Gefühl, da ist am Anfang ein
ziemlich großer Abstand da, der dann mit der Zeit immer kürzer wird, und irgendwann ist
man im guten Gefühl angekommen.

Das Interessante ist, was macht man, wenn man dann ein gutes Gefühl hat? Meine Idee ist: Man
nimmt dann sehr genau wahr: Was ist los da, was will der andere? Was will ich, was passt jetzt in
die Situation, was passt für mich? Und man entscheidet sich dann und sagt: „O.k., so mach ich
das, so passt es für mich."
Der Gedankenablauf, der ist erst heute da. Am Anfang war ich ausschließlich damit beschäftigt, meinen Mund zu halten. Das war harte Arbeit, dazusitzen. Und auch für meine Freunde
und Bekannten – die kennen mich natürlich, die wissen wie ich ticke, wie ich reagiere – war es
mit Sicherheit eine komplett neue Erfahrung, dass ich da einfach sitze, äußerlich völlig entspannt, aber innerlich wirklich darauf bedacht, schön den Mund zu halten, nichts zu sagen,
keine Entschuldigung! Das kam ja früher auch immer dazu, wenn ich mal wirklich keine Zeit
hatte, dann habe ich immer versucht, eine Entschuldigung zu finden, um mich zu rechtferti-
gen. Das mache ich heute nicht mehr. Das ist genauso, wie wenn ich gefragt werde: „Kannst
du mir dann und dann helfen?" Früher war es so, wenn ich keine Lust hatte oder irgendwas
anderes vorhatte, dann habe ich mir eine blöde Ausrede ausgesucht, und nur, wenn ich so
kurzfristig keine Ausrede hatte, dann habe ich gesagt: „O.k., ich bin hier." Auch das habe
ich schleichend abgeschafft. Heute entschuldige ich mich nicht, ich such nicht nach einer

Ausrede, wenn ich einfach keine Lust habe. Wenn das Samstagnachmittag ist und ich will nun ausgerechnet diesen Samstagnachmittag Fußball gucken, dann such ich nicht nach irgendeiner Ausrede, sondern sage: „Sorry, da habe ich keine Lust zu, an dem Tag will ich das Fußballspiel angucken im Fernsehen." Oder ich sage einfach nur: „Tut mir leid für dich, aber ich habe keine Zeit!" und erkläre das eben Gedachte. Das war so in der mittleren Phase. Ich habe geglaubt, dass ich mit anführen musste, warum nicht. Heute sage ich: „Tut mir leid, ich habe keine Zeit!" Ich suche auch nicht mehr nach irgendwelchen Ausreden. Weil ich mir auch ganz klar sage, ist mir egal, ob er das akzeptiert oder nicht, entscheidend ist, ich kann das machen, was ich will, und dabei geht es mir gut.

Ich habe Sie, während Sie gesprochen haben, beobachtet. Sie haben ganz viele Gesten gemacht mit Ihren Händen.
Ich weiß, das sagt meine Frau auch immer.

Und das ist wunderschön, wenn Sie so sprechen mit Ihren Händen. Also ich finde es klasse, wenn Menschen auch mit ihren Händen sprechen.
Das kriege ich jeden Tag zu Hause zu hören.

Als negativ?
Nein, damit zieht meine Frau mich immer nur auf. Ich rede mit Händen und Füßen.

Also, es gibt Leute, die kommen zu mir zum Vortrag und sagen, sie kommen deshalb, weil ich so deutlich spreche und immer sehr schön mit meinen Gesten zeige, was ich sagen will.
Das habe ich schon immer gemacht, aber ich weiß auch nicht warum.

Es klingt doch so, als wäre es negativ belastet für Sie. Das ist ja völlig in Ordnung. Also, Sie haben hauptsächlich diese Geste gemacht (zeigt die Geste) bei der ganzen Angelegenheit. Und was signalisiert das?
Im Untermalen dessen, was ich von mir gebe?

Ja.
Genaues Abgrenzen ist das – im Grunde genommen. Das Gleiche wie im Büro mit meiner doppelten Tür, nur dass ich jetzt so (zeigt die Geste) mache.

Genau! Heißt das eventuell, Sie können sich jetzt abgrenzen und empfinden dennoch gleichzeitig Nähe zu den Menschen?
Ja, ich empfinde auch Mitleid. Und wenn ein Freund oder ein Bekannter sagt, ich muss ein riesen Loch buddeln, kann ich heute sagen: „Mensch, da habe ich auch kein Bock zu!" Und nicht gleich: „O.k., ich komm angeknallt."

Wenn Sie sagen, Sie empfinden jetzt Mitleid: Wie ist es überhaupt mit Empfinden in der Zeit, wo Sie im Burnout waren im Vergleich zu jetzt? Wie ist es mit Empfindungen und Gefühlen?
Am Anfang war es so: Wenn man etwas Trauriges gesehen hat, dass es unheimlich tief eingedrungen ist und auch dazu geführt hat, dass einem tatsächlich die Tränen gekommen sind, ohne dass man da etwas dagegen unternehmen konnte. Und das ist so nach und nach besser geworden. Ich denke, mein Hauptproblem war früher, dass ich ganz, ganz schwer Nein sagen konnte. Und das habe ich jetzt innerhalb der letzten Monate erst wieder gelernt, wenn nicht

sogar überhaupt gelernt. Weil dieses Nein-Sagen-Können – ich selbst habe es natürlich nicht so empfunden, aber meine Frau –, das konnte ich noch nie richtig. Und da wir nun schon über 30 Jahre zusammen sind, kennt meine Frau mich auch in- und auswendig. Und wie gesagt, das Elefantengedächtnis meiner Frau hat dann auch gleich in der Vergangenheit gegraben. Ich glaube, ich habe das schon erzählt mit meinem Bekannten, der einen Umbau an seinem alten Haus gemacht hat und ich eigentlich nur einen Samstag helfen wollte und nachher habe ich ein halbes Jahr lang jeden Samstag geholfen. Da hat sie natürlich recht. Ich habe mir irgendwie eingeredet: „Du musst ihm jetzt helfen!" Ich habe im Grunde genommen immer mehr darauf geachtet, dass mein Gegenüber sich besser gefühlt hat, weil er halt Hilfe hatte, aber meine eigenen Bedürfnisse, meine eigenen Gefühle, die habe ich unterdrückt. Und im Laufe der Jahre fast abgeschafft.

Aus meiner Sicht kamen die Gefühle aber hoch, wenn sie angesprochen waren, durch den Fernseher.
Ja, dafür habe ich immer noch keine Erklärung. Ich konnte mir so etwas nicht mehr anschauen, egal ob es die Nachrichten waren oder ein trauriger Film. Um das vor meiner Frau zu verbergen, bin ich in der Regel dann meistens aufgestanden und habe so getan, als wenn ich etwas aus dem Keller holen muss.

Aus meiner Sicht waren Sie halt in der Zwischenzeit in eine Situation geraten, wo Sie traurig waren, wo Sie bedürftig waren, wo Sie Schmerzen hatten, die Sie nicht zugelassen hatten. Und wenn dann der Film kam, ist es hochgekocht.
Ja, ohne dass man etwas dagegen unternehmen konnte, das war das Fatale daran. Meine Frau hat natürlich gemerkt, dass etwas nicht stimmt. Logisch! Wir konnten es beide nicht einordnen, bis Dr. E. mich direkt angesprochen hat: „So, nun ist Schicht im Schacht, jetzt kommst du hier nicht mehr aus der Praxis raus, bevor du nicht einen Termin hast." Den allerersten Termin bei Ihnen hat ja Dr. E. selber gemacht.

Herr Dr. E. hat also gesagt: „Das machen Sie jetzt." Dann waren Sie da. Was hat Ihnen geholfen, dass Sie bleiben, mit mir reden, die Sachen durcharbeiten konnten?
Ich bin ein Mensch, wenn ich auf einen anderen Menschen treffe, den ich noch nicht kenne, dann weiß ich nach den ersten Minuten: Stimmt die Chemie oder stimmt sie nicht? Dr. E. hatte mir ja schon zwei oder drei Jahre vorher Ihre Visitenkarte gegeben und gesagt: „Rufen Sie da an!" Da hat er aber noch nicht so direkt gesagt, warum. Damals habe ich noch gedacht, „Wofür ein Psychologe?!" Eigentlich habe ich keinen Draht zu Psychologen gehabt. Ich weiß noch, in unser allerersten Schnupperstunde war das so ein Gucken: Kommen wir tatsächlich von beiden Seiten her miteinander klar? Und ich bin abends nach Hause gefahren und habe mich mit meiner Frau darüber unterhalten, wie und worüber wir uns unterhalten haben. Und während ich das erzählt habe, habe ich zu meiner Frau gesagt: „Ich bin mir sicher, da bin ich gut aufgehoben, dieser Mensch kann mir helfen." Ich weiß nicht, warum; ja ich bin ein reiner Gefühlsmensch. Da habe ich gedacht, Dr. E. hat recht, irgendetwas stimmt mit mir nicht. Das hatte ich bis dahin schon gemerkt. Man recherchiert ja viel. Und ich hatte dann auch festgestellt: O. k., mit deiner überheblichen Art, die du jahrelang vor dir hergeschoben hast, „Passiert dir nicht!" und „Schaffst du alleine!" – das funktioniert nicht, sonst wäre ich nicht so tief da reingerutscht. Auch meine Frau hat gesagt: „Es ist besser, wenn du jetzt wirklich

diesen professionellen Weg gehst und die Hilfe annimmst." Und kurz nachdem ich hier wieder raus bin nach dieser ersten Stunde, war für mich klar: „Das zieh ich jetzt durch! Ich will da wieder raus."

Das heißt, Hilfe in Anspruch zu nehmen war ein ganz wesentlicher Schritt für Sie?
Ja, das hat mich enorme Überwindung gekostet, das muss ich ganz ehrlich sagen. Ich hatte ja schon früher ein Burnout-Seminar mitgemacht und da waren zwei, drei Kollegen, die schon einen Burnout hinter sich hatten, schon therapiert waren. Aber es war bei allen schon ein bis zwei Jahre her, dass die ihre Therapie abgeschlossen hatten. Alle drei haben nacheinander davon erzählt und haben währenddessen geheult. Damals konnte ich damit überhaupt nichts anfangen, konnte das nicht einordnen. Ich war früher der Meinung, jeder, der eine Auszeit von der Arbeit haben möchte, behauptet, er ist geistig erschöpft, hat Burnout. Es war damals so eine Art Modebegriff und ist ja heute noch mit einem negativen Touch behaftet. Allerdings, nach den ersten Stunden hier war mir klar: „Allein kommst du da nicht raus. Du brauchst jemand, der dir ein bisschen das Licht am Ende des Tunnels zeigt, damit du weißt, o. k., du musst in die Richtung gehen und du musst aufpassen, dass du nicht links und rechts in einen falschen Gang abbiegst."

Als sie von ihrem Burnout erzählt haben und in ihnen so die Gefühle ausgebrochen sind und sie plötzlich weinen mussten, da habe ich sie dann hinterher gefragt: „Bist du denn heute noch in Behandlung?" „Hast du jemanden?" Nein, sie waren alle drei, wie sie sagten, mit ihrer Behandlung durch. Und dann muss ich aus heutiger Sicht sagen, irgendwas stimmt da nicht, irgendwas ist da schiefgelaufen. Ich bin jetzt etwas über ein Jahr hier und mir geht es richtig gut.

Schön! Vielen Dank für das Gespräch.

4. Grundprinzipien der Lebensgestaltung – Modelle für die Vorbeugung und Behandlung des Burnout-Syndroms

4.1 Leben als selbstschöpferischer Vorgang und das Überlebensprinzip

Ich möchte nun ein Grundprinzip menschlichen Handelns darstellen, das Ihnen hilft nachzuvollziehen, wie Menschen für sie unangenehme Probleme entwickeln und wie sie diese wieder auflösen können. Es ist sehr aufschlussreich zu beobachten, wie wir vom Kindes- bis zum Erwachsenenalter lernen, uns anzupassen: an die Umgebung, aber auch an uns selbst. Beispielhaft möchte ich dies an der Wahrnehmung und Befriedigung der Grundbedürfnisse darstellen.

Ein Säugling gibt Laute von sich, bewegt sich und zeigt Mimik und Gestik, wenn er Bedürfnisse hat. Es ist dann an den versorgenden Personen, herauszufinden, was ihm fehlt. Hat er Hunger, hat er Durst, hat er die Windeln voll, möchte er Zuwendung? Deuten wir die Situation richtig, fühlt sich der Säugling nach dem Stillen des Bedürfnisses, was auch Arbeit für den Säugling bedeutet, wieder wohl und er entspannt sich (siehe Abb. 4-1). Deuten wir die Situation falsch, wird er weiter schreien und wir suchen weiter, bis wir die Lösung gefunden haben.

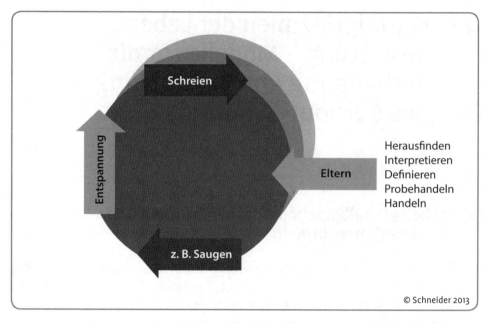

© Schneider 2013

Abbildung 4-1: Regelkreis der Grundbedürfnisbefriedigung beim Säugling

Nun kommt es aber auch häufig vor, dass Eltern und andere versorgenden Personen regelmäßig ein Bedürfnis falsch deuten und dem Säugling – oder später dem Kind – eine andere Lösung anbieten, ihn z. B. mit Essen versorgen, statt ihm Zuwendung zu geben. Wird dies systematisch so gemacht, lernt das Kind, damit zufrieden zu sein, da es keine Wahl hat, denn es ist den versorgenden Personen mehr oder weniger ausgeliefert. Es ist also mit der Ersatzbefriedigung „zufrieden", was allerdings nie zu der Entspannung führt, als wäre das ursprüngliche Bedürfnis gestillt worden. Mit der Zeit lernt das Kind das ursprüngliche Bedürfnis zu verdrängen und spürt an dessen Stelle das gelernte Ersatzbedürfnis (siehe Abb. 4-2).

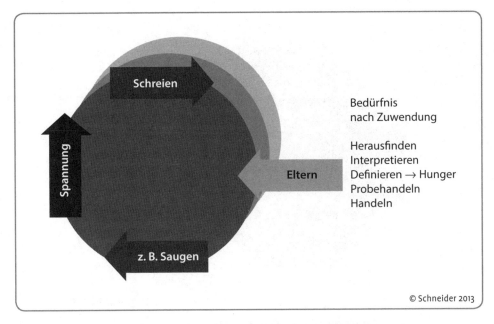

Abbildung 4-2: Regelkreis für ein nicht befriedigtes Bedürfnis und
die Entwicklung eines Ersatzbedürfnisses

Im Laufe der Entwicklung und des Erwachsenwerdens spielen die versorgenden Personen eine immer weniger bedeutende Rolle. Mit zunehmendem Alter übernimmt es das Kind selbst, mehr und mehr die eigenen Bedürfnisse zu spüren, sie zu deuten und auch zu befriedigen. Als erwachsener Mensch übernimmt es schließlich die volle Verantwortung für seine Bedürfnisse (Abb. 4-3).

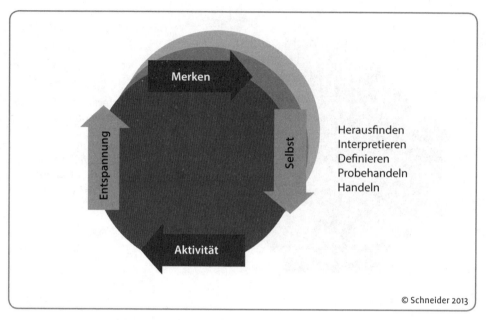

Abbildung 4-3: Bedürfnisbefriedigung Erwachsener

Abhängig von ihrer Lebens- und damit Lerngeschichte haben Menschen bei einem oder mehreren Bedürfnissen gelernt, diese durch Ersatzbedürfnisse zu befriedigen. In Situationen von Disstress handeln sie dann nach den alten unbefriedigenden (Lösungs-)Mustern und fühlen sich dabei „nicht wirklich gut", „unbehaglich", „unwohl", „mies" oder „schlecht". Sie haben z. B. das Bedürfnis, allein zu sein, und stürzen sich stattdessen in Arbeit oder stellen Kontakt mit jemandem her, fühlen sich dabei aber unwohl, „grummelig", „knatschig" oder „gefrustet". Es „regt sie die Fliege an der Wand auf" oder wir hören von ihnen: „Ich bin gereizt", „Ich bin genervt" oder „Ich bin dünnhäutig". Dies sind deutliche Hinweise auf eine fehlende Befriedigung von Grundbedürfnissen. Aus ihrer Umgebung erhalten sie oft die Rückmeldung, sie wirkten „unzufrieden" oder „launisch".

Wenn es darum geht, Grundbedürfnisse zu erkennen und zu befriedigen, gibt es mehrere Steigerungs- oder Eskalationsstufen:

Stufe 0:
Wahrnehmen des Bedürfnisses aufgrund der natürlichen Körperempfindungen
Optimal ist: Wir merken möglichst zeitnah, was wir brauchen, und stillen das anliegende Grundbedürfnis, bevor es sich durch sehr unbehagliche Körperempfindungen äußert. Wir spüren z. B., dass die Lippen trocken sind, und greifen zum Wasserglas.

Eskalationsstufe 1: Unbehagen
Wir spüren das Bedürfnis erst, wenn wir ein größeres bzw. ein großes Unbehagen empfinden oder wenn andere uns auf unser Unbehagen hinweisen.

Eskalationsstufe 2: massives Unbehagen
Wir spüren das Bedürfnis erst, wenn wir ein massives Unbehagen spüren. Oder andere, die sich durch unser Verhalten unbehaglich, missachtet oder gar abgewertet fühlen, müssen uns darauf hinweisen, dass bei uns offensichtlich etwas nicht in Ordnung ist.

Eskalationsstufe 3: Zusammenbruch, Verzweiflung, Krankheit
Im Extremfall müssen wir krank werden, körperlich oder seelisch zusammenbrechen, um zu spüren, dass wesentliche Bedürfnisse nicht befriedigt worden sind. „Was fehlt Ihnen?", fragen sinnvollerweise Ärzte ihre Patienten.

4.2 Um die Grundbedürfnisse wissen und Vorsorge treffen

Langfristig und anhaltend fühlen wir uns wohl und wir sind gesund, wenn wir unsere Grundbedürfnisse so gut kennen, dass wir für ihre Befriedigung Vorsorge treffen, unseren Alltag so einrichten, dass wir sie stillen können. Wenn Sie eine längere Fahrt in den Urlaub vor sich haben, überlegen Sie auch, bevor Sie fahren, was Sie unterwegs brauchen und wie Sie es sich beschaffen können, damit Sie es bei Bedarf zur Hand haben. Wenn wir genauso im Alltag Vorsorge für unsere Grundbedürfnisse treffen und sie stillen, haben wir Kopf, Herz und Bauch frei, um auch in Stresssituationen umsichtig zu handeln.

Was ich hier grundlegend für die Grundbedürfnisse beschrieben habe, gilt auch für Gefühle, Denken und Verhalten. Menschen (und andere Lebewesen) haben die Fähigkeit, sich an Situationen anzupassen, um zu überleben. In schwierigen Situationen entwickeln sie oft Anpassungen, die nicht unbedingt dem ursprünglichen und natürlichen Bedürfnis, Gefühl, Denken oder Verhaltensimpuls entsprechen, die sich aber als kreative Überlebensstrategien erweisen. Wie bereits beschrieben, können solche Anpassungen in sehr jungen Jahren zu fest etablierten, automatisierten Ersatzverhaltensweisen führen, die dem Betroffenen später gar nicht mehr oder nur andeutungsweise bewusst sind. In bestimmten Situationen wird ein Verhalten „automatisch" wiederholt, was meistens als innerer Zwang erlebt wird, verbunden mit dem Gefühl, sie könnten gar nicht anders handeln. Sprachlich drückt sich dieser Prozess folgendermaßen aus[21]:

---

21 Woolams & Brown (1997).

„Jetzt ist mir das schon wieder passiert."
„Immer (wieder) mache ich ..."
„Beinahe wäre / hätte ich ... / hätten andere ..."
„Erst wenn ich ..., dann ..."
„Nie / mals (bekomme ich das, schaffe ich das, machen andere ..."
„Dann kommt aber etwas nach ..."

Was ursprünglich eine Lösung war, ist jetzt zum Problem geworden. Warum? Schauen wir uns dafür Menschen an, die sich wohlfühlen. Wir werden feststellen, dass sie auch in schwierigen Situationen nicht einfach gewohnte Verhaltensweisen abspulen, sondern passend zur Situation eine neue Verhaltensweise aktiv schaffen. Dabei können sie sehr wohl auf Erfahrungen zurückgreifen, kreieren aber immer eine Lösung, die *jetzt* passt, die anders ist als eine frühere. Sie lösen sich also von der Geschichte.

Betrachten Sie nun doch einmal eine Situation, in der Sie sich richtig gut gefühlt haben: Wie kam es, dass Sie sich gut gefühlt haben? Was haben Sie in genau dieser Situation neu oder anders gemacht? Was haben Sie weiterentwickelt?

Genau genommen bringen wir uns jedes Mal in Schwierigkeiten, wenn wir althergebrachte Strategien immer nur wiederholen oder zwanghaft an etwas festhalten. Wir sind dann quasi in einer indischen Affenfalle gefangen. Was ist eine indische Affenfalle? In eine Kokosnuss wird unten ein Loch gesägt, das so groß ist, dass ein Affe mit seiner Hand hineinfassen kann. Im oberen Teil der Kokosnuss wird Reis eingebracht. Wenn der Affe nun hineinfasst und den Reis in der Hand festhält, hängt er fest und kann sich nicht mehr befreien. Nur wenn er loslässt, kommt er wieder frei.

Die Kunst des Lebens und Liebens besteht darin, die Vergangenheit zu würdigen, sie hinter sich zu lassen und sich – die Zukunft ahnend – jede Sekunde wieder neu zu erschaffen.

> *„Wie vor Jahr und Tag, liebe ich dich doch,*
> *Vielleicht weiser nur und bewusster noch,*
> *Und noch immerfort ist ein Tag ohne dich*
> *Ein verlor'ner Tag, verlor'ne Zeit ..."*
>
> (Reinhard Mey)

Fassen wir zusammen: Menschen entwickeln im Laufe ihres Lebens in für sie schwierigen Situationen sehr kreative Lösungen. Üben sie diese wiederholt und längerfristig ein, können sie diese Lösungen in Stresssituationen wieder abrufen. Sobald sie in vergleichbaren neuen Situationen diese früher hilfreichen Lösungen als Automatismen aktivieren, werden sie für sie jedoch zum Problem, da die aktuelle Situation nie genauso ist wie die alte und die alte Lösung nie genau passt.

Meist aktivieren Menschen solche alten Automatismen und Gewohnheitsmuster unbewusst dann, wenn sie sich in Bedürfnismangelsituationen gebracht haben und in schwierigen äußeren oder inneren Stress- oder Disstresssituationen befinden. In diesen Situationen springen alte Lösungsmuster förmlich an, wie durch eine Elektrode, die das Gehirn reizt, veranlasst (Berne 1983).

Auflösen lassen sich die Automatismen dadurch, dass
> man sie erkennt,
> ihre Bedeutung emotional und geistig erfasst,
> sie als kreative Lösungs- und Überlebensstrategien würdigt
> und damit die eigene Leistung aus der Geschichte würdigt
> und lernt, jede Situation jetzt aktiv (neu) zu gestalten,
> das Prinzip der kreativen Selbstschöpfung einübt.

4.3 Beziehung: Verbundenheit und gleichzeitige Eigenständigkeit

Schauen wir uns an, wie sich die Befriedigung von Bedürfnissen im Laufe des menschlichen Lebens – vom Säugling bis zum alten Menschen – ausbildet und wie sich Gefühle und Verhalten entwickeln, dann zeigen sich zwei Themen, zwei Entwicklungsfäden, die sich nicht voneinander trennen lassen und die für eine erfolgreiche Beziehungsgestaltung ausschlaggebend sind: die Verbundenheit bzw. Bindung und Eigenständigkeit in einer Verbindung[22]. Poetisch würden wir das wohl das Miteinander von Liebe und Freiheit nennen. Dieses Miteinander gilt für die Beziehung zu sich selbst, zum eigenen Organismus (intrapersonal), für die Beziehung zu anderen Menschen (interpersonal) und für die Beziehung zur Umgebung und der Welt, in der man lebt (existenziell).

Verbundenheit und Eigenständigkeit laufen nebeneinander her und beeinflussen sich wechselseitig. Verbindung stellen wir her, indem wir auf etwas zugehen, durch aktives Interesse, an uns selbst, an anderen und der Welt, durch Einflussnehmen und Gestalten. Eigenständigkeit hingegen entsteht, indem wir uns abgrenzen, ausdrücken, was wir nicht wollen, und das Nicht-Gewollte verhindern. Wenn Menschen sich zu wenig abgrenzen und behaupten, büßen sie ihre Eigenständigkeit auf Kosten einer überangepassten Verbundenheit ein. Sie fühlen sich dann auf negative Weise abhängig und fremdbestimmt. Wenn Menschen sich zu sehr abgrenzen, sich zu

---

22 In der Transaktionsanalyse als das Streben nach mehr Autonomie bezeichnet, Berne (1967), Lenhardt (1992, S. 75 ff.).

wenig verbinden und zu wenig auf andere beziehen, sind sie zwar eigenständig, jedoch auf Kosten der Verbundenheit, und sie fühlen sich einsam und isoliert.

Interessanterweise sehen Menschen in unserer Kultur diese beiden Seiten einer Beziehung nicht als zueinander gehörende Seiten einer Medaille, sondern meist als miteinander nicht vereinbare Gegensätze und verhalten sich dementsprechend: Sie sehen und fühlen sich in Beziehungen immer wieder als ausgeliefert und unterworfen und/oder als einsam und isoliert. Und natürlicherweise wehren sie sich gegen das Ausgeliefertsein, die Verschmelzung, aber auch gegen Einsamkeit und Isolation. Da sie nicht wissen, wogegen sie sich eigentlich wehren und dass die Entwicklung von Verbundenheit und gleichzeitiger Eigenständigkeit in ihnen selbst vonstattengehen müsste, wehren sie sich gegen ihren Beziehungspartner, gegen die Beziehung überhaupt und trennen sich schließlich. In der nächsten Beziehung kommen sie nach einer länger oder kürzer dauernden Verliebtheitsphase wieder an den Punkt, Verbundenheit und Eigenständigkeit nebeneinander und miteinander zu leben. Für die Eigenständigkeit brauchen sie die Fertigkeit, sich selbst zu behaupten und sich abzugrenzen; für die Verbundenheit die Fertigkeit, sich einzulassen.

Eine sehr schöne Veranschaulichung unserer in dieser Beziehung negativ geprägten Gewohnheitskultur liefert uns das Märchen vom Froschkönig der Brüder Grimm. Wissen Sie, wodurch der Frosch zum Prinzen verwandelt wird? Erinnern Sie sich! Der Frosch verwandelt sich in einen Prinzen, weil die Prinzessin ....

....

In der Urfassung des Märchens (1812) schreiben die Brüder Grimm über die Königstochter: „Sie packte den Frosch mit zwei Fingern und trug ihn hinauf in ihre Kammer, legte sich ins Bett und statt ihn neben sich zu legen, warf sie ihn bratsch! an die Wand. ‚Da, nun wirst du mich in Ruhe lassen, du garstiger Frosch!' Aber der Frosch fiel nicht tot herunter, sondern wie er herab auf das Bett kam, da war's ein schöner junger Prinz."

Durch eine Abgrenzung, ein Nein, eine aktive Distanzierung, geschieht die Verwandlung, nicht durch einen Kuss, nicht durch ein Ja, wie die überwiegende Mehrheit meint. Die Urfassung des Märchens wurde verändert, der Wurf an die Wand durch einen Kuss ersetzt. Das Nein wurde den Menschen, der Beziehung, der Liebe abgesprochen. Das Nein gehört jedoch unabdingbar zur Beziehung und zur Liebe dazu. Das Ja, das Einlassen, schafft Verbindung; das Nein, die Abgrenzung, schafft Eigenständigkeit in der Verbundenheit; beides trägt zur Selbstbehauptung bei. Beides gehört unabdingbar zusammen, denn nur so werden Liebe und Freiheit möglich.

Wenn Menschen beide Seiten leben und miteinander verbinden, lernen sie, Macht für sich in konstruktiver Weise anzunehmen und zu leben. Sie lernen, zwischen

Macht ohne Ausbeutung und Macht mit Ausbeutung zu unterscheiden. Meistens erleben und leben Menschen in unserer Kultur Macht in ihrer negativen Form: Macht, die mit Unterlegenheit und Überlegenheit gleichgesetzt wird. Es gibt die eine *oder* die andere Seite. Mal ist man unterlegen, mal überlegen. Unterlegenheit wird mit Überlegenheit zurückgezahlt. Der Preis der Unterlegenheit ist die Aufgabe eigener Interessen und des eigenen Selbst, der Preis der Überlegenheit ist persönliche Unverbundenheit, Einsamkeit und Isolation.

Aber wie kann man aus diesem Szenario aussteigen? Wenn wir einander uns – unabhängig von unserer Rolle in irgendeiner Hierarchie – auf Augenhöhe begegnen; wenn wir Einfluss nehmen und uns gleichzeitig einlassen.

Warum fällt es Menschen so schwer, sich einzulassen?

Sich einlassen, nachgeben, sich oder anderen etwas eingestehen, eine Schuld zugeben: All das wird meist als Demütigung empfunden. Warum? In der in unserer Kultur meist üblichen Erziehung werden Fehler oder Versagen bestraft und Kinder und Erwachsene in solchen Situationen gedemütigt und beschämt. Wer solche Erfahrungen machen musste, wird später versuchen, Demütigungen zu vermeiden, indem er sich selbst und anderen nichts mehr eingesteht. Diese Menschen bleiben aber in der Demütigung stecken oder in einer Selbstgerechtigkeit, die nichts anderes als eine kaschierte Form der Demütigung ist. Sie schaffen es nicht, sich ganz auf sich, einen Beziehungspartner und die Welt einzulassen.

Wie aber können wir aus dieser Machtdynamik aussteigen? Indem wir Einfluss nehmen und sagen, was wir möchten und was nicht, und die Dinge aktiv in die gewünschte Richtung bewegen. Und indem wir uns einlassen, was bedeuten kann: zu dem zu stehen, was ist und war; etwas zugeben, eingestehen, zulassen, lassen, lassen lassen, loslassen. Einfluss nehmen und sich einlassen stellen die zwei (miteinander verbundenen) Zügel der Macht dar.

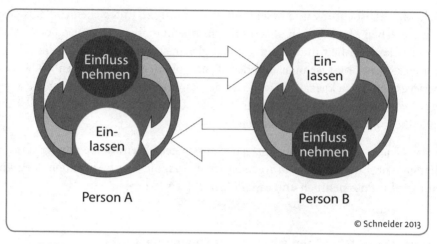

Abbildung 4-4: Die zwei Zügel der Macht: Einfluss nehmen und sich einlassen

ÜBUNG

Umgang mit Macht

Stellen Sie sich jemanden innerlich vor, von dem Sie sich gedrängt oder gezwungen fühlen, und sagen in Gedanken zu ihm oder zu ihr:

> *„Du hast nur so viel Macht über mich, wie ich dir gebe!"*
> Oder: *„Du hast nur so viel Einfluss auf mich, wie ich dir gebe!"*

Stellen Sie sich jemanden, den Sie drängen oder zwingen wollen, innerlich vor und sagen in Gedanken zu ihm oder zu ihr:

> *„Ich habe nur so viel Macht über dich, wie du mir gibst!"*
> Oder: *„Ich habe nur so viel Einfluss auf dich, wie du mir gibst!"*

Achten Sie darauf, was Sie empfinden, fühlen, denken und was sich in Ihnen entwickelt. Wie verändert sich:

Ihr Körpergefühl? ....

Ihre Körperhaltung? ....

Ihre Gestik ? ....

Ihre Mimik? ....

Ihre innere Haltung? ....

Wie fühlen Sie sich? ....

Was denken Sie über sich? ....

Was denken Sie über die vorgestellte Person? ....

Was denken Sie mit der Erfahrung dieser Übung über andere Menschen, mit denen Sie in Beziehung stehen? ....

Für eine befriedigende Beziehungsgestaltung ist es aus meiner Sicht wesentlich, von Situation zu Situation für sich selbst

- herauszufinden, was man möchte und was man nicht möchte,
- mitzuteilen, was man möchte und was man nicht möchte,
- Ja zu dem zu sagen, was für einen stimmt,
- Nein zu dem zu sagen, was für einen nicht stimmt,
- darüber im Dialog zu bleiben und dies miteinander auszumachen
- und so miteinander eine gute Streitkultur zu entwickeln.

Literaturempfehlung:

George Bach: Streiten verbindet

4.4 Es ist wichtig, sich abzugrenzen

Schilder mit „Bitte nicht stören!", „Mittagspause!" oder „Bin im Garten!", „Bin mal weg!", „Bin bei meiner Oma!", „Bin mit meiner Frau ausgegangen!", „Bin im Weiterbildungsseminar!", „Bin beim Sport!", „Bin bei meiner Freundin!", „Bin im Chor!", „Bin mal dort, wo der Kaiser zu Fuß hingeht!", „Bin frische Luft schnappen!" sieht man leider immer seltener oder gar nicht mehr. Andere unsichtbare Schilder hingegen lassen die Grenzen verschwimmen: „Meine Tür steht immer offen!", „Ich bin jederzeit verfügbar!", „Du kannst mich jederzeit über Handy erreichen!" Viele Menschen meinen, das gehöre zum guten Geschäftston. Die Frage ist nur, was machen wir damit?

Einer meiner Klienten erzählte mir, dass er die Tür zu seinem Büro, die bis vor Kurzem immer und jederzeit für jedermann offen gestanden hatte, inzwischen geschlossen habe. Klopfe nun jemand an, unterbreche er die Arbeit, setze sich ganz bewusst in seinem Stuhl zurück und rufe dann „Herein!", innerlich gesammelt und bereit, auch Nein zu sagen, wenn jemand von ihm etwas wolle, was für ihn und die Situation nicht passe. Auf diese Art und Weise habe er sein ganzes Arbeitsfeld neu sortiert und mache inzwischen das, was wirklich zu seinem auch mit dem Arbeitgeber so definierten Arbeitsgebiet gehöre. Vorher habe er für viele andere vieles gemacht, was jetzt im Nachhinein gesehen überhaupt nicht zu seinem Arbeitsgebiet gehört hatte. Und er habe sich dabei in ein Burnout geschaufelt. Jetzt war ihm klar, dass er sich den Stress selbst gemacht hatte. Er hatte nicht Nein gesagt und auch Dinge viel zu eilfertig gemacht, nur weil jemand gesagt habe, das müsste man machen. Heute mache er Dinge nach genauer Überlegung und nach Absprachen. Er könne jetzt hinschauen, abwägen, ansprechen und absprechen, wer für was zuständig und was von wem zu erledigen sei.

Literaturempfehlung:

Sigrid Engelbrecht: Lass dich nicht vereinnahmen.

4.5 Was bestimmt unser Handeln?

Unser Handeln lässt sich in vier wesentlichen Grundschritten darstellen (Schneider 2011).

Grundschritt 1: Wahrnehmen

Was und wie wir etwas wahrnehmen – uns selbst oder die Umwelt –, ist durch unsere Befindlichkeiten und Bedürfnisse bestimmt. Stellen Sie sich vor, sie gehen durch eine Fußgängerzone und nehmen wir an, Sie haben Hunger, Durst oder das Bedürfnis, jemanden zu treffen.

Was nehmen Sie wahr, was sehen Sie, auf was achten Sie unbewusst,
... wenn Sie Hunger haben? Ihnen fallen sicherlich Bäckereien, Restaurants oder Bratwurstbuden auf.
... wenn sie Durst haben? Ihnen fällt sicherlich Wasser auf und Ihnen stechen Stände, wo es etwas zu trinken gibt, besonders ins Auge.
... wenn Sie Kontakt möchten? Ihnen fallen sicherlich Menschen auf, die Sie anziehend finden.

Unsere Bedürfnisse, Wünsche, Impulse wirken wie ein Motor, der uns in eine bestimmte Richtung bewegt, und wie ein Filter, durch den wir unsere Umwelt und unsere Umgebung wahrnehmen. Wahrnehmen heißt, dass wir all unsere Sinne, Hören, Sehen, Riechen, Schmecken und Fühlen einsetzen, um die Umwelt und unseren eigenen Organismus zu erfassen. Merken ist das ursprünglichste Wort für diesen Vorgang. „Ich merke, dass ich Hunger habe."

Grundschritt 2: Einschätzen

Meinen wir das Objekt unserer Begierde gefunden zu haben, überprüfen wir es daraufhin, ob es dem entspricht, was wir uns vorgestellt haben. Ist es das, was ich brauche oder will? Ist es essbar? Ist es trinkbar? Entspricht es meinen Kontaktwünschen?

Also probieren, riechen und schmecken wir, beißen wir hinein, fassen wir es an. Oder wenn es um einen Kontakt mit einer anderen Person geht, sprechen wir mit ihr. Wenn wir dann überzeugt sind, dass das, was immer wir gefunden haben, unserem

Bedürfnis entspricht, kommen wir zum dritten Schritt, dem Handeln im engeren Sinne.

Grundschritt 3: Handeln

Nach Schritt 1 und 2 kommt die eigentliche Aktion – das Handeln. Was wir wahrgenommen und eingeschätzt haben, verleiben wir uns jetzt ein: Wir essen oder trinken es, gestalten den Kontakt zu einer Person. Wir handeln, setzen in die Tat um, was wir uns vorgestellt hatten.

Grundschritt 4: Überprüfen der Einschätzung am Handlungserfolg

Erst nach Grundschritt 3 wissen wir, ob etwas geeignet war, unseren Hunger, unseren Durst oder unser Kontaktbedürfnis zu stillen. Bleibt die Handlung ohne Erfolg, hat unsere Einschätzung nicht gestimmt. (Ich habe einen Hamburger gegessen, bin aber immer noch hungrig.) Also suchen wir weiter und schätzen erneut ein, bis ein Handlungserfolg eine Einschätzung bestätigt (bis sich etwas Essbares gefunden hat, das wirklich sättigend ist).

Eine Handlung kann in einen Misserfolg münden. Für unser Wohlbefinden ist es dann ganz wesentlich, dass wir uns von diesem Misserfolg lösen und dennoch zu einer Lösung kommen. Bevor wir einen neuen Handlungszyklus mit einer realistischen Wahrnehmung beginnen, ist es ganz wichtig, dass wir uns zuvor von dem, was nicht gelungen ist, verabschieden, den Misserfolg annehmen und angemessen trauern (siehe 3.14.1 Was sind Gefühle?).

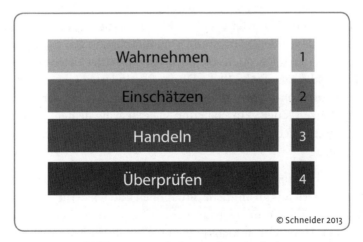

© Schneider 2013

Abbildung 4-5: Einfache Handlungskaskade:
vier Grundschritte einer Handlung (Schneider 2011, Abb. 1)

Wie wir die vier Grundschritte einer Handlung jeweils ausführen, hängt von unserer inneren Motivation, der bisherigen Lebenserfahrung und unserer momentanen Einstellung zur Gegenwart, Vergangenheit und Zukunft ab. Wir nehmen überwiegend wahr, was wir wahrzunehmen gelernt haben, für was wir in diesem Moment gerade offen sind und welche Bedürfnisse vorliegen. Wir schaffen also unsere Wirklichkeit selbst. Wenn wir unsere Neugierde zulassen, erweitern wir unsere Wahrnehmung und sehen, hören, riechen, schmecken, fühlen Neues, anderes, lassen uns auf neue Einschätzungen und Handlungen ein.

Alle Lebewesen, so auch wir Menschen, wählen von den vielen Reizen, die auf sie einströmen, bestimmte aus. Sie nehmen selektiv wahr, denn anders kämen sie mit der Fülle von Reizen gar nicht klar. Wenn Menschen Wahrnehmungen gegenüber verschlossen sind, sprechen wir auch von „blinden Flecken". Sie sehen etwas nicht, das andere sehen, hören nicht, was andere hören, riechen nicht, was andere riechen, schmecken nicht, was andere schmecken, fühlen nicht, was andere fühlen. Wenn wir unsere Umwelt und uns selbst vollständiger erfassen und uns neuen Umgebungen, Bedeutungen, Handlungen und Lösungen öffnen wollen, müssen wir uns mehr oder weniger bewusst für eine erweiterte Aufmerksamkeit entscheiden. Dies können wir vielleicht alleine bewerkstelligen, in der Regel brauchen wir dafür aber andere Menschen und Lebewesen, denen wir uns öffnen und mit denen wir uns austauschen und uns so Neues erschließen. Wenn wir uns entschieden haben, etwas zu lernen, tun wir das mit genau dieser Geisteshaltung.

Auch was die Einschätzung anbelangt verhalten sich Menschen häufig selektiv. Sie begegnen sich und der Welt in der Regel mit Vorurteilen, festen Glaubenssätzen, Denkgewohnheiten und einer stark kanalisierten Fantasie. Aus ihrer Lebensgeschichte heraus haben Sie Urteile und Deutungen entwickelt. Um erfolgreich zu sein, ist es jedoch nötig, seine Vorurteile regelmäßig zu überprüfen und zu neuen, für eine aktuelle Situation passenden oder veränderten Einschätzungen zu gelangen. Ständig aufs Neue durchlaufen solche Menschen den Vorgang einer Urteilsbildung (ausführlich dazu: Bächtold & Supersaxo 2005). Da der Begriff Urteil sehr stark mit Gerichtsbarkeit und dadurch oft negativ mit Bestrafung belegt ist, verwende ich lieber die Begriffe „einschätzen" oder „Einschätzung". Die Begriffe deuten, Deutung und Bedeutung, interpretieren und Interpretation sind fast deckungsgleiche Sprachbegriffe für diesen Vorgang.

Genau wie Einschätzung erfolgen auch Handlungen häufig aufgrund alter Erfahrungen. Wir erinnern uns an ähnliche Situationen und wiederholen – oft unbewusst – etwas, das wir früher (immer) getan haben. Da solche unbewusst oder unüberlegt wiederholten Handlungen nicht eine aktuelle, umfassende Wahrnehmung der neuen Situation berücksichtigen, können sie jedoch nicht lösungsorientiert sein und führen in der Regel zu Schwierigkeiten. Erfolgreiches Handeln macht aus, dass wir uns von Sekunde zu Sekunde neue Wahrnehmungen, Einschätzungen und Handlungsmöglichkeiten im Hier und Jetzt und in der Zukunft eröffnen; dass wir alle unsere Sinne benutzen, um wahrzunehmen, zu einer neuen Eischätzung gelangen und entsprechend der gegenwärtigen Situation handeln. Dabei können wir uns sehr wohl früherer Erfahrungen bedienen, sie als Ansätze, als Teillösungen oder Rohlinge verwenden. In der jeweils aktuellen Situation jedoch müssen wir immer die ersten beiden Schritte, Wahrnehmen und Einschätzen, sorgfältig durchlaufen und so zu passenden neuen Lösungen bzw. Handlungen finden. Dies können auch Abwandlungen alter Lösungen sein.

Denken Sie einmal an Ihre tägliche Arbeit, an das, was sie regelmäßig tun: Wann sind Sie erfolgreich? Ich vermute mal: Immer dann, wenn Sie in der Lage sind, entsprechend der neuen gegenwärtigen Situation kleine aktuelle Anpassungen vorzunehmen.

Innehalten

Wie schaffen wir es, wirklich mit allen Sinnen wahrzunehmen, ohne kopflos einfach loszurennen? Indem wir innehalten (siehe Abb. 4-6). Mit Innehalten meine ich den bewussten Akt, Zeit und Raum dafür zu schaffen, sich dem Wahrnehmen und Einschätzen zu öffnen, um sich dann bewusst für eine Handlung zu entscheiden.

Vielleicht kennen Sie aus dem Sport (Basketball, Handball) die Möglichkeit des „Time-Out". Beide Mannschaften haben die Möglichkeit, sich pro Spielabschnitt eine Auszeit zu nehmen. Diese nehmen sie sich, wenn sie „keinen Fuß mehr auf den Boden bekommen", „unterzugehen drohen", „schlecht drauf sind", wenn „nichts mehr geht", „der Gegner sie im Moment überrollt". Sie nehmen sich die Auszeit, um erfolgreich zu sein. Sie verschnaufen, atmen durch, besinnen sich, sammeln sich, stellen sich neu auf, stellen sich neu ein, richten sich anders aus, besinnen sich auf ihre Stärken. Dafür gibt der Trainer ein t-förmiges Zeichen. Mit der linken Hand zeigt er auf Brusthöhe vor sich eine waagrechte Fläche und in einem rechten Winkel dazu senkrecht mit der rechten Hand mit den Fingerspitzen darunter auf die Handfläche.

In meiner Praxis hat es sich bewährt, mit Klienten das Innehalten und dieses Zeichen visuell und sensorisch einzuüben, sodass sie insbesondere in Stress- und Disstresssituationen einen Anker haben, um innezuhalten. Dann können sie ihren Radar kreisen lassen, hinschauen, hinhören, fühlen, riechen, schmecken (Wahrnehmen), abwägen, einschätzen, sich ein eigenes Urteil bilden; sich Handlungsmöglichkeiten eröffnen und passende auswählen (Einschätzen); schließlich handeln (Handeln) und das Handeln genau nachverfolgen (Überprüfen) und – wenn nützlich – Anpassungen vornehmen.

Abbildung 4-6: Innehalten und die einfache Handlungskaskade (Schneider 2011, Abb. 3)

„Wenn ich etwas verändern möchte, brauche ich aber Zeit, sonst geht das nicht; und ich habe keine Zeit", sagte eine Zuhörerin im Diskussionsteil eines Vortrags, den ich über „Die Kraft der Gefühle" gehalten hatte. Ja, das stimmt, ohne Zeit geht es nicht. Wenn wir uns die Zeit und den Raum nicht nehmen bzw. geben, können wir uns unsere Wahrnehmungen nicht bewusst machen und unsere Einschätzungsprozesse nicht bewusst durchlaufen. Ja, wir brauchen Zeit und die Zeit ist da. Die Zeit vergeht nicht, sie ist nicht wie ein Fluss, wie man üblicherweise sagt. Ich stelle mir die Zeit als einen See vor und wir bewegen uns durch den See. Nicht die Zeit vergeht, wir vergehen in der Zeit[23]. Wir fließen und fühlen uns im Fluss, wenn wir uns spüren und uns die Zeit geben. Interessanterweise brauchen wir auch gar nicht „viel Zeit", wenn wir uns die Zeit nehmen bzw. geben.

Entscheiden

Manchmal füge ich in die Handlungskaskade einen kleinen, sehr bedeutsamen Unterschritt ein Entscheiden (Abb. 4-7). Nachdem wir alle Einschätzungen vorgenommen und Unterscheidungen getroffen haben, kommen wir vor dem Handeln zur Entscheidung. Wir kommen dazu, „das Schwert[24] aus der Scheide zu ziehen" und geistig und in der Tat das, was wir hinter uns lassen, von dem zu trennen, dem wir uns jetzt bewusst zuwenden und das wir in die Tat umsetzen. Entscheiden beinhaltet in der Regel ein Verwerfen, einen Verzicht, einen Verlust, ein Loslassen, Sich-Lösen und gleichzeitig ein Zupacken, Auf-etwas-Zugehen und Umsetzen. Entscheiden beinhaltet einen bewussten Akt als Person in Zeit und Raum.

Genauer betrachtet steht der Unterschritt Entscheidung nicht nur zwischen Einschätzen und Handeln; es gibt ihn zwischen allen einzelnen Schritten der Handlungskaskade, denn er steht für eine aktive Bewegung hin zur Bewusstheit, Eigenständigkeit und Verantwortungsübernahme.

---

23 Dieses Bild stammt von Eric Berne.

24 Das Schwert steht symbolisch für Geisteskraft und geistige Trennschärfe.

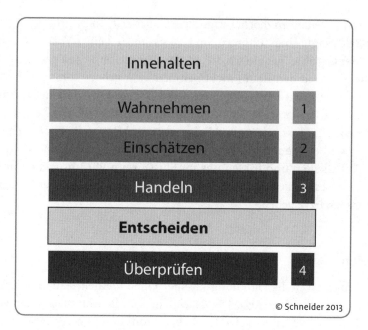

Abbildung 4-7: Entscheiden und die einfache Handlungskaskade

Wenn wir miteinander „gute" Gespräche führen, tauschen wir uns aus. Wir durch-laufen gemeinsam die Schritte der Handlungskaskade. Wir reichern uns in unserer Wahrnehmung, unserer Einschätzung und in den Handlungsmöglichkeiten an, be-vor wir dann zu Entscheidungen darüber kommen, wie wir handeln. Wir durchlau-fen so einen ko-kreativen, wechselseitig schöpferischen Vorgang, einen Diskurs, in dem wir eine gemeinsame Wirklichkeit schaffen (Abb. 4-8).

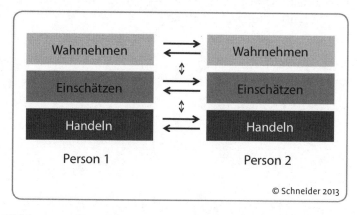

Abbildung 4-8: Miteinander reden – ein wechselseitig schöpferischer Prozess

Menschen im Disstress sprechen nicht wirklich miteinander. Sie tauschen sich nicht mehr aus, durchlaufen nicht gemeinsam die Schritte der Handlungskaskade, sondern beanspruchen für sich selbst, meist ohne es zu merken, Definitionshoheit. Jeder wähnt sich im Vollbesitz der Wahrheit und so reden sie aneinander vorbei.

Im Burnout handeln Menschen, ohne innezuhalten, ohne genau wahrzunehmen, ohne Einschätzungen vorzunehmen und ohne Entscheidungen zu treffen (Abb. 4-9).

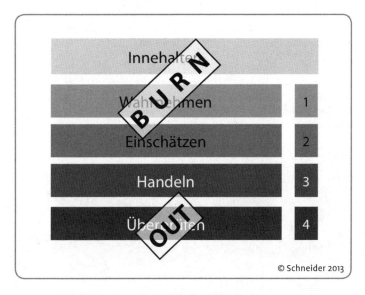

© Schneider 2013

Abbildung 4-9: Einfache Handlungskaskade im Burnout

Konfliktgespräche führen

Konflikte gibt es immer, da Menschen, die miteinander arbeiten und leben, natürlicherweise verschiedene Bedürfnisse, Wünsche und Vorstellungen haben. Treffen diese aufeinander, liegt ein Konflikt vor. Es ist das natürlichste in der Welt, Konflikte zu führen – und Konflikte zu lösen. Mit Konflikte-Führen meine ich, dass wir manchmal einen Konflikt nicht lösen können. Das müssen wir uns bewusst machen und uns der Situation stellen. Die meisten Konflikte lassen sich jedoch lösen. Mithilfe der „Formel K", einer kleinen Erweiterung der einfachen Handlungskaskade, lässt sich hervorragend lernen, Konfliktgespräche zu führen und mit Konfrontationen umzugehen. Dazu teilt zunächst der konfliktführende bzw. konfrontierende Partner Folgendes mit:

1. seine subjektive Wahrnehmung des von ihm als schwierig angesehen Verhaltens,
2. seine eigene innere Wahrnehmung dazu,
3. seine Einschätzung
4. und seine Erwartung an die Situation und das Verhalten des Konfliktpartners.

Wenn diese Schritte geklärt sind, können sinnvolle Verhandlungen geführt und Lösungen erarbeitet werden.

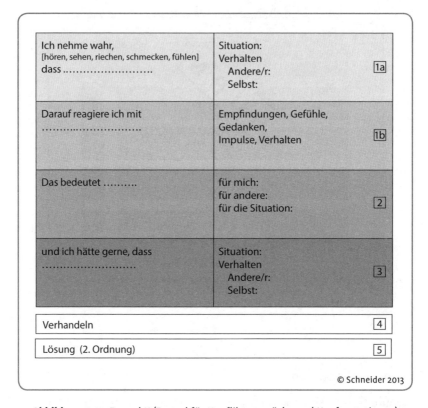

Abbildung 4-10: Formel K (Formel für Konfliktgespräche und Konfrontationen)

Beispiel:

1. Ich habe festgestellt, dass du nicht wie verabredet die Mülleimer an die Straße gestellt hast und dass deshalb der Müll nicht abtransportiert wurde.
2. Das hat zur Folge, dass wir die nächsten Wochen einen Extra-Müllsack brauchen und ich den Müll nicht wie gewohnt in die Tonne schmeißen kann.
3. Das ist umständlich für mich und darüber ärgere ich mich.
4. Ich hätte gerne, dass du in Zukunft zuverlässig deinen Job erledigst und die Mülltonnen rechtzeitig rausstellst.

Damit Konfliktlösungen gelingen können, gibt es einige wesentliche Vorbedingungen:

- Der Konfrontierende oder derjenige, der den Konflikt thematisiert, teilt seine Wahrnehmungen, Reaktionen, Einschätzungen und Handlungswünsche in Ich-Sätzen mit. Damit unterstreicht er sprachlich, dass dies seine eigene Sicht der Dinge ist.
- Der Konfrontierende macht dem Konfrontierten gegenüber keine Zuschreibungen („Du bist ...“), sondern beschreibt beobachtbare Sachverhalte und Verhaltensweisen.
  - „Ich nehme das und das wahr.“
  - „Du verhältst dich in meinen Augen so und so ...“
- Er nimmt keine Verallgemeinerungen vor, die sich in generalisierenden Ausdrücken zeigen wie:
  - „Immer ...“
  - „Nie ...“
  - „Alles ...“
  - Nichts ...“
- Er macht auf diese Weise deutlich, dass er die Situation und das Verhalten für veränderbar hält.
- Er zeigt, dass er für seine Empfindungen, Gefühle und Reaktionen die Verantwortung übernimmt, indem er sagt: „Ich reagiere mit ....“
- Der Konfrontierende bittet den Konfrontierten um eine Veränderung und setzt ihn nicht unter unangemessenen Druck mit Formulierungen wie:
  - „Du solltest ...“
  - „Du musst ...“
  - „Man ....“

Damit übt der Konfrontierende keine unangemessene Macht aus und ist sich bewusst, dass er nur so viel Einfluss auf den anderen hat, wie dieser ihm einräumt; und dass auch der andere nur so viel Einfluss auf ihn hat, wie er selbst zulässt.

Manchmal ist es sinnvoll, dass sich derjenige, der einen Konflikt ausgemacht hat, schon vor einem Gespräch diese drei Punkte klarmacht. Häufig werden schon in einer Gesprächsvorbereitung (zu der natürlich auch Hilfe von anderen in Anspruch genommen werden kann) Lösungen gefunden; manchmal wird der Konflikt sogar dadurch schon gelöst.

Rückmeldungen geben

Die Handlungskaskade eignet sich auch als Fahrplan und Hintergrundstruktur für Rückmeldungen. In einer klassischen Situation bittet jemand aus Interesse an seiner eigenen Entwicklung um eine Rückmeldung. Diese verhilft ihm zu einer besseren Sicht der Situation, anderer und seiner selbst. Er erweitert seine Wahrnehmung, seine Einschätzung, seine Handlungsoptionen und seine Handlungsfertigkeit. Eventuell erkennt er „blinde Flecken" und löst sie auf.

Der Rückmeldungsgeber teilt
- seine Wahrnehmung,
- seine Einschätzung
- und seine Sicht über Handlungsmöglichkeiten mit (siehe Abb. 4-11).

Dabei kann er frei wählen, welche der drei Ebenen er mitteilt. Er ist sich dabei bewusst, dass er dem Rückmeldungsnehmenden seine Sicht der Dinge zur Verfügung stellt und dass er dessen Selbsteinschätzung und Selbstbestimmung achtet und fördert. Auch dabei gelten die für das Konfliktgespräch genannten Vorbedingungen: Ich-Sätze gebrauchen, Verhaltensweisen ansprechen, Veränderungsideen mitteilen.

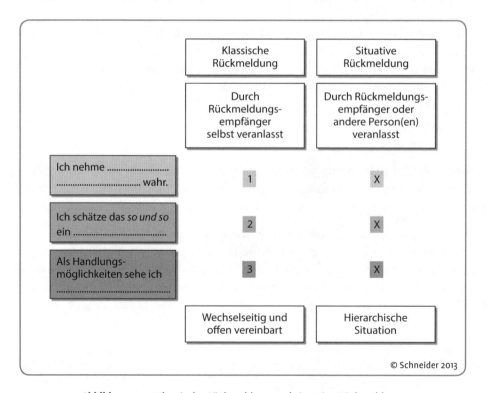

Abbildung 4-11: Klassische Rückmeldung und situative Rückmeldung

Im Privat- und im Arbeitsleben gibt es viele alltägliche Situationen, in denen es angebracht ist, um eine Rückmeldung zu bitten oder Rückmeldungen zu geben. Als *situative Rückmeldung* bezeichne ich den Fall, dass sich jemand veranlasst sieht, einem anderen etwas mitzuteilen, auch ohne dass dieser ihn zuerst darum gebeten hat (siehe Abb. 4-11).

An einer situativen Rückmeldung können gleichberechtigte Personen beteiligt sein, es können aber auch hierarchische Strukturen vorliegen. Dies ist zu berücksichtigen, und die Rückmeldung sollte entsprechend differenziert gestaltet werden.

Der Rückmeldungsgebende hat die Freiheit, die Grundschritte der einfachen Handlungskaskade wahlweise so zu gehen, wie sie in die Situation passen:
Er kann seine Wahrnehmung mitteilen
und / oder seine Einschätzung geben
und / oder Handlungsoptionen aufzeigen
und / oder Handlungen anweisen.

Er kann frei wählen, welche der Schritte er geht und in welcher Reihenfolge er sie vollzieht. Von großem Nutzen ist es, wenn die Beteiligten sich, sofern möglich, vor der Rückmeldung über die Rückmeldungssituation verständigen, innehalten und miteinander vereinbaren, was genau sie jetzt tun werden. Auch dabei gelten als günstige Voraussetzungen der Gebrauch von Ich-Sätzen, das Ansprechen von Verhaltensweisen und die Mitteilung von Veränderungswünschen. Ein Vorgesetzter hat darüber hinaus auch das Recht, etwas anzuweisen oder anzuordnen.

Detaillierte Handlungskaskade

Wir haben uns am Modell der einfachen Handlungskaskade (vier Grundschritte) orientiert. Natürlich ist das ein stark vereinfachtes Modell und die einzelnen Schritte lassen sich noch wesentlich stärker differenzieren. Für diesen Zusammenhang reicht das einfache Modell. Wer aber tiefer in die Materie einsteigen möchte, kann dazu einen Artikel von mir lesen: „Grundlagen des Handelns und der Gesprächsführung – die Handlungskaskade" (Schneider 2011).

Konsequentes Handeln

Häufig wird mir folgende Frage gestellt: „Wie könnte ich es denn schaffen, die Dinge, die zu tun sind, auch tatsächlich zu tun und dabei konsequent zu sein?" Nun, es ist ja so: Menschen, die erfolgreich handeln, haben sich entschieden; Menschen, die sich darüber grämen, nicht zur Tat zu kommen, haben sich meistens (nur) „etwas vorgenommen". Sie haben zwar gespürt, was sie sich wünschten, was sie wollten, sollten oder müssten, haben dann aber die Schritte des Wahrnehmens und des Einschätzens nicht bewusst durchlaufen. Sie haben also keine Entscheidungen getroffen und kamen mithin auch nicht ins Handeln. Hier trifft der alte Spruch zu: „Der Weg zur Hölle ist gepflastert mit guten Vorsätzen."

In einem solchen Fall ist häufig ein einfaches Schema sehr hilfreich, mit dessen Hilfe ich das Thema mit dem Fragenden herausarbeite (siehe Abb. 4-12):

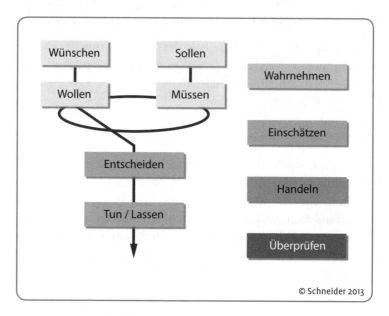

© Schneider 2013

Abbildung 4-12: Konsequentes Handeln

Wir kommen in unserem Leben zum Handeln, weil wir es uns wünschen oder es wollen. Oder weil wir es sollen oder gar müssen, obwohl wir es nicht wollen. Das Leben hält jeden Tag Dinge für uns bereit, um die wir nicht gebeten haben, die unangenehm, manchmal sogar schmerzlich sind. Vieles davon wollen wir keineswegs, es kommt ungebeten als ein „Muss" auf uns zu. Wenn wir das Thema nicht umgehen können oder wollen, weil es wirklich an der Reihe ist, sich ihm zu stellen, dann kommen wir erst ins Handeln und in ein stimmiges Tun oder Lassen, wenn wir das fragliche Thema „zu unserer eigenen Sache machen" (Schneider 2009, S. 220).

Anders ausgedrückt: Wenn wir uns Zeit nehmen, unsere Wahrnehmung weit aufzumachen und uns eine eigene Einschätzung zu erlauben, dann können wir das Thema unserem Wünschen und Wollen anverwandeln und uns dann im nächsten Schritt entscheiden zu handeln. Menschen, die sich bisher vornehmlich „etwas vorgenommen haben" anstatt zu handeln, können umlernen; sie können lernen, Entscheidungen zu treffen, etwas zu tun bzw. etwas zu lassen.

Weitverbreitet sind zudem Muss- oder Soll-Situationen, in denen sich Menschen nicht wirklich klar darüber sind, dass sie es mit einem selbst gemachten, unsinnigen, weder in die Situation noch für sie oder andere passenden Muss zu tun haben. Hier gilt es zu lernen, die inneren Prozesse, den selbst gemachten, inneren Druck aufzulösen und zu nicht stimmigen Anforderungen Nein zu sagen.

4.6 Stress und Disstress: ein Stresskonzept

Erscheinungsweisen des Burnout-Syndroms, unter welchen Bedingungen es entsteht und wie es sich auflösen lässt, lassen sich wohl kaum beschreiben, ohne genauer zu erörtern, was unter Stress zu verstehen ist.

Wenn Menschen von Stress[25] berichten, meinen sie damit meistens Druck- und auch Zwangssituationen, denen sie sich ausgesetzt und ausgeliefert fühlen.
   „Ich komme mir wie in einer Tretmühle vor!"
   „Ich laufe wie in einem Hamsterrad!"
   „Ich funktioniere nur noch!"
   „Ich laufe und arbeite wie verrückt und spüre mich nicht mehr!"

Die aufgeführten Beispiele höre ich am häufigsten von Menschen, die ein Burnout-Syndrom entwickelt haben.

Zwischen Druck und Zwang gibt es jedoch eine feinen, aber wesentlichen Unterschied: das Gefühl der Freiheit, mit etwas umzugehen, oder das der Unfreiheit, sich einer Sache wahllos ausgeliefert zu fühlen. Im Bild der Tretmühle würde Druck in Verbindung mit Freiheit bedeuten: Jemand steigt bewusst in die Tretmühle ein; er weiß, was von ihm erwartet wird, was er selbst von sich erwartet, und er tritt ganz bewusst. Er entscheidet über seinen Einsatz, wann er ein- und wieder aussteigt. Dann hat er zwar Druck, handelt aber frei.

Zwang hingegen bedeutet, dass Menschen das Gefühl haben, sie könnten gar nicht anders als treten; wenn sie sich ihre Situation gar nicht mehr bewusst machen, keine Entscheidungen treffen und „nur noch funktionieren."

---

25 Das Wort Stress wird im etymologischen Wörterbuch (Kluge 1989, S. 708) mit „Hektik, Anspannung" übersetzt. Das Wort ist entlehnt aus dem gleichbedeutenden neuenglischen Wort stress (wörtlich: Druck, Anspannung). Die Wurzeln des englischen Wortes „stress" gehen wohl zurück auf das altfranzösische estrecier und das spätlateinische strictiare „unter Druck setzen, zwingen" und auf strictus „streng, straff, eng" von stringere (strictum) „straff anziehen, zusammenziehen".

Um Ihnen für Stresssituationen in Ihrer täglichen Lebenspraxis eine hilfreiche Orientierung an die Hand zu geben, stelle ich Ihnen jetzt ein Stressmodell vor, das ich für mich und für die Beratungssituationen über die Jahre aus eigenen Erkenntnissen und aus der mir zur Verfügung stehenden Literatur entwickelt habe. Da gibt es z. B. den Medizinsoziologen Antonowsky (1997), der interessante und bis dahin in der Wissenschaft eher ungewohnte Fragen stellt:

Was unterscheidet Menschen, die gut aus Stresssituationen hervorgehen, von Menschen, die unter Stress leiden?

Wie verhalten sich Menschen, wenn sie gut mit Stress umgehen?

Diese Fragestellung beinhaltet unausgesprochen die Grundannahme, dass Stress etwas ganz Natürliches ist. Im Weiteren beschreibt Antonowsky zwei Formen, wie Menschen mit Stress umgehen:

- Eustress als den erfolgreichen Umgang mit Stress; aus meiner Sicht besser mit Eustressverhalten bezeichnet und
- Disstress[26] als den unbefriedigenden Umgang mit Stress, aus meiner Sicht besser mit Disstressverhalten[27] bezeichnet.

Antonowsky fasst Krankheit und Gesundheit als einen ständig andauernden lebendigen Vorgang auf; mal bewegen wir uns mehr in Richtung Krankheit, mal mehr in Richtung Gesundheit. Er zeigt auf, dass Menschen sich unter Eustressverhalten[28] Richtung Gesundheit, unter Disstressverhalten Richtung Krankheit bewegen.

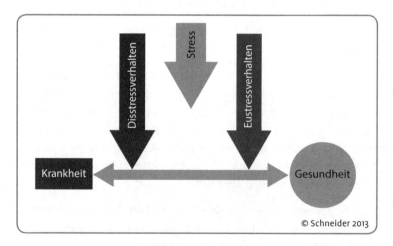

Abbildung 4-13: Der Einfluss von Eustress- und Disstressverhalten auf Krankheit und Gesundheit

---

26 Die Vorsilbe „eu" bedeutet gut, „dis" [dys] schlecht; beides aus dem Altgriechischen.

27 Die Begriffe Eustress und Disstress hat der Stressforscher Selye (1976) eingeführt.

28 Ich habe die Begriffe Eustress- und Disstressverhalten eingeführt, weil es nur Verhaltensweisen gibt, die das, was nach Selye mit Eustress oder Disstress gemeint scheint, ausmachen.

Antonowskys Forschungsergebnis lässt sich folgendermaßen kurz zusammenfassen: Menschen, die gut mit Stress klarkommen, neigen eher dazu, sich unvorhergesehenen Situationen zu stellen. Sie sind außerdem davon überzeugt, mit dem Leben klarzukommen. Er bezeichnet dieses Verhalten und diese Einstellung als *Kohärenzgefühl*.

Menschen mit einem solchen Kohärenzgefühl
> verstehen die Stresssituation,
> geben der Stresssituation eine Bedeutung / einen Sinn,
> erleben die Stresssituation als handhabbar.

Die drei Komponenten lassen sich auf der Handlungsebene mit den ersten drei Grundschritten der einfachen Handlungskaskade (Abb. 4-5) beschreiben. *Verstehen* ist ein Ergebnis von *Wahrnehmen*, *Bedeutsamkeit* von *Einschätzen* und *Handhabbarkeit* bezieht sich auf den Schritt *Handeln*.

Entlang dieser drei Komponenten lassen sich auch Zustände von Disstress befragen und einteilen:
1. Jemand versteht seine Situation, kann ihr einen Sinn geben *und kann sie nicht handhaben.*
2. Jemand versteht seine Situation, *kann ihr keinen Sinn geben* und kann sie handhaben.
3. Jemand versteht seine Situation, *kann ihr keinen Sinn geben und kann sie nicht handhaben.*
4. *Jemand versteht seine Situation nicht,* kann ihr einen Sinn geben und kann sie handhaben.
5. *Jemand versteht seine Situation nicht,* kann ihr einen Sinn geben *und kann sie nicht handhaben.*
6. *Jemand versteht seine Situation nicht, kann ihr keinen Sinn geben und kann sie nicht handhaben.*

Die Formen 1, 2 und 6 sind realistisch und nachvollziehbar, die Formen 3, 4 und 5 kommen als Übergangszustände auch vor, hier machen sich die Personen jedoch etwas vor. Langfristig kann jemand nur dann eine Stresssituation aushalten und lösen, wenn er zulässt wahrzunehmen, was wirklich ist, und daraus seine Schlüsse zieht.

Aus diesen Erkenntnissen und den oben dargestellten Überlegungen zu Anpassungsleistungen leite ich folgendes Stresskonzept ab:

Stress kommt als Reaktion auf innere und äußere Anforderungen natürlicherweise vor.

Finden Menschen aktuell passende Handlungen bzw. Lösungen, zeigen sie Eustressverhalten und erleben sich als selbst gestaltend.

Finden Menschen keine aktuell passende Handlungen bzw. Lösungen, zeigen sie Disstressverhalten: Sie fallen in Wiederholungsmuster zurück und empfinden sich fremdbestimmt.

Sind Menschen durch die Vernachlässigung von Grundbedürfnissen bereits im Disstress, sind sie besonders anfällig dafür, in Stresssituationen alte Gewohnheitsmuster zu aktivieren und sich damit noch tiefer in den Disstress hineinzuarbeiten.

Die Schlussfolgerungen daraus sind:

1. Es ist wichtig, die Grundbedürfnisse zu stillen und mit Stresssituationen bewusst umzugehen, Stress nicht zu verleugnen, sondern ihn als existent wahrzunehmen und

2. im Umgang mit sich selbst und anderen die Begriffe Stress und Disstress bewusst zu verwenden.

> Als **Stress** bezeichne ich Situationen, die von Menschen als Druck empfunden werden.
>
> Als **Eustressverhalten** bezeichne ich das Erleben und Handeln von Menschen, wenn sie sich frei fühlen, mit einer Drucksituation kreativ umzugehen und so oder so (frei) zu handeln.
>
> Als **Disstress** und **Disstressverhalten** bezeichne ich das Erleben und Verhalten von Menschen, wenn sie sich in Stresssituationen gezwungen und unfrei fühlen und verhalten.

Mit diesem Sprachgebrauch geht eine bewusste Herangehensweise an Stress einher. Ich rege an, die Eigenaktivität von Menschen in Stresssituationen zu aktivieren und mit Sprache abzubilden.

Mit Sprache machen wir uns Tatsachen bewusst und für uns handhabbar.

Mit Sprache nehmen wir Einfluss auf uns selbst und andere.

An Worten kann deutlich werden, ob sich jemand in der Situation Bewusstheit verschafft und dann überlegt handelt oder ob er sich ausliefert und keine eigenen passenden Handlungen in Szene setzt. Wenn Sie diese sprachlichen Unterscheidungen einüben möchten, empfehle ich Ihnen die folgende Übung:

Was bedeutet Stress für mich?

Wenn Sie merken, dass Sie Stress fühlen, an Stress denken oder sich das Wort Stress sagen hören, fragen Sie sich:

- Was empfinde ich gerade als Stress?
- Was bezeichne ich gerade als Stress?
- Was erlebe ich als Druck oder Zwang?
- Wer oder was, meine ich, macht mir Druck oder zwingt mich?
- Mache ich mir selbst Druck oder Zwang?
- Wie mache ich mir Druck oder Zwang?
- Befinde ich mich im Disstress und im Disstressverhalten?
- Befinde mich im Eustressverhalten?
- Wie könnte ich mit dieser Stresssituation anders umgehen?

Wenn jemand so an das Thema Stress herangeht, übernimmt er die volle Verantwortung für das, was er selbst in der Situation tun kann, und dafür, wie er sich im Leben fühlt. Dabei erkennt er an, dass es Dinge, Tatsachen, Situationen, Menschen und andere Lebewesen gibt, die existieren, ohne dass er einen Einfluss darauf hat. Gleichzeitig erkennt er an, dass er einen irgendwie gearteten für sich stimmigen Umgang damit finden kann.

Ich empfinde es als einen ganz markanten Meilenstein in der Entwicklung der Klienten, wenn sie mir nach einiger Zeit der Begleitung berichten:

„Ich habe gemerkt, diesen ganzen unangenehmen Stress habe ich mir selbst gemacht! Ich habe immer gemeint, die anderen sind es, die mir den unangenehmen Stress machen. Nein, ich war der, der mir diesen unangenehmen Stress gemacht hat."

Was ist an dieser Stelle bei diesen Menschen „passiert"?

Sie haben sich von einem Gefühl der Fremdbestimmtheit befreit und ein Gefühl der Selbstbestimmtheit entwickelt.

Sie lassen erst einmal Tatsachen zu, wie sie sich im Moment darstellen.

Sie unterscheiden zwischen der Situation, anderen Beteiligten und sich selbst.

Sie unterscheiden Tatsachen, die sie nicht ändern können, von Tatsachen, die sie ändern können.

Sie tun, was in ihrer Macht steht, und lassen das sein, was nicht in ihrer Macht steht.

Sie nehmen Einschätzungen vor.

Sie entscheiden.

Sie handeln.

Sie handeln konsequent.

Sie erleben sich als empfindend, fühlend, denkend und handelnd. Empfinden, Fühlen, Denken und Handeln schließen sie nicht mehr wechselseitig aus, sie verbinden sie miteinander.

Wenn etwas Unerfreuliches und Unerwünschtes auftaucht, mit dem Menschen nicht gerechnet haben, dann äußern sie ihr Unbehagen in Aussprüchen wie:
„Das darf (oder kann) doch wohl nicht wahr sein!"
„So was kann es doch nicht geben"
„Das ist doch nicht zu glauben"
„Das ist doch unmöglich!"
„Das ist nicht zu verstehen!"
„So etwas verstehe ich nicht!"

Wenn Sie zu solchen Formulierungen neigen, empfehle ich Ihnen, auch hier Ihren Sprachgebrauch zu ändern:
„Das darf doch wohl nicht wahr sein!" in: *„Ja, es ist wahr!"*, *„Ja, es ist so!"*
„Das kann es doch wohl nicht geben!" in: *„Ja, das gibt es!" „Ja, das ist so!"*
„Das ist doch nicht zu glauben!" in: *„Ich schau es mir an!" „Ich lasse mich wissen, was ist!"*
„Es ist nicht zu verstehen!" in: *„Ich lasse mir Zeit, dazu (m)eine Einschätzung zu finden!"*

Unterscheiden Sie die Tatsache von der Einschätzung!

Als ich selbst übte, mit unangenehmen und für mich ärgerlichen Situationen klarzukommen, sagte ich mir in solchen Situation: *„Jetzt habe ich wieder eine Unterrichtsstunde in Sachen Realität."* Sagte es mir und schaute mir alles genau an: die Situation, das Verhalten der Beteiligten, mich selbst und meine inneren und äußeren Reaktionen (so entstand die Formel K, Abb. 4-10). Das half mir und es hilft mir auch heute noch, die Tatsachen anzuerkennen, dass sie da sind und zu manchen Einschätzungen zu stehen und sie zu vertreten.

Probieren Sie doch mal aus; statt „Das darf doch nicht wahr sein" zu sagen: „Ich halte das nicht für passend.", „Ich finde das nicht gut.", „Ich ärgere mich darüber.", „Ich habe Angst, wenn ich sehe, was da los ist."

4.7 Stress und Disstress – eine Systematik mit drei Schweregraden von Disstress

Für die Vorbeugung und Behandlung des Burnout-Syndroms und anderer Beschwerden benutze ich folgende Systematik: Es gibt neben dem denkerischen Erfassen von Situationen körperliche und seelische Empfindungen, die anzeigen, dass Grundbedürfnisse befriedigt werden wollen. Diese nenne ich **Stresssignale** (Tab. 4-14) und dazu gehören, von mir speziell hervorgehoben, auch die „Mach-mal-Pause!"-Signale (Abb. 3-6). Letztere erachte ich als den wichtigsten Schlüssel für den Einstieg in die Vorbeugung und Behandlung des Burnout-Syndroms.

Als **Disstresssignale** bezeichne ich körperliche und seelische Empfindungen, die anzeigen, dass Grundbedürfnisse *kurz-, mittel- oder längerfristig* nicht befriedigt wurden. Ich unterteile sie in Disstresssignale 1., 2. und 3. Grades (Tab. 4-14). Die Darstellung des Disstressverhaltens als Antreiber-, Gegenantreiber-, Einschärfungs- und Endauszahlungsverhalten werde ich Ihnen im nächsten Kapitel erläutern.

Stresssignale
Körperliche und seelische Empfindungen, die Grundbedürfnisse anzeigen
Grundbedürfnissignale (insbesondere „Mach-mal-Pause"-Signale)

Disstresssignale
Körperliche und seelische Empfindungen, die das Übergehen von Grundbedürfnissen anzeigen
Disstresssignale **1. Grades** = Antreiber- und Gegenantreiberverhalten
   1. „Mach-endlich-mal-Pause"-Signale
   2. „Zweite-Luft"-Signale
   3. andere Disstressverhaltensweisen
Disstresssignale **2. Grades** = Einschärfungsverhalten
   1. unangemessene Körperreaktionen (funktionelle körperliche Störungen)
   2. unangemessene Sozialreaktionen
   3. seelische Befindlichkeitsstörungen
Disstresssignale **3. Grades** = Endauszahlungsverhalten
   körperlich nachweisbare Störungen (z. B. Hörsturz, Hochdruck, Tinnitus, Infarkt ...)
   stark unangemessene Sozialreaktionen
   starke seelische Befindlichkeitsstörungen

Tabelle 4-14: Stresssignale und Disstresssignale verschiedenen Grades

Disstressverhalten / Disstresssignale 1. Grades sind leichte körperliche, seelische und soziale Beeinträchtigungen:

Sie stellen fest, dass Sie trödeln und nicht mehr in der Lage sind zu arbeiten; Sie schieben die Arbeit vor sich her.

Sie stellen fest, dass Ihr Körper stark verspannt ist.

Sie stellen fest, dass Sie schon lange zur Toilette müssten.

Sie fühlen sich stark „daneben"; können sich überhaupt nicht mehr konzentrieren.

Sie bemerken, dass sie überhaupt nicht mehr bei der Sache sind.

Sie fühlen sich gereizt.

Sie fühlen sich seelisch verletzlich.

Sie fühlen sich dünnhäutig.

Sie sind „zerstreut" und haben Tagträume.

Sie haben massive Gedächtnisstörungen.

Sie vergessen Wörter, obwohl Sie das Gefühl haben, dass sie Ihnen „auf der Zunge liegen".

Sie machen in der Rechtschreibung Flüchtigkeitsfehler, Tippfehler oder Sie verrechnen sich.

Sie erleben einen krassen Leistungsabfall.

Tabelle 4-15: Disstresssignale 1. Grades (erweitert nach Rossi 1993, S. 53)

Disstressverhalten / Disstresssignale 2. Grades, die durch das ständige Übergehen von Pausen auftreten, sind mittelgradige körperliche, seelische und soziale Beeinträchtigungen, die die Betroffenen stark verleugnen und selbst zunächst gar nicht bemerken, da sie durch die Wirkung des Adrenalins, das bei Disstress ausgeschüttet wird, in ihrer Wahrnehmung eingeschränkt sind; wie Rossi es treffend ausdrückt, sind sie „High von den eigenen Hormonen"(1993 / 2007).

Sie beschleunigen Ihr gesamtes Verhalten, ohne sich dessen voll bewusst zu sein.

Sie machen zu viel (Hyperaktivität).

Sie verhalten sich überhastet, beeilen sich.

Sie üben übermäßigen Druck auf sich und andere aus.

Sie fühlen und verhalten sich reizbar / gereizt.

Sie verhalten sich ungeduldig.

Sie erleben Zornes- und / oder andere Gefühlsausbrüche oder Gefühlseinbrüche.

Sie verhalten sich übertrieben ichbezogen.

Sie haben das Gefühl, der / die Größte zu sein, ohne den / die es nicht geht.

Sie haben das Gefühl, alle anderen seien „unfähig", „Deppen", „A...".

Sie ziehen sich mehr und mehr aus Beziehungen zurück.

Tabelle 4-16: Disstresssignale 2. Grades, „Zweite Luft" (modifiziert und erweitert nach Rossi 1993, S. 56)

Disstressverhalten / Disstresssignale 2. Grades, die neben den „Zweite-Luft"-Signalen auch auftreten und als mittelgradige körperliche, seelische und soziale Beeinträchtigungen einstufbar sind:

Betroffene fangen manche Arbeiten gar nicht mehr an.

Sie neigen zu Unfällen, Ungeschicklichkeit; schütten Gläser um, stoßen sich an Gegenständen oder Leuten.

Ihnen unterlaufen Beurteilungsfehler und sie treffen Fehlentscheidungen wider besseres Wissen.

Sie treffen keine Entscheidungen mehr.

Sie machen gravierende Fehler.

Sie haben schwere Gedächtnisstörungen: vergessen, was sie gerade sagen wollten oder was sie gerade suchten.

Versprecher und falsche Wortwahl.

Funktionelle Körperstörungen (Magenprobleme Schwindel, Ohrensausen, Herzklopfen, Verspannungen, Schlafstörungen ...)

Es entgehen Ihnen wichtige geschäftliche Zusammenhänge.

Sie verstehen Witze und Wortspiele nicht mehr.

Anfälle von Ungeduld und Reizbarkeit

Taktlosigkeiten im zwischenmenschlichen Bereich

Sie zeigen ein starkes Rückzugsverhalten.

Tabelle 4-17: Disstresssignale 2. Grades (modifiziert und erweitert nach Rossi 1993, S. 59)

Als Disstressverhalten / Disstresssignale 3. Grades bezeichnen wir starke körperliche, seelische und soziale Beeinträchtigungen, die mit nachweisbaren Schäden einhergehen:

Körperlicher und / oder seelischer Zusammenbruch

- Massivste Schlafstörungen
- nachweisbare körperliche Erkrankungen
- Magen-Darm-Erkrankungen
- Bluthochdruck
- Herzrhythmusstörungen, Herzdruck, Herzschmerzen
- Muskelstörungen
- Hautstörungen
- Augenprobleme
- Ohr- und Gleichgewichtsstörungen
- Hörsturz
- andere körperliche Erkrankungen
- Verkürzung der Lebensspanne

Massive soziale Störungen

- Beziehungsabbrüche
- ausfälliges, beleidigendes Verhalten
- körperliche Ausfälligkeiten (Gewalt)
- Verwicklung in rechtliche Probleme

Schwere seelische Erkrankungen

Tabelle 4-18: Disstresssignale 3. Grades (modifiziert und erweitert nach Rossi 1993, S. 62 ff.)

Disstress kann langsam oder schnell aufgebaut werden, in Wellen verlaufen oder auch in Phasen. Bei Burnout sehen wir Verläufe von Monaten bis hin zu vielen Jahren, bis es zum totalen Zusammenbruch oder anderen Disstresszeichen 3. Grades kommt.

Was ist die Quintessenz aus dem Kapitel Stress?

Welche Schlüsse ziehen Sie für sich aus dem Kapitel Stress?

....

....

....

Ich habe für mich folgende Schlussfolgerung gezogen:

Ich kann nicht machen, dass es keine Stresssituationen gibt, ich kann (nur) entscheiden, wie ich mit Stress umgehe!

4.8 Beschreibung und Auflösung von Disstressverhalten – das dynamische Handlungspentagon

Damit Sie sich noch ein genaueres Bild darüber machen können, wie Disstressverhalten entsteht, wie es aktiviert, wie es ausgeführt und vor allem wie es wieder aufgelöst werden kann, möchte ich Ihnen als Nächstes das dynamische Handlungspentagon vorstellen[29].

Betrachten wir eine Handlung, sei es, dass Sie sich mit einem Freund unterhalten, einen Stuhl schreinern oder Ball spielen, so setzen Sie dabei verschiedene Fähigkeiten ein:

Wachheit, Aufmerksamkeit, Konzentration, Zentrierung

Kontakt

Einfühlungsvermögen

Abgrenzungsvermögen

Kraft / Durchhaltevermögen

Geschicklichkeit (Technik), Sinn für Ganzheit

Geschwindigkeit / Raum-Zeit-Gefühl

Koordination / Rhythmus

Diese Fähigkeiten werden im Laufe des Übens und des Tuns zu Fertigkeiten ausgebildet.

---

29 Ich habe dieses Modell 2007 veröffentlicht und hier um Erkenntnisse aus der Literatur (Kahler 2008) und um meine eigenen, aus den letzten fünf Jahren gewonnen, erweitert.

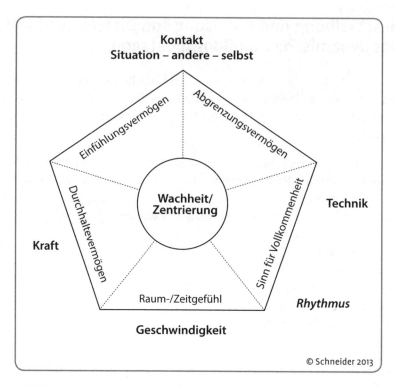

Abbildung 4-19: Die menschlichem Handeln zugrunde liegenden Fähigkeiten

4.8.1 Wachheit, Aufmerksamkeit, Konzentration, Zentrierung

Damit eine Handlung gelingen kann, sollten wir wach sein, uns der Sache zuwenden, uns für sie entscheiden und den Vorgang mehr oder weniger bewusst ausführen. Wir nehmen z. B. beim Bogenschießen den Bogen in die Hand, stellen uns fest und aufrecht auf den Boden, führen den Arm nach oben, spannen den Bogen, visieren das Ziel an, lassen den Pfeil los, verfolgen mit den Augen den Pfeil bis zum Auftreffen und entspannen uns, wenn der Pfeil aufgetroffen ist (siehe Abb. 4-20). Dieses Ausrichten, Erden, Anspannen, die Spannung halten, Loslassen, Nachhalten und Entspannen durchlaufen wir bei jeder Tätigkeit immer wieder wellenförmig in unterschiedlichen Formen und Ausprägungen, je nach der Art der Tätigkeit.

Wachheit, Aufmerksamkeit, Konzentration und Zentrierung machen es möglich, alle bei einer Handlung eingesetzten Grundfähigkeiten – Kontakt / Einfühlungsvermögen und Distanzierungsvermögen, Kraft / Durchhaltevermögen, Technik / Sinn für Ganzheit, Geschwindigkeit / Raum-Zeit-Gefühl – gut zur Entfaltung und zur erwünschten Wirkung zu bringen. Um uns voll auf die Handlung zu konzentrieren, entwickeln wir ganz bestimmte individuelle Rituale, mit denen wir uns abschirmen, uns ganz auf die Handlung und das Ziel zentrieren, der Handlung eine Struktur geben, in die hinein wir sie fließen lassen (siehe dazu auch Schneider 2009, S. 222). Zum Beispiel gibt es beim intuitiven Bogenschießen als Ritual die Abfolge Ziel, Stand, Hand, Anker, Loslassen, Nachhalten. Aus dem Unbewussten lassen wir unsere eingeübten, abgespeicherten Fertigkeiten kommen und steuern sie im Hier und Jetzt. Für Wachheit, Aufmerksamkeit, Konzentration und Zentrierung steht im dynamischen Handlungspentagon der Kreis in der Mitte (siehe Abb. 4-19).

Diesen Zentrierungsvorgang können wir auch mit den Schritten der Handlungskaskade beschreiben: Innehalten, Wahrnehmen, Einschätzen, Entscheiden, Handeln, Überprüfen.

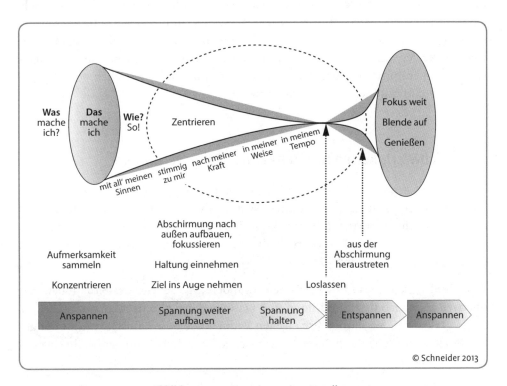

Abbildung 4-20: Zentrieren einer Handlung

4.8.2 Kontakt

Ich kann eine Handlung umso besser ausführen, je besser ich in Kontakt mit mir selbst, den beteiligten Personen, der Umgebung und dem Objekt bin; mit mir, mit dem Mitspieler, dem Platz, auf dem ich spiele, dem Ball, dem Bogen, dem Ziel. Wenn Sie einen Ball werfen, ohne Kontakt mit dem Mitspieler hergestellt zu haben, kann ihn dieser in der Regel nicht fangen. Wenn Sie den Pfeil abschießen, ohne das Ziel im Auge zu haben, werden Sie das Ziel nicht treffen. Wenn Sie mit Ihrer Gesprächspartnerin nicht in Kontakt sind, wird das Gespräch nicht gelingen.

Um den Kontakt zu uns selbst, einem Objekt, anderen Menschen und der Umgebung passend zu gestalten, können wir auf zwei Fähigkeiten in uns zurückgreifen: die Fähigkeit uns einzufühlen, das Einfühlungsvermögen und die Fähigkeit uns abzugrenzen, das Abgrenzungs- oder Distanzierungsvermögen. Beide Prozesse, Einfühlen und Abgrenzen, laufen in uns gleichzeitig und parallel nebeneinander ab. Je mehr Nähe wir herstellen, umso wichtiger ist es, dass wir uns gleichzeitig abgrenzen, sodass wir wir selbst bleiben, uns behaupten und uns vereinnahmen lassen. Je weiter wir uns von jemandem oder etwas entfernen oder entfernt fühlen, umso wichtiger ist es, dass wir innerlich gedanklich und gefühlsmäßig Nähe herstellen; sonst fühlen wir uns vereinsamt (siehe dazu auch Kapitel 4.3).

4.8.3 Schwierigkeiten mit dem Einfühlungsvermögen

Menschen setzen sich häufig unter Druck, anderen zu gefallen, es ihnen recht zu machen, „zeigen sich sehr bemüht, das Wohlbefinden anderer sicherzustellen und eine freundliche, niemanden beunruhigende Atmosphäre herzustellen. Allerdings wirkt dies eher von einer Unsicherheit als von einer in sich ruhenden Freundlichkeit getrieben" (Schmid & Hipp 1998 / 2001, S. 9).

Zwar fühlen sich die so Beschriebenen in andere Menschen oder Situationen ein, übertreiben jedoch ihre Einfühlung und nehmen dabei gleichzeitig zu viel Distanz zu sich selbst ein. Sie spüren ihre eigenen Bedürfnisse und Wünsche nicht oder geben ihnen keine Bedeutung. Meist deuten sie die Bedürfnisse anderer bei ihrem ganzen Bemühen sogar noch falsch.

Das Ergebnis: Irgendwann fühlen sie sich unwohl, erschöpft und „fertig" und resümieren, mit fadem Beigeschmack: „Jetzt hab ich mich (mal wieder) abgerackert und bin dabei wieder zu kurz gekommen!" Oder: „Bei all meinem Tun bin ich selbst auf der Strecke geblieben!" „Ich höre immer anderen zu, mir hört keiner zu!" Wer sehr stark darauf spekuliert hat, für seinen Einsatz etwas zurückzubekommen, zieht den Schluss: „Undank ist der Welten Lohn." Diese Verhaltensweisen bezeichnen wir als „Mach's-recht!"-Antreiberverhalten. Menschen, die sich unter diesem inneren Zwang verhalten, tun das mit dem Gefühl und dem Glauben: „Ich schaffe es nur, wenn ..." Oder: „Ich bin nur in Ordnung, wenn ..." Oder: „Ich werde nur gemocht, wenn ich's andern recht mache."

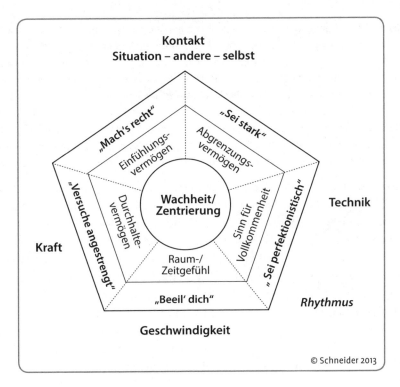

Abbildung 4-21: Motti der Antreiber- und Gegenantreiberverhalten

Sie können auch – entweder frustriert oder auch von vornherein – in eine Trotzposition gehen und gemäß dem Motto handeln „Du kannst mich mal!", „Jetzt bin ich mal dran!" In diesem Moment sehen Sie nur noch sich selbst. In sich selbst fühlen sich zwar ein, haben aber gleichzeitig zu viel Distanz zur Umgebung. Auch dieses Verhaltensmuster, das wir Gegenantreiberverhalten nennen, führt nicht zu einem befriedigenden Ergebnis. „Auf der anderen Seite vom Pferd heruntergefallen ist auch nicht geritten!"[30] Dieses „Mach's-recht"-Gegenantreiberverhalten lässt sich mit dem Motto zusammenfassen „Lieber garstig als ein Niemand!" (Schmid & Hipp 1998 / 2001, S. 19).

---

30 Aussage von B. Schmid in einem Seminar 1988.

Beispiel: Opfer maßlosen Helfens

Herr A. hatte über viele Jahre hinweg ein Burnout-Syndrom entwickelt. Auffällig war bei ihm, dass er, wo auch immer es sich anbot, anderen Menschen hilfreich zur Seite sprang. Statt in den Urlaub zu fahren, half er seinem Schwager aus der Patsche; statt freie Wochenenden zu genießen, half er dem Nachbarn ein halbes Jahr lang beim Bauen; statt ... Gelegenheiten fanden sich immer.

Ähnlich arbeitete er auch in seiner Firma. Wenn jemand nur andeutete, das oder jenes müsse getan werden, sprang er und tat es, ohne direkt darum gebeten worden zu sein und ohne darüber Absprachen getroffen zu haben. Bei seinen Mitarbeitern und Kunden war er wegen seiner Hilfsbereitschaft sehr beliebt und erntete dafür auch viel Anerkennung. Wenn es irgendwo brannte, er war da und half. Schließlich hatte er die Symptome eines Burnout-Syndroms (nicht körperlich nachvollziehbare Rückenschmerzen, das Gefühl, ausgebrannt zu sein, Zurückgezogenheit, innere Leere) und landete bei mir. Ihm selbst wurde im Laufe des Coachings bewusst, dass er, ohne auf sich selbst und seine Bedürfnisse zu achten immer wieder andere „gerettet" hatte und dabei selbst zum „Opfer" seines maßlosen Helfens geworden war.

Wenn jemand in dieser Art „rettet"[31], wie es Herr A. festgestellt hatte, „macht er sich einen Kopf für andere", er denkt in diesem Moment für andere, ohne Absprache, ohne klaren Auftrag, er klärt die Zuständigkeiten nicht. Ohne es in diesem Moment zu wissen, verhält er sich so, als könnten andere nicht selbst für sich denken, fühlen und handeln. Erwartungen und Wünsche abzuklären, eigene Gedanken mitzuteilen und zu überprüfen, ob das, was man selbst meint, tatsächlich auch von den anderen erwartet wird, hilft, aus diesem Antreiber- oder Gegenantreiberverhalten auszusteigen. Interessanterweise handeln Menschen im „Mach's-recht!"-Antreiber- und Gegenantreiberverhalten auch häufig (ohne es zu wissen) so, als könnte zu einem Zeitpunkt nur einer der Beziehungspartner zu seinem Recht und seinen Bedürfnissen oder Wünschen kommen, entweder der eine oder der andere.

Wenn Sie es jemandem nicht recht machen, handeln Sie nach Ihrer eigenen Wahrnehmung, Einschätzung und Entscheidung und Sie lassen auch dem anderen seine Wahrnehmung, Einschätzung und Entscheidung. Auch oder gerade wenn jemand Ihnen etwas zeigt, z. B. ein Lehrer, wie Sie mit einem Bogen schießen: Sie stellen sich letztendlich so hin, spannen so den Bogen, visieren so das Ziel an, bauen so die Spannung auf, halten diese so, lassen so den Schuss los und genießen so den Abgang, wie es für Sie stimmt. Wenn Sie nach Ihren eigenen Empfindungen und Entscheidungen handeln, fühlen sie sich gut bei sich und wertschätzend mit Ihrem Lehrer verbunden. Wenn Sie diese unterdrücken, fangen Sie an, innerlich oder auch nach außen, mit sich und dem Lehrer trotzig und ärgerlich zu maulen.

---

31 Ich beziehe mich mit diesem Ausdruck auf Rollen, die Menschen unter innerem Zwang unbewusst einnehmen, die Rollen im Dramadreieck nach Steve Karpman (1968). Gut nachzulesen in Gührs & Nowack (1991, S. 84 ff.) und Rogoll (1976, S. 55 f. und S. 68 ff.).

Der Ausstieg aus dem Verhalten nach dem Motto „Mach's recht!" gelingt, wenn Menschen wieder lernen, auf sich und andere zu achten; wenn sie lernen, Ja und Nein zu sagen .Wenn sie in Konfliktsituationen (wo verschiedene Bedürfnisse oder Wünsche aufeinandertreffen) auf ihre Bedürfnisse und Gefühle achten, nachdenken, sich mitteilen, sich für ihre Bedürfnisse und Wünsche einsetzen, sich mit den anderen Beteiligten austauschen und schließlich eine Lösung kreieren, in der alle Betroffenen zu dem kommen, was passt. Um aus dem „Mach's-recht!"-Muster auszusteigen, hilft langfristig eine fürsorgliche Haltung gegenüber den eigenen Bedürfnissen, Wünschen, Empfindungen, Gefühlen, Gedanken und Handlungsimpulsen. Diese signalisieren uns, was wir brauchen und wollen, was gerade wichtig und angesagt ist. Wenn diese geklärt sind, gilt es, die Bedürfnisse und Wünsche der jeweiligen Beziehungspersonen zu erfassen. Dies gelingt am besten, indem man nachfragt, was sie wirklich empfinden, fühlen, denken, brauchen, wollen und für wichtig erachten. Ein formelhafter Satz, der diese Art zu handeln zusammenfasst, lautet:

Ich brauche anderen nicht zu helfen, indem ich für sie denke!
Ich helfe anderen, indem ich mit ihnen denke.
Ich denke meine Gedanken, andere denken ihre Gedanken und ich tausche sie mit ihnen aus.

Sich zuerst in sich selbst einzufühlen hilft, sich auch in andere einzufühlen. Dann kann man versuchen, beides unter einen Hut zu bekommen. Oder man stellt fest, dass beides gleichzeitig nicht geht, um dann andere Lösungen zu finden. Es geht darum, Ja zu dem zu sagen, was wirklich für einen selbst, andere und die Situation passt; und Nein zu dem zu sagen, was nicht passt.

„Ich mache, was und wie es für mich stimmt."
„Ich tue/lasse es, wenn es stimmig für mich ist."

„Ich tue/lasse es, wenn es für mich stimmig ist."

Beginnen Sie damit, anderen Leuten Fragen zu stellen; finden sie heraus, was diese wirklich wollen, anstatt nur zu vermuten, was sie möchten.

Sorgen Sie nicht für andere, indem Sie für sie denken. Lassen Sie andere selbst denken und tauschen die Gedanken darüber mit ihnen aus.

Seien Sie öfter nett zu sich selbst und bitten Sie andere um das, was sie möchten.

Üben Sie, anderen Leuten klar zu sagen, wenn Sie etwas „falsch" gemacht haben.

Sagen Sie bewusst Ja zu dem, was für Sie passt.*

Sagen Sie bewusst Nein zu dem, was für Sie nicht passt.*

Tabelle 4-22: Auflösung des „Mach's-recht!"-Antreiber- und Gegenantreiberverhaltens auf der Verhaltensebene nach Hay (1996) und Schneider*

Der Ausstieg aus dem „Mach's-recht"-Antreiber- und Gegenantreiberverhalten gelingt langfristig und nachhaltig durch eine fürsorgliche Haltung den eigenen Empfindungen und Gefühlen, Wünschen und Bedürfnissen gegenüber. Wollen wir andere anregen, aus dem „Mach's-recht!"-Muster auszusteigen, begegnen wir am besten auch ihnen mit einer fürsorglichen Haltung und handeln so, wie es für uns wirklich passt.

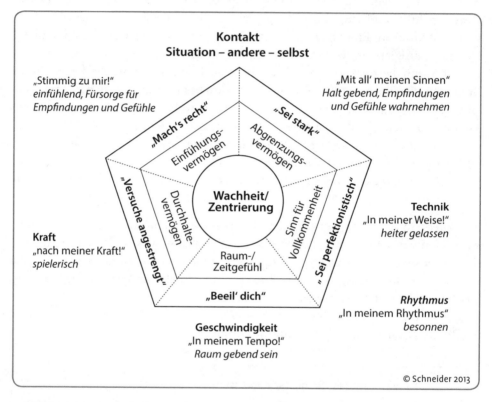

Abbildung 4-23: Dynamisches Handlungspentagon: Fähigkeiten, Antreiber- und Gegenantreiberverhalten und deren Auflösung durch ein anderes Verhalten und eine andere Haltung (kursiv)

4.8.4 Miteinander oder Füreinander?

Als mein Sohn drei Jahre alt war, ging ich mit ihm regelmäßig ins Schwimmbad und lehrte ihn das Schwimmen. Einmal, als wir gerade das Schwimmbad verließen, sprach mich eine Frau an, die ich auch dort mit ihren Kindern gesehen hatte. Sie sagte zu mir: „Ich finde toll, was Sie für Ihren Sohn tun." Ich nahm es gerne zur Kenntnis und merkte, dass ich gleichzeitig über das Wort „für" irritiert war. Ich empfand es ganz einfach nur so, dass ich etwas mit meinem Sohn machte, was mir selbst viel Freude bereitete und ich etwas für mich mit ihm tat. Ich fühlte mich so als Vater mit ihm sehr wohl.

Seitdem merke ich immer wieder, wie sehr mich dieses Wort „für" irritiert und wie häufig, wenig zutreffend und unüberlegt wir sagen, dass wir „für andere etwas tun".

Ein anderes Beispiel:

> Ich wollte im Winter in einer Halle Tennis spielen, die einen gelenkschonenden Belag hatte. Niemand aus meinem Verein hatte dort jemals gespielt und alle waren schon anderweitig orientiert. Wenn ich mir keine körperlichen Probleme zuziehen wollte, konnte ich nur dort spielen. Und ich wollte auch im Winter spielen. Also organisierte ich in dieser Halle eine Winterspielrunde mit zwei Turnieren und drei Trainingseinheiten, bot dies meinen Mitspielerinnen und Mitspielern an und hatte zu meiner eigenen Überraschung mehr Spielerinnen und Spieler, die mit mir in der Winterzeit in dieser Tennishalle spielen wollten, als ich gebraucht hätte. Wir spielten eine tolle Winterrunde und hatten viel Spaß und Freude. Am Abschluss bedankten sich die Mitspielerinnen und Mitspieler mit einem Geschenk und sagten, wie toll sie fanden, was ich für sie gemacht hatte. Ich hatte einfach an mich gedacht und etwas angeboten, wovon ich annahm, dass es auch für die anderen interessant sein könnte, damit sie mit mir spielten. Ich hatte etwas für mich getan, die anderen hatten mitgemacht und es war schön miteinander gewesen.

Ich bin davon überzeugt, dass Menschen natürlicherweise erst einmal an sich selbst denken und dann auch an die anderen und die Umwelt, weil sie sie ja brauchen, um selbst zu überleben oder das Leben zu genießen. Nur wenn wir lernen, uns gut in uns selbst einzufühlen, gelingt uns das letztendlich auch – ein wenig – bei anderen. Für sich selbst etwas zu tun ist nicht zwangsweise egoistisch; und mit anderen etwas zu tun nicht zwangsweise altruistisch. Für sich selbst etwas zu tun kann den Nebeneffekt zeitigen, dass auch andere davon profitieren. Menschen sind Wesen, die auf andere bezogen sind, andere brauchen, also auch mit anderen leben wollen. Dieses Miteinander will allerdings auch gelernt sein.

Die meisten von uns sind so erzogen worden, dass wir erst an andere denken, für andere etwas tun. Ohne es zu wissen haben wir gelernt, die beide Seiten – für andere und für uns – als Gegensätze oder Gegeneinander statt als ein Miteinander zu sehen. Tue ich etwas für mich, tue ich es gegen den anderen. Und andersherum: Tue ich etwas für den andern, tue ich es notgedrungen gegen mich. Eine Folge dieser Wirklichkeitskonstruktion ist, dass Menschen, wenn sie etwas für sich wollen, versuchen, andere zu verändern. Weil sie aber nicht bei sich selbst beginnen, scheitern sie kläglich mit diesem Unterfangen.

Wenn ich meine Arbeit als Coach, Berater, Ausbilder oder Psychotherapeut ausübe, so mache ich dies nicht in erster Linie für andere. Ich mache es zuallererst einmal für mich. Ich befriedige damit meinen Wunsch und mein Bedürfnis, in der Welt etwas zu bewerkstelligen, ich verdiene damit meinen Lebensunterhalt und erfreue mich daran, wenn ich sehe, wie meine Klientinnen und Klienten sich entwickeln und entfalten und ihr Leben genießen. Wenn ich dies gut mache, dann haben auch meine Klienten etwas davon.

Beispiel: Sich selbst und der Familie Gutes tun

Als ich einen Klienten mit drohendem Burnout am Ende der ersten Sitzung fragte, wie es ihm in der Sitzung gegangen sei, sagte er, er sei sehr erleichtert. Er hatte befürchtet, dass ich ihn wegen seines geringen Einsatzes in seiner Familie tadeln würde. Doch nun hatte er etwas ganz anderes erfahren: Statt eines schlechten Gewissens war da nun die Einsicht, dass es zuallererst ihm guttun werde, etwas mit seinen Kindern und seiner Frau zu unternehmen – und davon hätten diese dann auch etwas.

Er hatte davon erzählt, dass er eigentlich auch etwas für seine Familie tun müsste, er diese jedoch vernachlässige. Ich hatte ihn daraufhin einfach nach seinem Befinden gefragt, nach dem, was er gerne täte, wie er sich vorstelle, Vater und Mann zu sein, und hatte ihn – mit dem hier beschriebenen Ansatz – im Gespräch dabei begleitet herauszuarbeiten, wie er sich sein Leben, das Arbeits- und das Privatleben, vorstellt. Am Ende dieses Gespräches fühlte er sich als Mann und Vater ernst genommen und er entwickelte im Laufe eines Jahres sein Berufs- und Privatleben so, dass er sich in beiden Lebensbereichen sehr wohl und erfolgreich fühlte.

Ich nehme an, dass die Überbetonung des Füreinander aus jahrhundertalten staatlichen, kirchlichen und wirtschaftspolitischen Machtinteressen herrührt. Wer Menschen beherrschen will, macht sie von sich abhängig, indem er ihnen solche Wirklichkeitskonstruktionen vermittelt, die Gegensätze schaffen: Kampf und Gegeneinander, eine Einteilung in Gut und Böse. Dann sind die Beherrschten in die so kreierten Kämpfe um ihre tägliche Grundbedürfnisbefriedigung verstrickt und verlieren die Achtung für sich selbst und andere und lassen sich manipulieren. Selbstbewusste, gebildete und selbstsichere Menschen kann man nicht so leicht beherrschen wie Menschen, die nicht gelernt haben, auf sich zu achten, sich selbst und dann auch andere zu achten (siehe dazu auch Kapitel 3.9 über Zuwendung).

4.8.5 Abgrenzungs-, Distanzierungsvermögen

Distanziert sich jemand zu stark von sich selbst und / oder anderen, zeigt er zu diesem Zeitpunkt ein „Sei-stark"-Antreiberverhalten (siehe Abb. 4-21). Gerade bei einem Burnout-Syndrom ist eine zu große Distanz zu den eigenen Bedürfnissen wie auch zu den Bedürfnissen anderer ein wesentliches Verhaltensmerkmal. Gelernt haben Menschen dieses Verhalten schon früh als Säuglinge oder Kinder, wenn ihre Bedürfnisse, Gefühle, Empfindungen, Befindlichkeiten oder Schmerzen regelmäßig nicht beachtet, missachtet oder belächelt wurden: „Ein Indianer kennt keinen Schmerz!", „Beiß die Zähne zusammen!", „Stell dich nicht so an!"

Beispiel:

> Eine Familie ist auf der Rückreise aus dem Urlaub. Nach einem hektischen Frühstück fahren sie im Taxi zum Flughafen. Der fünfjährige Sohn sagt, es sei ihm übel, worauf die Eltern sagen, er solle sich nicht so anstellen. „Mir ist aber wirklich übel." Darauf die Eltern: „Stell dich nicht so an!" Mehr unternehmen sie nicht. Schließlich übergibt der Junge sich im Taxi. Das Geschrei ist groß. Die Eltern schimpfen und drohen ihm, ihn nie wieder in den Urlaub mitzunehmen, wenn er sich so anstellt.

Was ist da abgelaufen? Der Junge wurde nie nach seiner Befindlichkeit gefragt. Die Eltern haben nie Anstalten gemacht herauszufinden, was ihm fehlte, was wirklich los war. Auch bei sich selbst haben die Eltern nicht wahrgenommen, was gut für sie wäre. Sie sind unter Eile und Druck zum Flughafen gehetzt. Für eine ruhige Abreise haben sie sich keine Zeit genommen und haben so die Befindlichkeiten aller Beteiligten vernachlässigt. Wenn sie dieses Verhaltensmuster – Befindlichkeiten nicht zu überprüfen und unüberlegt zu handeln – regelmäßig wiederholen, wird der Junge wahrscheinlich dieses Muster später als Jugendlicher und Erwachsener in Stresssituationen wiederholen.

Überprüfen Sie: Wie sieht es bei Ihnen aus?
Gibt es Situationen, in denen Sie sich nach dem Motto „Sei stark!" verhalten?
Übergehen Sie das Bedürfnis, morgens in Ruhe aufzustehen, zu frühstücken, zur Toilette zu gehen?
Wie ist es bei Ihnen um Pausen bestellt?
Übergehen Sie Schmerzen und Erkrankungen? Meinen Sie, immer da sein zu müssen, und beißen tapfer die Zähne zusammen, wenn zu viele Überstunden anstehen? Nehmen Sie Hilfe für sich in Anspruch oder meinen Sie immer alles alleine hinbekommen zu müssen?

Das Gegenantreiberverhalten von „Sei stark!" besteht in Wehleidigkeit. Wenn ein Kind jammert oder „nängert", sind das die Ansätze dazu. Verhalten wir uns „wehleidig", „theatralisch" oder längerfristig „jammernd", sind wir nicht wirklich in Kontakt mit den Körperempfindungen und Gefühlen. Wir deuten sie nur an und fühlen uns ihnen hilflos ausgeliefert, finden in dem Moment keinen Weg, mit ihnen gut umzugehen, und zeigen das Gegenantreiberverhalten zu „Sei stark". „Das Gegenantreiber-Motto des „Sei-stark!" könnte man auch mit dem Satz zusammenfassen: ‚Mit mir könnt ihr's ja machen!'" (Schmid & Hipp 1998 / 2001, S. 19).

Was hilft, aus dem „Sei-stark!"-Antreiber- und Gegenantreiberverhalten auszusteigen? Sich achtsam den eigenen Empfindungen, Bedürfnissen und Gefühlen zuzuwenden. Der Weg dahin geht über Innehalten und Wahrnehmen. Meist kommen Menschen, die sich gerade nach einem „Sei-stark!"-Muster verhalten, erst durch ein direktes Stoppzeichen oder eine direkte Ansprache anderer mitfühlender Menschen an ihre Empfindungen und Gefühle heran: „Was ist los?" „Was fehlt dir?" „Was brauchst du?" „Was fühlst du?" Oder noch direkter: „Hast du Hunger?" „Hast du Durst?" „Musst du zur Toilette?" „Bist du erschöpft?" „Bist du müde?" „Möchtest du Zuwendung?" „Wo tut es dir weh?" „Worüber ärgerst du dich?" „Worüber bist du traurig?" „Wovor hast du Angst" „Worüber freust du dich?" Oder noch direkter: „Lass deinen Ärger raus!" „Sag, wovor hast du Angst?" Wenn Menschen lernen, ihre Empfindungen und Gefühle zuzulassen, schaffen sie es, aus diesem Muster auszusteigen und all ihre Sinne für sich selbst einzusetzen. Sie nehmen dann ihre Empfindungen, Bedürfnisse und Gefühle bei sich selbst und bei anderen wahr, nehmen sie ernst und begreifen sie als „Spiegelungen erwachter Potenziale", als Schlüssel zu Lösungen (siehe Kapitel 3.14, „Der Ausdruck von Gefühlen").

Wenn Menschen sich im „Sei-stark!"-Antreiberverhalten bewegen, beißen sie die Zähne zusammen und sind „ständig am Machen". Oder sie ziehen sich zurück, arbeiten im Stillen und bitten nicht um Hilfe, auch wenn sie Hilfe bräuchten. Nicht selten begegne ich im Coaching von Führungskräften diesem Thema, wenn sie fragen, wie sie mit einem Mitarbeiter umgehen könnten, bei dem sie gerade festgestellt haben, dass er seit Monaten Arbeit hortet, die er nicht erledigen konnte. Er habe nie um Hilfe gefragt, habe sich diese „Schwäche" nicht eingestehen wollen. Wenn sich jemand im „Sei-Stark!"-Muster verhält, fürchtet er sich davor, Schwäche zu zeigen. Dabei macht ihn gerade das ausgeprägte „Sei-stark!"-Verhalten wirklich schwach. Wer hingegen eine Schwäche eingesteht und um Hilfe bittet, dem wird auch geholfen, er lernt etwas dabei und ist im Endeffekt wirklich stark!

Viele Menschen verblüfft es, dass Gefühle zu zeigen sie weiterbringt und ein Zeichen von Stärke ist. Die Begriffe „Stärke" und „Schwäche" versehe ich bei einem solchen Verhalten erst einmal mit Anführungszeichen. Dann arbeite ich mit ihnen langsam heraus, was Schwäche und Stärke für sie bedeuten und wirklich sind.

Wenn Menschen aus dem Verhalten nach dem Motto „Sei stark!" aussteigen, handeln Sie auf der Grundlage Ihrer eigenen Wahrnehmungen, spüren und genießen. Der formelhafte Satz, den ich meinen Klienten als Hilfsmittel anbiete, lautet (siehe Tab. 4-24):

> **„Ich tue / lasse es mit all meinen Sinnen."**
>
> Arbeiten Sie mit einem Aufgaben- und Zeitbuch, sodass Sie Ihren Arbeitsaufwand abschätzen und im Auge behalten können – und tun Sie das!
>
> Suchen Sie sich eine Arbeit aus, die sie gerne machen.
>
> Bitten (Fragen) Sie andere Leute um Hilfe.
>
> Richten Sie es so ein, dass Sie zumindest in Ihren berufsfreien Zeiten einer Aktivität nachgehen, die Ihnen wirklich Freude bereitet.
>
> Beglückwünschen Sie sich und Ihre Mitarbeiterinnen und Mitarbeiter für Ihre Empfindungen und Gefühle und lassen Sie sich von diesen leiten.
>
> Belohnen Sie sich für erreichte Ziele.

Tabelle 4-24: Auflösung des „Sei-stark!"-Antreiber- und Gegenantreiberverhaltens auf der Verhaltensebene nach Hay 1996 und Schneider

Der langfristige Ausstieg aus „Sei-stark"-Antreiber- und Gegenantreiberverhalten gelingt durch eine auf Empfindungen, Bedürfnisse und Gefühle gerichtete, Halt vermittelnde Zuwendung sich selbst und anderen gegenüber.

Was meine ich mit Halt vermittelnder Zuwendung? Zumindest mit Kindern oder vertrauten Personen nehmen wir, wenn sie Empfindungen und Gefühle zeigen, auch Körperkontakt auf. Außerdem fragen wir natürlich auch nach, was da wirklich ist. Diese zunächst auch körperliche Zuwendung vermittelt Halt und das körperliche Anfassen Fassung. Die Frage und das Interesse „Was ist?", „Was fühlst du?" ermöglicht dem Gegenüber, über die eigenen Empfindungen und Gefühle zu sprechen und führt so zu einem denkerischen Erfassen und sprachlichen Benennen der Empfindungen und Gefühle. (siehe Kapitel 3.14, „Der Ausdruck von Gefühlen").

Diesen Halt kann jemand jedoch nur dann geben, wenn er selbst Halt für die gerade anstehenden Empfindungen und Gefühle gelernt hat, wenn er keine Angst vor dem hat, was kommen wird, wenn er den anderen auffordert zu sagen, was er empfindet oder fühlt. Er ist sich sicher, dass der zum Sprechen Aufgeforderte mit seiner Hilfe Lösungswege finden wird. Um aus dem „Sei-stark!"-Muster aussteigen zu können, braucht man zunächst diese Art der Zuwendung von jemand anderem, um die Empfindungen und Gefühle, die man vermieden hat, schätzen zu lernen. Wenn man dann gelernt hat, sich selbst auf diese Weise Halt zu geben, kann man ihn auch an andere Menschen weitergeben.

Wenn Sie sich noch einmal das „Mach's-recht!"-Antreiberverhalten vor Augen führen, können Sie erkennen, dass es gleichzeitig mit einem „Sei-stark"-Antreiberverhalten einhergeht.

4.8.6 Kraft/Durchhaltevermögen

Ohne Muskelkraft können wir keine Handlung ausführen, weder schauen, noch sprechen, noch einen Ball werfen, schlagen oder einen Bogen spannen. Wenn wir unsere Kraft wohldosiert einsetzen, eine passende Spannung – nicht zu fest und nicht zu locker – aufbauen, in unserem Rhythmus anspannen und wieder entspannen, führen wir Bewegungen fließend und für uns angenehm aus. Wir haben dabei ein Wohlgefühl, empfinden Lust und legen eine große Ausdauer an den Tag. Häufig kommt es jedoch vor, dass Menschen zu viel oder zu wenig Kraft einsetzen, zu angestrengt oder unter ihrem Vermögen – gleichsam Krafteinsatz verweigernd – agieren und so zu keinem befriedigenden Ausgang ihrer Handlung kommen. Sie erzielen keinen Erfolg, „schaffen es nicht".

Verhalten sich Menschen unter diesem inneren Zwang, nennen wir dies ein „Versuche-angestrengt"-Antreiber- oder Gegenantreiberverhalten (siehe Abb. 4-21). Typisch beim „Versuche-angestrengt!"-Verhaltensmuster ist, dass Menschen sich verzetteln, abmühen und sich im Endeffekt kaputt und frustriert fühlen, da sie das angestrebte Ergebnis nicht ganz oder gar nicht erreicht haben. Die Art der Überanstrengung lässt sich sehr schön am Ballspielen verdeutlichen. Wenn man einen Ball (beim Tennis, Golf, Squash etc.) schlägt, stellt man fest: Sobald man zu viel Kraft einsetzt, sich verkrampft oder aber zu wenig Kraft einsetzt, zu locker ist, trifft man den Ball nicht richtig und er fliegt nicht dorthin, wohin man ihn hinschlagen wollte. Durch zu viel oder zu wenig Energieeinsatz hat man einen Misserfolg erzielt.

In Zusammenhang mit diesem Verhaltensmuster fällt oft das Wort „versuchen". Dabei handelt es sich jedoch um sinnlose Versuche, die zu keinem Ergebnis führen, und nicht um Versuche im Sinne von ausprobieren und herausfinden, wie etwas klappt.

Beispiel: Die Wiedereingliederung

Am Ende des ersten Gespräches fragte mich Herr P., der wegen eines Burnout-Syndroms arbeitsunfähig geworden war, was ich davon hielte, eine erneute Wiedereingliederung zu versuchen. Ich entgegnete ihm, dass ich noch zu wenig Information über seine Arbeitssituation hätte, um das einschätzen zu können, und merkte, während ich dies sagte, dass er auf dem Stuhl nach vorne gerückt war, seine Hände zu Fäusten geballt und seine Stirn gerunzelt. Ich hatte das Wort „versuchen" gehört und erinnerte mich, dass er mir am Anfang des Gespräches bereits von einem misslungenen Wiedereingliederungsversuch erzählt hatte. Daraufhin fragte ich ihn, ob er sich denn sicher sei, dass er jetzt in der Wiedereingliederung erfolgreich sein würde?

Er stutzte, setzte sich auf dem Stuhl zurück und sagte ganz spontan: „Ich glaube nicht!" Ich fragte ihn weiter, welche Folgen ein erneutes Scheitern für ihn und den Betrieb haben würde. Ihm wurde klar, dass er vor sich selbst und dem Betrieb als unfähig und krank daste-hen, in seinem Ansehen als Meister einen Verlust erleiden und dass auch der Betrieb durch seinen weiteren Arbeitsausfall Schaden davontragen würde. Er kam mit mir überein, dass er zunächst all das tue und lasse, was ihm jetzt helfe, wieder voll arbeitsfähig zu werden. Eine Wiedereingliederung würde er erst dann wieder in Angriff nehmen, wenn er sich sicher sei, diese erfolgreich durchzuführen. Sichtlich erleichtert verabschiedete er sich aus dem Ge-spräch. Beim einem nächsten Gespräch berichtete er mir, dass ihm nach unserem ersten Ge-spräch aufgefallen sei, dass er neben der Voraussetzung, selbst wieder voll fit zu sein, auch nur dann im Betrieb wirklich langfristig erfolgreich sein könne, wenn seine Abteilung zwei Mitarbeiter einstelle, die die Arbeit erledigten, die er in der Vergangenheit schon immer zu erledigen versucht habe und beim genauen Hinsehen sowieso nie schaffen könne. Er sprach mit den zuständigen Personen im Betrieb und begann fünf Wochen später mit zwei neuen Mitarbeitern in seiner Abteilung die Wiedereingliederung und schloss sie erfolgreich ab.

Als er seine Wiedereingliederung begann, lag mein besonderes Augenmerk darauf, ihn dafür zu sensibilisieren,

> (nur) das zu tun, was in seiner Zuständigkeit lag,
> alles andere zu delegieren oder es mit einer eindeutigen Information als „unter den ge-gebenen Arbeitsbedingungen" nicht machbar zurückzugeben,
> nicht mehr zu tun, als in seiner Kraft lag
> und gezielt Pausen zu machen.

Er verstand sehr schnell, wieder mit Freude zu arbeiten, ernsthaft und spielerisch leicht sei-nen Beruf auszuüben und dabei erfolgreich zu sein. Immer wieder erlebte er kurze Rückfälle in alte Verhaltensmuster. Es gelang ihm jedoch von Mal zu Mal besser, aus diesen auszustei-gen. Dabei half ihm sehr, immer wieder innezuhalten und sich zu besinnen, indem er sich mit mir und „Weggefährtinnen und Weggefährten" in der Gruppe austauschte.

Je mehr jemand angestrengt versucht, etwas hinzubekommen, umso mehr treibt er sich, ohne es zu wollen, dem Misserfolg entgegen. Ein Teufelskreis! Die Überanstren-gung oder die Verweigerung des Krafteinsatzes stellen den Versuch dar, dem Miss-erfolg zu entkommen. Doch genau auf diese Weise treibt man sich dem Misserfolg entgegen.

Das „Versuche-angestrengt!"-Antreiber- und Gegenantreiberverhalten beinhaltet gleichzeitig ein Verhalten nach dem Motto „Sei stark!" Eigene und auch Empfin-dungen, Gefühle, Gedanken und Handlungsimpulse anderer werden während des überanstrengten Verhaltens unterdrückt. Gleichzeitig kann auch ein Verhalten nach dem Motto „Mach's recht!" beteiligt sein, wenn sich jemand unreflektiert „anderen zuliebe" anstrengt. Der gerade genannte Patient berichtete: „Ich war immer für an-dere da, und das nicht nur im Betrieb, sondern auch im Dorf."

Die Auflösung des „Versuche-angestrengt!"-Antreiber- und Gegenantreiberverhal-tens beginnt damit, dass man lernt, seine Kraft wohldosiert einzusetzen und Pausen zu machen, wenn man erschöpft ist. Sagen Sie zu sich oder anderen: „Es ist genug!", wenn Sie fertig sind, und genießen Sie, was Sie gerade getan haben. Menschen, die gerade in einem „Versuche-angestrengt!"-Muster arbeiten, haben einen Gipfel erklommen und gehen direkt zum nächsten Gipfel weiter, ohne ein Bergfest zu feiern. Sie schätzen das Erreichte nicht und erleben dadurch keine Erfolgserlebnisse. Oder sie strengen sich so sehr an, dass sie das Ziel erst gar nicht erreichen. Um sich nicht zu verzetteln und den Berg zu schaffen, ist es hilfreich, bei größeren Aufgaben oder wenn gerade viel anliegt, aufzuschreiben, was zu tun ist und den Berg Schritt für Schritt zu erklimmen: Prioritäten setzen, auswählen, abgeben, was nicht zu machen ist; erwachsen werden, erfolgreich sein und einen Platz unter den Menschen haben.

Beispiel: Wie kehrt man eine lange Straße?

„Momo wundert sich, wie ihr Freund Beppo, der Straßenkehrer, es schafft, so lange Straßen zu kehren. ‚Wenn er so die Straßen kehrte, tat er es langsam, aber stetig: Bei jedem Schritt einen Atemzug und bei jedem Atemzug einen Besenstrich. Schritt – Atemzug – Besenstrich. Schritt – Atemzug – Besenstrich. Dazwischen blieb er manchmal ein Weilchen stehen und blickte nachdenklich vor sich hin. Und dann ging er weiter – Schritt – Atemzug – Besenstrich – – –.' Momo erklärte er: ‚Es ist so: Manchmal hat man eine sehr lange Straße vor sich. Man denkt, die ist so schrecklich lang; das kann man niemals schaffen, denkt man.' Er blickte eine Weile schweigend vor sich hin, dann fuhr er fort: ‚Und dann fängt man an sich zu eilen. Und man eilt sich immer mehr. Jedes Mal, wenn man aufblickt, sieht man, dass es gar nicht weniger wird, was noch vor einem liegt. Und man strengt sich noch mehr an, man kriegt es mit der Angst und am Schluss ist man ganz außer Puste und kann nicht mehr. Und die Straße liegt immer noch vor einem. So darf man es nicht machen.'

Er dachte einige Zeit nach. Dann sprach er weiter: ‚Man darf nie[32] an die ganze Straße auf einmal denken, verstehst du? Man muss nur an den nächsten Schritt denken, an den nächsten Atemzug, an den nächsten Besenstrich. Und immer wieder nur an den nächsten.'

Wieder hielt er inne und überlegte, ehe er hinzufügte: ‚Dann macht es Freude; das ist wichtig, dann macht man seine Sache gut. Und so soll es sein.'

Und abermals nach einer langen Pause fuhr er fort: ‚Auf einmal merkt man, dass man Schritt für Schritt die ganze Straße gemacht hat'" (Ende 1973, S. 36 f.)

„Ein Schritt nach dem anderen!" oder „Rom ist nicht an einem Tag erbaut worden!" sind Sprichwörter, die in diesen Zusammenhang passen. Ich fasse die Auflösung des „Versuche-angestrengt!"-Verhaltens mit dem Satz zusammen:

„Ich tue / lasse es, entsprechend meiner Kraft." (siehe Tab 4-25)

---

32 Am Anfang, wenn man das Ziel ins Auge fasst, darf man aus meiner Sicht an die ganze Straße denken; danach geht es Schritt für Schritt!

Erstellen Sie eine Liste ihrer Aufgaben oder Vorhaben.*

Wählen Sie aus, was machbar ist und was nicht.*

Setzen Sie Prioritäten.*

Machen Sie Pläne, die den (erfolgreichen) Abschluss einer Aufgabe beinhalten.

Finden Sie die Teilaspekte einer Aufgabe heraus, indem Sie nachfragen, sodass Sie wirklich nur das tun, was eindeutig erwartet wird.

Hören Sie auf, (zu viele) Dinge freiwillig zu tun und (zu viele) ehrenamtliche Jobs zu machen.*

Üben Sie sich darin, spielerisch zu handeln.*

Tabelle 4-25: Auflösung des „Versuche-angestrengt!"-Antreiber- und Gegenantreiberverhaltens auf der Verhaltensebene nach Hay (1996) und Schneider*

Beispiel: Wohldosierte Kraft beim Golfen

Ich kam eines Tages ganz frustriert zum Golfunterricht, meine Bälle flogen nicht mehr, wie ich es kannte. Mein Golflehrer schaute sich meine Schwünge an, dann nahm er mich auf Video auf und zeigte mir, wie ich spielte. „Schau, du haust drauf wie ein Berserker, kein Wunder, dass deine Bälle nicht so fliegen, wie du es möchtest. Und schau mal in dein Gesicht, es wirkt ganz verbissen und angestrengt."

Dann zeigte er mir eine Übung: „Stell dir den Einsatz deiner Kraft auf einer Skala von 0 bis 10 vor. Nimm deinen Schläger in die Hand und achte darauf, wie fest du ihn greifst. So, wie du jetzt gerade draufgehauen hast, das legen wir als Stärke 10 fest. Als 0 legen wir fest, wenn dir der Schläger aus der Hand fällt." Dann ließ er mich mit verschiedenen Greifstärken den Schläger schwingen. Er sagte verschiedene Stärken an und ich schwang. Ich war überrascht, wie schnell und wie genau ich die Kraft dosieren konnte, und stellte fest, dass der Ball am besten flog, wenn ich mit 5 ausholte und mit 7 durchschwang. Erstaunlich, mit wie wenig Aufwand der Ball weit und wunschgemäß flog. Erleichtert und froh beendete ich die Stunde.

Zwei Jahre später gab der Lehrer mir die Übung, beim Schwingen auf die Spannung in meinem Kiefer und in den Mundwinkeln zu achten, sie angenehm „locker" zu lassen und mein Ein- und Ausatmen beim Ausholen und Durchschwingen zu spüren.

Übung: Mit Spannung experimentieren

Ich gebe meinen Klienten diese Kraftdosierungsübung in verschiedensten Abwandlungen mit auf den Weg, um herauszufinden, wie sie ihre Kraft am besten einsetzen und wie sie spielerisch leicht und ernsthaft etwas tun und lassen können. Sie können diese Übung auch ganz einfach mit den Fäusten machen: 10 wären ganz fest geballte Fäuste, dass die Knöchel weiß hervortreten; 0 wäre, die Hände und Finger ganz locker hängen zu lassen. Sie können einen kleinen Ball in die Hände nehmen, einen Stab oder Stock. Sie können bei einer Tätigkeit, bei der sie sich anstrengen, auf Ihre Körperspannung achten oder auch nur auf Ihre Gesichtsmuskulatur und herausfinden, mit welcher Spannung es Ihnen am besten von der Hand geht und Sie sich am wohlsten fühlen.

Über diese Spannungsübungen kommen wir zum Kern des Anstrengungsthemas. Langfristig auflösen lässt sich ein „Versuche-angestrengt!"-Muster durch eine spielerische Haltung. Beobachten Sie ein dreijähriges Kind. Was es tut, spielt es. Gestimmt sein und Begehren (Moor 1971, S. 23), Gefühl und Tat sind im Einklang. Spiel ist lustvoll und ernsthaft zugleich. Im Laufe der weiteren Entwicklung lernen Kinder, Gefühl und Tun, Fühlen und Denken voneinander zu unterscheiden, und manchmal leider auch, sie vollständig voneinander zu trennen. Sprüche wie: „Das Leben ist kein Wunschkonzert, streng dich an!", „Kopf oder Bauch!", „Lass den Bauch weg, denke!", „Wenn man fühlt, kann man nicht denken!", „Denken oder Fühlen!" zeitigen ihre Wirkung.

Wenn Tat und Gefühl nicht mehr miteinander verbunden sind, wird es im Sinne eines Antreiberverhaltens anstrengend. Menschen bewegen sich in ihrem angestrengten Tun, bis hin zu einem Extremmuster von „Alles oder nichts". Sie strengen sich an und wollen alles, nur Tun zählt noch. Wenn sie dann vor lauter Erschöpfung nicht mehr tun können und scheitern, fürchten sie sich vor dem Nichts. Denn das Nichts zählt ja in ihrem Wertesystem nichts. Und im Nichts tauchen alle über die ganze Zeit abgewehrten Empfindungen und Gefühle wieder auf. Sie fürchten sich vor ihnen, weil sie sie nicht mehr wirklich kennen und mit ihnen nicht wirklich umzugehen gelernt haben. Doch auch wenn es manchmal fachkundiger Hilfe bedarf: Es gelingt, seine Gefühle und sich wieder zu spüren, wieder innere Bilder zu entwickeln und auch als Erwachsene wieder zu spielen, spielerisch zu handeln, Gefühl und Tat miteinander zu verbinden und zu sein.

Es gibt verschiedene Versionen der Schöpfungsgeschichte. Diejenige, auf die sich die meisten Menschen in unserer Kultur beziehen, lautet zusammengefasst: „Im Schweiße deines Angesichtes sollst du dein Brot essen!"

Eine andere lautet: „Gott schuf den Menschen und er spielte auf dem Erdkreis vor ihm."

Die nachhaltige Auflösung eines „Versuche-angestrengt"-Antreiber- und Gegenantreiberverhaltens besteht darin, nach den eigenen Kräften und Möglichkeiten zu handeln, sich auf das Wesentliche und das Machbare zu konzentrieren und eine spielerische[33] Haltung einzunehmen. In dem Lied „Nehmt Abschied, Brüder" lautet die letzte Strophe:

„Nehmt Abschied, Brüder, schließt den Kreis!
Das Leben ist ein Spiel;
und wer es recht zu spielen weiß,
gelangt ans große Ziel!"[34]

4.8.7 Geschicklichkeit / Sinn für Ganzheit und Vollkommenheit

Um eine Handlung erfolgreich zu gestalten, brauchen wir einen Sinn dafür, wie etwas gut, ganz und vollkommen ist. Bei einer Architektin beispielsweise finden sich ihre gut entwickelte visuelle Vorstellungskraft und ihr Gefühl für das, was schön ist, in von ihr entworfenen Gebäuden wieder. Oder wenn ein Arzt in seinem Beruf nach Perfektion strebt, ist das für den Gesundungsprozess der Patienten segensreich.

Wenn ich eine Vorstellung davon entwickle, wie ich meinen Ball fliegen lassen möchte und wo er landen soll, wenn ich einen gesunden Ehrgeiz entwickle, das zu bewerkstelligen, entwickle ich im Laufe dieses Strebens nach Ganzheit und Vollkommenheit Fertigkeiten, Techniken und eine Geschicklichkeit, mit der ich dieses Ziel erreiche und mich an der Schönheit der Bewegung und des Ergebnisses erfreue.

Tatsache ist jedoch, dass wir nicht immer das erreichen, was wir möchten, oder es nicht genauso realisieren können, wie wir uns das vorgestellt hatten. Unvorhergesehene Einflüsse und Veränderungen bei und in uns selbst, bei anderen Beteiligten und den Umgebungsbedingungen spielen hierbei eine Rolle. Außerdem machen wir und andere auch Fehler. Immer wieder sind wir mit unserer eigenen Unvollkommenheit konfrontiert, genauso wie mit der anderer Menschen oder nicht immer ganz perfekten Bedingungen.

---

33 Unter spielerisch verstehe ich eine Form des Handelns, die sich durch Bewusstheit und Ernsthaftigkeit auszeichnet und mit Empfindungen, Gefühlen und inneren Bildern verbunden ist.

34 Dies ist der Text aus dem Alojado Liederarchiv. Es gibt interessanterweise auch Texte, die verändert sind: „Das Leben ist kein Spiel. Nur wer es recht zu leben weiß, gelangt ans große Ziel!"(golyr.de)

Wie gehen wir mit Unvollkommenheit und mit Fehlern um?

Wir wachsen und reifen, wenn wir unsere Unvollkommenheit und unsere Fehler annehmen und aus ihnen lernen. Verzeihen wir uns und anderen Menschen Fehler und geben uns und anderen die Möglichkeit, daraus zu lernen, lassen wir uns auf natürliche Entwicklungsprozesse ein. Anerkennen wir Fehler und Unvollkommenheiten nicht und meinen, andere oder die Welt seien nur in Ordnung, wenn sie immer perfekt sind, agieren wir im Antreiberverhalten „Sei perfektionistisch!" oder „Sei immer perfekt!"

Beispiel: Nicht delegieren können

Frau L. hatte vor einigen Jahren nach sehr erfolgreicher angestellter Tätigkeit ihre eigene Firma gegründet, die schnell gewachsen war und florierte. Frau L. freute sich über ihren Erfolg, geriet aber zunehmend in eine Erschöpfung. Sie erlaubte sich kaum noch Zeit für ihre privaten Interessen und hatte das Gefühl, immer erst diverse Dinge erledigen zu müssen, bevor sie sich für sich selbst Zeit nehmen könne. Im Grunde erreichte sie diesen Zustand nie, denn immer gab es etwas, das erledigt werden musste, da die anderen das nicht genauso gut konnten wie sie. Als sie völlig erschöpft war, kam sie zu mir. Ihr wurde klar, dass sie Mühe hatte, anderen Dinge zu überlassen und abzugeben, weil sie Angst hatte, die Kontrolle über das Geschäft zu verlieren. Ihr Sinn für Ganzheit und Vollkommenheit war sehr gut ausgeprägt und jetzt war sie an die Stelle ihrer Entwicklung gekommen, wo sie lernen konnte – sie sagte zunächst „musste" –, diese Begabung zu erkennen und sie wohl zu dosieren.

Nachdem Motto „Sei perfektionistisch!" verhalten sich Menschen sich selbst und anderen gegenüber in verschiedensten Formen kontrollierend, überkritisch und nörglerisch. Sie haben Schwierigkeiten abzugeben und machen am liebsten alles selbst, weil sie dann „wissen, dass es richtig gemacht ist". Manche werden mit einem Projekt nicht fertig, weil sie immer wieder etwas finden, was noch verbessert werden könnte, wobei sie gleichzeitig in ein „Versuche-angestrengt!"- und ein „Sei-stark!"-Muster geraten.

Das Streben nach Perfektion mit dem dahinter liegenden Sinn für Vollkommenheit, ist eine wunderbare Begabung und Leidenschaft. Menschen verkehren diese Leidenschaft jedoch in Leid, wenn sie von sich oder anderen verlangen, immer perfekte Ergebnisse erreichen zu müssen. Perfektion ist möglich – ab und zu, und sei es in fraktalen Teilen eines großen Ganzen.

Wenn ich bei zehn Schüssen einmal genau in die Mitte der Scheibe treffe, dann ist mir dieser eine Schuss perfekt gelungen; die anderen neun Schüsse waren alle (nur) Annäherungen an diese Perfektion. Wenn ich in zehn Würfen einmal in einem vollkommenen Bogen und in einer fließenden rhythmischen Bewegung den Ball in den

Korb versenkt habe, dann ist mir dieser eine Wurf perfekt gelungen; die anderen neun waren mehr oder weniger gute Annäherungen an die Perfektion.

Hadere ich wegen der Fehler mit mir oder anderen zu lange, analysiere die Fehler nicht und ziehe daraus keine Schlüsse für mein Handeln, werde ich zum Krittler und Griesgram. Entwickle ich jedoch die Demut, Dinge und Handlungen, auf die ich keinen Einfluss habe, so zu sehen und so zu lassen, wie sie gerade sind, und erfreue mich am Spiel, reife ich weiter in meiner Perfektion und finde zu einer „heiteren Gelassenheit".[35]

Das Gegenantreiberverhalten zu „Sei perfektionistisch!" sehen wir, wenn Menschen nach Fehlversuchen ganz aufgeben, „die Flinte ins Korn werfen" und eventuell noch darüber klagen, ein „verkanntes Genie" zu sein.

Stimmige Perfektion braucht das Zusammenspiel aller hier dargestellten Grundfähigkeiten: Zentrierung, Kontakt, Kraft, Geschicklichkeit, Raum-Zeit-Gefühl und Koordination. Der Ausstieg aus der „Sei-perfektionistisch!"-Dynamik gelingt über Denken, Nachdenken, das Anerkennen von Fehlern und insbesondere dadurch, dass wir die Fähigkeit und Begabung, Vollkommenheit zu ahnen, von der Umsetzung der gedachten Vollkommenheit in die Realität (die Handlung, die Tat selbst) unterscheiden. Tägliche Gelassenheits- und Demutsübungen ebnen den Weg dafür, das Talent zu genießen.

Was ist eine Demutsübung?

Eine Frau ist zu einem Fest eingeladen und betritt froh gelaunt den festlich geschmückten Raum. Ihr fällt sofort auf, wie unvollkommen der Raum wirkt. Die Farben sind nicht gut abgestimmt, es gibt viel zu viele verschiedenartige Möbel, die Tischdekoration wirkt lieblos dahingestellt, die Musik ist zu laut und schräg, das Ganze wirkt unharmonisch. Sie fühlt sich unwohl und würde am liebsten den Zuständigen sagen, sie könnten es doch so und so machen und dann würde es gut aussehen. Sie ist nun aber zum Fest eingeladen, die anderen Gäste sind auch schon da, die Leute, die sie eingeladen haben, mag sie gerne und sie möchte mit ihnen ein schönes Fest feiern. Also, was macht sie? Nach einigen inneren Kämpfen und dem Bewusstwerden ihrer inneren Vorgänge entschließt sie sich, sich mit der jetzt nicht mehr veränderbaren Unvollkommenheit abzufinden, entscheidet sich, sich heiterer Gelassenheit zu üben und feiert mit ihren Freunden ein schönes Fest.

Aufhören perfektionistisch zu handeln bedeutet, aus Fehlern zu lernen und Dinge auf die eigene Art und Weise zu machen und / oder zu lassen (siehe Tab. 4-26):

---

35 Begriff aus dem Enneagramm für die Auflösung der Typ-1-Dynamik (Gündel 1997, S. 89).

„Ich tue / lasse es auf meine Weise."

Wertschätzen Sie den Sinn für Vollkommenheit als Begabung.*

Unterscheiden Sie das perfekt definierte Ziel von der Durchführung, die nur ab und zu und in einzelnen Teilen perfekt erreicht werden kann.*

Setzen Sie realistische Standards für die Durchführung und Genauigkeit.

Üben Sie sich zu fragen, welches wirklich die Konsequenzen aus Fehlern sind. Üben Sie dies, wann immer Sie einen Fehler finden.

Machen Sie anderen klar, dass ihre Fehler nicht schlimm sind, dass Sie aus Fehlern lernen.

Üben Sie sich darin, sich selbst und anderen bedingungslose Zuwendung zu geben und solche anzunehmen.*

Erholen Sie sich in der Natur.*

Tabelle 4-26: *Auflösung* des „Sei-perfektionistisch!"-Antreiber- und Gegenantreiberverhaltens auf der Verhaltensebene nach Hay 1996 und Schneider*

Menschen, die sich perfektionistisch verhalten, haben häufig in ihrer Kindheit oder später im Leben erfahren, nur bei Leistung und Engagement beachtet zu werden, und / oder haben das Gefühl, nur dadurch eine Lebensberechtigung zu haben, dass sie etwas tun und leisten. Ihre Erfahrungen ranken sich um die Sätze: „Du genügst nicht!", „Du bist nicht gut genug!", „Du könntest (immer) noch viel besser sein!" Häufig habe ich gesehen, dass Menschen mit einem überzogenen „Sei-Perfekt!"-Anspruch ein Vater fehlte, der sie als Kinder, Jugendliche und junge Erwachsene begeistert und realistisch in ihrem Handeln begleitet hat. Vielleicht waren diese fehlenden Väter nicht dazu in der Lage, die notwendige Unterstützung zu geben; vielleicht haben sie sehr früh die Familie verlassen, sind gestorben oder waren überhaupt gar nicht erst da. Die unter diesen Bedingungen aufgewachsenen Kinder haben dadurch keine bedingungslose Anerkennung und Nähe erlebt und das Genießen nicht gelernt. Sie haben entweder nicht gelernt, Spaß zu haben, oder auch, nicht dazuzugehören (Kahler 2008, S. 168).

Menschen, die einen überaus stark ausgeprägten Sinn für Vollkommenheit haben, können sich übrigens in der freien Natur am besten erholen. Warum? An der Schöpfung müssen sie nichts verändern, sie können sie einfach so lassen, wie sie ist. Sie können den Anblick des Berges, den Zug der Vögel, das Rauschen der Bäume, das Gurgeln des Baches, die Wärme der Sonne, den Duft der Blumen, den Geschmack des Windes einfach (nur) genießen.

Der langfristige Ausstieg aus dem „Sei-perfektionistisch"-Antreiber und Gegenantreiberverhalten gelingt durch heitere Gelassenheit, eine individuelle Demutshaltung, selbst in aller Unvollkommenheit ganz und Teil eines größeren Ganzen zu sein (siehe Tab. 4-26).

4.8.8 Geschwindigkeit / Raum-Zeit-Gefühl

Um eine Handlung durchzuführen, brauchen wir einen einfühlsamen Umgang mit Raum und Zeit, ein Gefühl dafür, wie wir uns selbst oder Gegenstände in einer von uns gewählten Geschwindigkeit im Raum bewegen. Wenn ich jemandem sehr schnell den Ball zuwerfe, auch wenn ich mit ihm schon Kontakt aufgenommen habe, ist die Wahrscheinlichkeit, dass er ihn fängt, wesentlich niedriger, als wenn ich ihm den Ball langsam in einem hohen Bogen zuwerfe. Wenn ich keinen Kontakt aufgenommen habe, kann er ihn sowieso nicht fangen. Das ist sowieso ein interessantes Phänomen: Menschen beklagen sich, man hätte sie nicht gehört oder der andere habe das Gesagte vergessen. Schaut man genauer hin, haben sie gar keinen Kontakt hergestellt, bevor sie etwas gesagt haben.

Das Gefühl für Raum und Zeit, die passende Geschwindigkeit, verbunden mit dem Kontakt, dem angemessenen Krafteinsatz und der stimmigen Technik ergeben den Rhythmus einer Handlung (Abb. 4-20). Je besser wir auf uns selbst und mit anderen aufeinander eingespielt sind, umso mehr können wir die Geschwindigkeit erhöhen, langsamer und schneller werden, ohne aus dem Rhythmus zu geraten.

Menschen, die sich unter Druck zwanghaft beeilen oder sich verweigern, indem sie sich ganz langsam oder gar nicht bewegen, zeigen ein „Beeil-dich!"-Antreiber- oder Gegenantreiberverhalten.

„Ich muss noch mal ganz schnell ...", „Ich mach noch ganz kurz ..." hören wir häufig von Menschen, wenn sie sich beeilen. Allerdings unterlaufen ihnen dann meistens Fehler. Ein Kellner beispielsweise, der hektisch durch die Gegend läuft, verschüttet in der Regel etwas, der Kaffee wird mit Pfütze serviert oder die Suppe landet im Ausschnitt des Gastes. Es geht nun nicht darum, nicht schnell zu sein, es geht darum, die Geschwindigkeit bewusst zu steuern und den Gegebenheiten anzupassen. Wenn die Feuerwehr ausrückt, ist eine hohe Geschwindigkeit wichtig. Wenn der Fahrer des Löschfahrzeuges allerdings in einem „Beeil-dich!"-Antreiberverhalten losfährt, merkt er vielleicht erst an der Brandstelle, dass er die anderen Feuerwehrleute gar nicht an Bord hat. Bei aller Eile braucht es Bewusstheit und Umsicht, um wirkungsvoll schnell zu sein.

Woran erkennen wir ein „Beeil-dich!"-Antreiberverhalten? Meistens an unserer Atmung; wir atmen schnell und flach und holen zwischendurch kurz Luft. Bei dieser Zäsur kann uns das Muster auffallen. Oder wir merken, wie wir Luft holen, wenn wir versuchen jemandem zu folgen, der sich gerade im „Beeil-dich!"-Antreiberverhalten befindet, und beginnen, uns ebenfalls zu beeilen.

Beispiel: Schritt für Schritt gehen und erholt ankommen

Ich war in Hamburg zu Fuß von einem Kunden zum anderen unterwegs, als ich bemerkte, dass ich viel schneller ging als alle anderen Fußgänger, ich rannte. Ich hatte nur 500 Meter Wegstrecke von der einen Seite der Binnenalster bis zum nächsten Kunden auf der anderen Seite der Binnenalster zurückzulegen und dafür eine halbe Stunde Zeit. Ich registrierte mein Rennen und Keuchen und dachte in diesem Moment: „Was mache ich denn bloß?" Ironisch mir zuzwinkernd dachte ich: „Ich muss noch viel schneller laufen!", hielt inne, verlangsamte meine Schritte und ging bewusst Schritt für Schritt, meine Fußsohlen auf dem Straßenbelag abrollend, die frische Luft und den Wind auf der Haut spürend und den wunderschönen Blick auf die Alster und die Fontäne genießend weiter. Am anderen Ende der Alster kaufte ich mir einen frisch gepressten Orangensaft und ein Gebäckstück, genoss die warme Sommerluft und ging dann ruhigen Schrittes, erfrischt und erholt zu meinem Kunden.

Manchmal merken wir leider dieses zwanghafte Beeilen erst dann, wenn wir völlig außer Atem sind, uns die Zunge auf dem Boden hängt und wenn wir zu alledem doch nicht geschafft haben, was wir eigentlich wollten. Wir haben uns sinnlos abgehetzt, beeilt. Und wir stellen – wie in meinem Beispiel oben deutlich nachvollziehbar – fest: Während wir uns so beeilen, spüren wir nicht hin, wir empfinden und fühlen in diesem Moment nicht. Wir denken während des Beeilens nicht frei, wir denken gar nicht und wenn, dann in festen Gedankenmustern. Diese Feststellung gilt übrigens für alle Antreiber- und Gegenantreiberverhalten.

Wie lernen wir ein „Beeil-dich!"-Antreiber- und Gegenantreiberverhalten? Welche frühen hinderlichen Erfahrungen (Einschärfungen) liegen diesem Verhalten zugrunde? Eine für mich sehr einleuchtende entwicklungsgeschichtliche Erklärung ist folgende: Kinder sind sehr mitteilsam und teilen zunächst ganz frei ihre Gefühle und Gedanken mit. Im Alter von vier bis fünf Jahren ist die Flut ihrer Gedanken so groß, dass sich ihre Worte förmlich überschlagen. So zeigen sie in diesem Alter manchmal ein normales physiologisches Stottern. Für den weiteren Fortgang ist nun von entscheidender Bedeutung, wie die versorgenden Personen mit der Gedanken- und Redeflut der Kinder umgehen. Nehmen sie sich Zeit zuzuhören und fragen nach, bis sie die Kinder verstanden haben, lässt das schnelle Sprechen allmählich nach. Nehmen sie sich keine Zeit oder brechen den Kontakt ab oder fordern die Kinder auf, sich zu beeilen, reden sie noch schneller und enden im Glauben, schnell reden zu müssen, um gehört zu werden. Sie werden dann zwar gehört, aber nicht verstanden. So etabliert sich ein „Beeil-dich!"-Verhaltensmuster im Sinne von: „Ich werde nur wahrgenommen, wenn ich mich beeile." Oder die Kinder resignieren, ziehen sich zurück, machen alles mit sich selbst ab und leben zeitweise in ihrer Traumwelt. Zu den Empfindungen, Gefühlen und Fantasien werden so keine Worte, keine Sprache und kein zwischenmenschlicher Ausdruck entwickelt.

Der Ausstieg aus dem Beeil-dich-Antreiber- und Gegenantreiberverhalten wird durch folgende Haltung und das entsprechende Verhalten eingeleitet:

Ich bin da. Ich nehme / gebe mir Raum und Zeit.
Ich empfinde, was ich gerade empfinde, ich fühle, was ich gerade fühle, ich mache, was ich gerade mache, jetzt und in meinem Tempo.

Auf andere bezogen:
Ich höre dir zu. Ich nehme mir Zeit mit dir. Ich interessiere mich für dich, deine Empfindungen, Gefühle, Gedanken und Taten.
Und wenn ich etwas nicht verstehe, frage ich nach.

ÜBUNG

Das Tempo verändern

Diese Haltung können Sie üben, wenn jemand mit Ihnen aus einem Beeil-dich-Antreiberverhalten heraus spricht: Achten Sie darauf, ob und dass Sie den anderen wirklich verstehen. Unterbrechen Sie ihn taktvoll, sobald Sie etwas nicht verstanden haben, und stellen ihm Verständnisfragen. Bleiben Sie dran, bis Sie ihn verstanden haben. Sie werden sehen, dass Sie und Ihr Gegenüber das Tempo verändern und Sie einen ganz anderen Kontakt herstellen. Wenn Sie aus dem Beeilen aussteigen wollen, ist es sehr hilfreich, auf Ihre Atmung zu achten. Insbesondere auszuatmen ist wichtig und Ihre Füße auf dem Boden zu spüren, wie ich es oben in meinem Beispiel beschrieben habe. Erinnern Sie sich an Beppo, den Straßenkehrer? Schritt – Atemzug – Besenstrich ... Schritt – Atemzug – Besenstrich ... Schritt – Atemzug – Besenstrich ...

Wenn Sie auf einem Stuhl sitzen, erden Sie sich. Setzen Sie sich so, dass Sie aufrecht mit erhobenem Haupt sitzen und die Füße am Boden, Ihren Po auf der Sitzfläche und den Rücken an der Stuhllehne spüren. Wenn Sie gehen, spielen Sie einfach einmal mit verschiedenen Geschwindigkeiten. Probieren Sie aus, welche Geschwindigkeit für Sie unangenehm und welche angenehm ist. Gehen Sie mit jemandem anderen, lassen Sie den anderen, wenn er sich beeilt, einfach einmal laufen und gehen Sie ganz bewusst Ihr zu Ihnen jetzt gerade passendes Tempo. Wenn er Sie dann anspricht, dass Sie trödeln oder nicht nachkommen, sagen Sie ihm, dass das Ihr passendes Tempo sei und Sie es schön fänden, wenn er sich Ihnen anschließen würde. Beobachten Sie aufmerksam, was dann passiert!

Der Ausstieg aus dem „Beeil-dich!"-Verhaltensmuster lautet:

> **„Ich tue / lasse es in meinem Tempo."**
>
> Planen Sie ihre Arbeit in Etappen, legen Sie Zeitpunkte mit Zwischenzielen fest.
>
> Machen Sie bewusst – spätestens nach 90 Minuten – eine Pause.
>
> Konzentrieren Sie sich darauf, anderen so lange sorgfältig und aktiv zuzuhören, bis diese mit dem, was sie sagen wollen, fertig sind und Sie sie wirklich verstanden haben.*
>
> Lernen Sie Entspannungstechniken, üben Sie diese regelmäßig.
>
> Achten Sie auf das Abrollen Ihrer Füße auf dem Boden.*
>
> Achten Sie auf Ihre Sitzhaltung.*
>
> Achten Sie auf Ihre Atmung.*
>
> Atmen Sie ganz aus, bevor Sie zu einem neuen Schwung ansetzen.*
>
> Erden Sie sich.*

Tabelle 4-27: Auflösung des „Beeil-dich!"-Antreiber- und Gegenantreiberverhaltens auf der Verhaltensebene nach Hay 1996 und Schneider*

Menschen haben von ihrer Grundstruktur aus verschiedene Tempi. Es ist deshalb hilfreich, sich immer wieder abzustimmen, einzustimmen, die verschiedenen Geschwindigkeiten wertzuschätzen.

Beispiel: Die Entdeckung der Langsamkeit

Ein Klient erzählte sehr zufrieden und glücklich: „Meine Frau ist in der Regel einfach schneller als ich oder bringt Gedanken oder Handlungen schneller nach außen als ich. Viele Jahre fand ich es für mich manchmal nervig oder anstrengend, wenn wir gemeinsam im Auto fuhren oder gingen. Erst als ich nach dem Lesen des Buches „Die Entdeckung der Langsamkeit" meine Geschwindigkeit oder auch Langsamkeit[36] wertzuschätzen begann, veränderte sich etwas. Ich sagte in solch unangenehmen Situationen innerlich zu mir oder auch offen zu meiner Frau: „Ich bin einfach langsamer als du." Interessanterweise fiel dann der Stress von mir ab und wir konnten gut miteinander mit unseren unterschiedlichen Geschwindigkeiten Autofahren, gehen ..."

Das „Beeil-dich!"-Antreiber- oder Gegenantreiberverhalten steht in der Regel im Dienste eines anderen Antreiber- oder Gegenantreiberverhaltens, es kommt ganz alleine nicht vor (Kahler 1974). Die Haltung, die eine langfristige Auflösung des „Beeil-dich!"-Antreiber- und Gegenantreiberverhaltens bewirkt, drückt Sein aus: Da-Sein, Raum geben, Interesse zeigen.

---

36 Sten Nadolny (1983): Die Entdeckung der Langsamkeit.

4.8.9 Koordination / Rhythmus

Wenn uns etwas gelingt, lassen wir die verschiedenen Fähigkeiten zusammen fließen, wir spüren einen wohltuenden Rhythmus. Kontakt, Kraft und Geschicklichkeit, Empfinden, Fühlen, Denken und Handeln sind miteinander verbunden, wir fühlen uns im Fluss und empfinden Lust und Ruhe in der Lebendigkeit.

Für das Zusammenfließen-Lassen, das Gelingen der Koordination, ist ein individuelles Bild hilfreich, das dafür steht, dass wir aus vielen verschiedenen Fähigkeiten schöpfen und aus unserem Unbewussten all das aufsteigen lassen, was wir schon können und im Laufe unseres Lebens gelernt haben. Ein sehr schönes Bild dafür stellt für mich der römische Brunnen dar, wie ihn C. F. Meyer beschrieben hat:

Aufsteigt der Strahl und fallend gießt
Er voll der Marmorschale Rund,
Die, sich verschleiernd, überfließt
In einer zweiten Schale Grund;
Die zweite gibt, sie wird zu reich,
Der dritten wallend ihre Flut,
Und jede nimmt und gibt zugleich
Und strömt und ruht.

(C.F. Meyer, Der römische Brunnen. 7. Version, 1882)

4.8.10 Das Maß finden / Besonnenheit

In unserem täglichen Tun und Lassen sind wir ständig herausgefordert, das richtige Maß zu finden. Immer wieder treffen wir auf innere und äußere Versuchungen, denen es zu begegnen gilt. In jedem Fall würden wir Disstress, Antreiber- und Gegenantreiberverhalten entwickeln und wir würden Wege finden (müssen), aus diesen Dynamiken auszusteigen. Der Begriff Besonnenheit beschreibt aus meiner Sicht recht gut, was es heißt, das richtige Maß zu finden; in ihm verbinden sich Sinne und Sinn.

Im Burnout-Zustand betäuben Menschen ihre Sinne, sie riechen, schmecken, hören, fühlen, sehen nicht mehr bewusst; sie nehmen keine eigenen Einschätzungen mehr vor, handeln zeitweise sinnlos und sinnentleert. Sie funktionieren, drehen sich im Rad, in der Mühle, im Hamsterrad.

Wenn wir uns auf uns und die Welt um uns herum besinnen, nehmen wir wahr, dass wir auch endlich sind. Das Anerkennen dieser Endlichkeit, unseres Todes, hilft uns beim Besinnen auf das für uns Wesentliche. Wenn Sie zum Thema Endlichkeit und Tod etwas Anregendes lesen möchten, empfehle ich ihnen „In die Sonne schauen" von Irvin, D. Yalom.

4.8.11 Der Ausstieg aus Antreiber- und Gegenantreiberverhalten

Die Zeiten, in denen wir ganz aus den Antreiber- und Gegenantreiberverhalten ausgestiegen sind und frei handeln, können wir als Handlung auf der Verhaltensebene formelhaft[37] mit den folgenden Worten zusammenfassen.

Ich tue / lasse etwas,
wach und zentriert,
mit all meinen Sinnen,
stimmig zu mir,
nach meiner Kraft,
in meiner Weise,
in meinem Tempo,
in meinem Rhythmus.

Sie können selbst die einzelnen Formeln mit eigenen für Sie stimmigen Worten zusammenstellen und auch mehrere Formeln auf einmal verwenden. So sagt sich z. B. ein Golfer, den ich als Coach begleitete, vor seinem Schwung die Formel: „Ruhig – rhythmisch – einfach spielen!"

Der langfristige und nachhaltige Ausstieg aus der ganzen Antreiberdynamik gelingt über eine immer wieder bewusst zu übende Haltung. Diese Haltung habe ich sprachlich mit folgenden Begriffen zusammengefasst:

Wach und zentriert,
Halt gebend, Empfindungen und Gefühle wahrnehmend,
einfühlend, Fürsorge für Empfindungen und Gefühle,
spielerisch handelnd,
heiter gelassen,
Raum gebend (da sein),
besonnen.

Diese Haltungen können Sie sich selbst gegenüber einnehmen, aber auch anderen gegenüber, denen Sie begegnen, wenn sie gerade ein Disstressverhalten zeigen und sich in einem Antreiberverhalten befinden.

In meiner Arbeit als professioneller Begleiter sind diese Haltungen ein Leitfaden, an dem ich mich orientiere, um Menschen zu helfen, aus ihren alten Mustern auszusteigen. Ich verhalte mich spontan oder / und bewusst in der Haltung, die das Antreiber-, Gegenantreiber-, Einschärfungs- oder Endauszahlungsverhalten auflöst, und

---

37 Unter einer Formel verstehe ich in diesem Zusammenhang Worte und Sätze, die wir als sprachliches Kondensat und Destillat aus unseren Erkenntnissen bilden und mit denen wir uns eine Orientierung für unser Handeln geben.

ermögliche damit meinen Klienten, sich anders als zuvor zu verhalten. Auch Führungskräfte nehmen in ihrer Arbeit oft intuitiv diese Haltungen ihren Mitarbeitern gegenüber ein.

Im Anhang (S. 238 ff.) finden Sie einen Fragebogen zum Antreiberverhalten, den Sie, wenn Sie mögen, ausfüllen können. Das Ergebnis zeigt Ihnen, welche Antreiberverhalten Sie häufiger, welche Sie weniger häufig zeigen. Grundsätzlich gilt: Jeder Mensch kennt alle Antreiberverhalten.

Fangen Sie bei dem am meisten ausgeprägten Antreiberverhalten an zu üben oder bei dem, von dem Sie denken, dass es Ihnen am leichtesten fallen wird.

Nehmen Sie die entsprechenden Verhaltensanregungen und üben Sie!
Üben Sie die entsprechende Haltung.

4.8.12 Erlaubnishaltung

Manchmal helfen uns Sätze und Haltungen weiter, die einen Erlaubnischarakter haben. Wenn wir den inneren oder äußeren Druck, die inneren oder äußeren gedanklichen Einschränkungen als Verbote betrachten, macht es Sinn, diesen Verboten oder Geboten mit einer anderen Haltung, einer Erlaubnishaltung (Schneider 2000, S. 154) zu begegnen, lösen doch Erlaubnisse Verbote auf. Der Weg über eine Erlaubnis von außen, durch die Atmosphäre, durch andere Menschen und durch sich selbst führt dann schließlich zu den Formulierungen, wie ich sie oben schon verwendet habe.

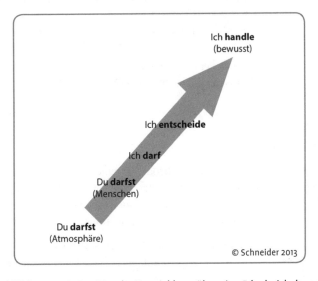

Abbildung 4-28: Der Weg der Entwicklung über eine Erlaubnishaltung

Eine Orientierung dafür, wie Sie die Sätze, bezogen auf die Antreiber- und Gegenantreiberverhaltensweisen, für sich formulieren könnten, gebe ich Ihnen hier mit der nachfolgenden Tabelle.

Antreiber-/ Gegenantreibermotto	Auflösung auf der Antreiberebene Verhalten	Auflösung auf der Einschärfungsebene Haltung
„Mach's recht!"	„Ich darf bei mir sein, mich abgrenzen und mich gleichzeitig verbunden fühlen."	„Ich brauche nicht für andere zu sorgen, indem ich für sie denke."
„Sei stark!"	„Ich darf es nach meinen Kräften tun/lassen. Ich darf Hilfe in Anspruch nehmen."	„Ich darf mich von meinen Empfindungen und Gefühlen leiten lassen. Ich darf fühlen und gleichzeitig denken."
„Versuche angestrengt!"	„Ich darf es so tun/lassen, wie es meiner Kraft entspricht."	„Ich darf erfolgreich sein und einen Platz unter den Menschen haben."
„Sei perfektionistisch!"	„Ich darf Fehler machen und daraus lernen." „Ich darf sorgfältig sein!"	„Ich darf meine eigenen Werte und Vorgehensweisen haben und mich verbunden fühlen!"
„Beeil dich!"	„Ich darf mir Zeit lassen!" „Ich darf es in meiner Geschwindigkeit tun/lassen."	„Ich brauche nicht unsicher zu sein, wenn ich weiß, was ich will."

Abbildung 4-29: Auflösung der Antreiber- und Gegenantreiberverhalten auf der Verhaltens- und der Haltungsebene mit Erlaubnissätzen (nach Schneider 2007)

ÜBUNG

Meine Erlaubnisformel

Im Anhang (S. 242 ff.) finden Sie eine ausführliche Zusammenstellung von Erlaubnissätzen, die für eine Gesamtentwicklung hilfreich sind. Diese Sätze stellen formelhafte Anregungen dar, Disstressverhalten auf der Einschärfungsebene aufzulösen. Lesen Sie diese Sätze durch, wenn Sie sich gerade mit sich, anderen oder einer Situation unwohl fühlen.

Lassen Sie die Sätze auf sich wirken und nehmen dann den Satz für sich heraus, der Sie gerade anspricht, der Ihnen gerade guttut. Diesen Satz können Sie als Formel für sich einsetzen.

Schreiben Sie den Satz auf ein Blatt, eine Karte oder einen gelben Notizzettel. Kleben Sie den Satz an den Spiegel, legen ihn in die Schublade oder an einen Ort, an dem Sie ihn immer wieder sehen und sich dadurch erinnern.

Finden sie für den Satz ein Bild, eine Körpergeste, eine Geschmacksempfindung, einen Geruch, Töne oder Musik.

Hängen Sie sich das Bild auf, spielen Sie die Musik ein, wiederholen Sie die Körpergesten und lassen sich diese weiterentwickeln.

Für diejenigen von Ihnen, die als Lernhilfe Tabellen lieben, habe ich hier die verschiedenen Antreiber- und Gegenantreiberverhalten noch einmal zusammengefasst.

Antreiber- und Gegenantreiber-motto	Antreiber- / (Gegenantreiber)-Verhalten		dahinter liegende Fähigkeit / Fertigkeit
	„versucht"	„macht dabei"	
„Beeil dich!" („Jetzt erst mal langsam!")	viel zu erledigen (blockiert das Tempo.)	Fehler	Raum-Zeit-Gefühl Steuerung bei *hoher Komplexität*
„Mach's recht!" („Besser garstig, als ein Niemand!")	sein Gespür für andere einzusetzen (entzieht sich trotzig).	Vertritt oder findet keinen eigenen Standpunkt. Sagt nicht Nein.	Einfühlungs-vermögen *Hilfsbereitschaft*
„Sei stark!" („Mit mir könnt ihr's ja machen!")	Ruhe in Krisensitua-tionen zu bewahren (lässt sich quälen).	Fragt nicht um Hilfe.	Distanzierungs-vermögen *Disziplin*
„Versuche angestrengt" („Ganz lässig!")	mit Initiative, Interesse, und Enthusiasmus Dinge umzusetzen (macht auf ganz lässig).	Verzettelt sich leicht, schließt Projekte oft nicht ab.	Durchhaltevermögen *Initiative, Engagement*
„Sei perfektio-nistisch!" („Jetzt ist mir alles egal!")	150 % zu bringen, gut zu organisieren, im Voraus zu planen, immer voll-kommen zu sein (schmeißt die Flinte ins Korn).	Nimmt Vorschläge und Kritik nur schwer an.	Sinn für Vollkommenheit, *Sorgfalt, Präzision*

Abbildung 4-30: Charakteristika der Antreiber- und Gegenantreiberverhalten (stark modifiziert nach Schmid & Hipp)

Burisch (2010) hebt das Antreibermodell als sehr praktikables Modell hervor und fasst die Charakteristika so zusammen:

Antreiber	Bedeutung	Gegengift
1. Sei perfekt!	Mach alles, was du tust, so gut wie möglich , auch wenn es wirklich nicht wichtig ist. (Sei erst mit dem Besten zufrieden. Und weil man selbst das Beste immer noch ein bisschen besser machen kann, sei nie zufrieden, schon gar nicht mit dir.)	Auch ich darf Fehler machen! Ich brauche mich nur um Perfektion zu bemühen, wo es lohnt.
2. Streng dich an!	Gib stets deine ganze Kraft – der Erfolg ist zweitrangig. (Und hör erst dann auf dich anzustrengen, wenn du völlig am Ende bist; auf gar keinen Fall mach's dir leicht!)	Ich darf es mir leicht machen. Intelligent arbeiten, nicht hart.
3. Beeil dich!	Mach alles, was du tust, so schnell wie möglich! (Am besten noch ein bisschen schneller. Auch wenn die Sache gar nicht eilig ist – es gibt immer viel zu tun!)	Ich darf mir Zeit lassen.
4. Sei stark!	Zeige keine Gefühle! (Gefühle sind ein Zeichen von Schwäche ; also empfinde am besten gar keine.)	Ich darf wahrnehmen und zeigen, wie mir zumute ist.
5. Mach's den anderen recht!	Denk an dich zuletzt, wenn überhaupt! Nimm dich nicht wichtig! (Die Ansprüche der anderen sind immer wichtiger als deine eigenen.)	Meine Bedürfnisse sind mindestens so wichtig wie die anderer. Ich bin der wichtigste Mensch in meinem Leben.

Abbildung 4-31: Charakteristika der Antreiberverhalten (nach Burisch 2010, S. 259)

4.8.13 Wie Antreiberverhalten entsteht

Wann aktivieren Menschen Antreiber- und Gegenantreiberverhalten? Meistens reagieren sie damit in inneren oder äußeren Stresssituationen, insbesondere dann, wenn es gleichzeitig ein Defizit in der Bedürfnisbefriedigung gibt. Dann legen sie ein solches früher gelerntes Verhaltensmuster „automatisch" an den Tag. In schwierigen Situationen mit den Eltern, in der Schule oder im Zusammenhang mit anderen heftigen Lebenssituationen wie Krieg, Armut oder Missbrauch haben die Verhaltensmuster den Betroffenen ermöglicht, körperlich und seelisch zu überleben, Zuwendung und eventuell sogar auch Anerkennung zu erhalten.

Auch ohne schwierige frühere Sozialisationseinflüsse sind Menschen mit Antreiberverhalten konfrontiert, denn jeder kommt immer wieder in Situationen, in seinem Tun das passende Maß finden zu müssen. Gelingt dies nicht, führen Übertreibungen ins Antreiberverhalten, Untertreibungen ins Gegenantreiberverhalten.

Wie ein Kind mit den eigenen Bedürfnissen, Gefühlen, Gedanken, Fantasien und Handlungen umgeht, wird durch die Art und die Regelhaftigkeit der versorgenden Personen und der Umgebung beeinflusst. Wie dieses Lernen grundsätzlich stattfindet, habe ich bereits in Kapitel 3.14 im Zusammenhang mit ursprünglichen Verhaltensweisen und der Ausbildung von Ersatzverhaltensweisen dargestellt. Jetzt zeige ich Ihnen noch eine andere Landkarte, wie sich diese Entwicklung und Verwicklung zwischen Mensch und Umgebung darstellen lassen.

Beispiel: „Er schafft es nicht"

Nimmt zum Beispiel ein Vater seinem Sohn etwas regelmäßig aus der Hand, weil er meint, dass dieser nicht weiterkommt („es nicht schafft"); oder der Sohn fragt den Vater, wie etwas gehen könnte, und der Vater erklärt es nicht, sondern macht es selbst, entwickelt diese Kind eventuell ein Verhalten, Dinge nur anzufangen oder auch gar nicht zu machen. Im Kindergarten fällt dies zum ersten Mal auf und die Erzieherinnen berichten den Eltern, ihr Kind könne nicht basteln. Jetzt reagieren die Eltern geängstigt und machen dem Kind Druck. Sie sagen ihm, es solle sich anstrengen. Sie helfen ihm beim Basteln, verhalten sich aber – da sie es nicht anders kennen und wissen – wieder in gleicher Weise und nehmen dem Kind die Sachen erneut aus der Hand. Wenn das Kind dann nichts macht, stellen sich Frust und Unbehagen ein; das Kind „schafft es wieder nicht". Meist kommt es zu Geschrei und Tränen und schließlich zu Resignation auf beiden Seiten.

Diese Situation lässt sich folgendermaßen abstrahieren: Die Eltern, oder zumindest der Vater als Hauptakteur, vermitteln dem Kind mit ihrem eigenen Unvermögen und durch ihre Art, sich zu verhalten, die Botschaft „Schaff es nicht!" Diese Botschaft wird nicht über Sprache, sondern durch das Tun vermittelt. In Anlehnung an Berne (1975) bezeichnen wir diese Botschaft als äußere Einschärfungsbotschaft. Als das Unvermögen sichtbar wird, begegnen die Eltern ihm hilflos und wohlmeinend und auf die Folgen der Einschärfung reagieren Sie, indem sie das Kind drängen, sich anzustrengen, was auch beinhaltet, stark zu sein. Dieses Verhalten bezeichnen wir als äußere Gegeneinschärfungsbotschaft oder auch als Antreiberbotschaft (Schneider 2004, in Anlehnung an Kahler 1997). Das Verhalten der Eltern, das Programm, wird vom Kind ebenfalls wahrgenommen und verarbeitet.

Diese wohlgemeinte Aufforderung zur Anstrengung und auch die Art der Anstrengung selbst treiben das Kind jedoch in eine Verzweiflung. Diese führt letztendlich zum gleichen Ergebnis: Es schafft es nicht. Kommt keine nachhaltige Korrektur dieses Verhaltensmusters durch andere Menschen oder die Eltern selbst, verinnerlicht das Kind dieses Muster. Es speichert die Botschaften in sich selbst als innere Einschärfungs- und Gegeneinschärfungs- oder Antreiberbotschaften ab und verhält sich in ähnlichen Drucksituationen genau nach diesem Muster. Meist werden die Botschaften nicht eins zu eins übernommen, sondern durch die eigene Wahrnehmung und Einschätzung verändert.

Kinder und auch Erwachsene und alte Menschen beobachten sehr genau, wie Eltern und andere für sie wichtige Personen sich verhalten (Programm) und ziehen für sich daraus Schlüsse (inneres Programm).

Jeder Mensch hat eine in sich wohnende Kraft, die ihm hilft sich zu entwickeln und zu leben, die Physis (Berne 1972, S. 87). Menschen kommen auch ohne Zutun anderer Menschen zu eigenen Schlussfolgerungen und inneren Botschaften, um in dieser Welt mit sich und der Umwelt und Umgebung klarzukommen.

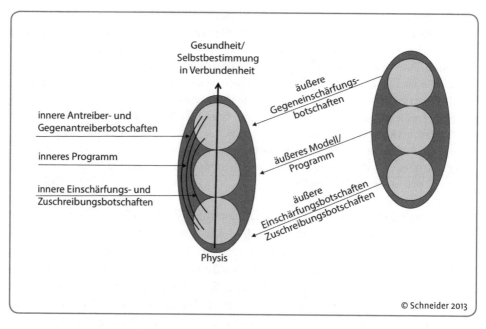

Abbildung 4-32: Äußere und innere Einschärfungs- und Antreiberbotschaften

4.8.14 Disstressverlauf[38]

Der ganze Vorgang, wie Menschen sich in ein Burnout-Syndrom hinein- und wieder hinausbewegen, lässt sich sehr schön mit dem Disstressverlauf (siehe Abb. 4-33) darstellen: Kommen Menschen in eine Stresssituation und gelingt es ihnen, eine jetzt passende Handlung zu kreieren und zu vollziehen, fühlen sie sich gut. Von außen gesehen würden wir dies als Eustressverhalten bezeichnen. Gelingt es ihnen in einer Stresssituation nicht, eine jetzt passende Handlung zu kreieren, wiederholen sie unbewusst oder halb bewusst früher gelernte Lösungsstrategien und aktivieren dabei Antreiber- (1) und / oder Gegenantreiberverhalten (3). Hierbei spüren sie sich kaum. Im jeweiligen Antreiber- oder Gegenantreiberverhalten geben sie sich so, als wären sie nur in Ordnung, wichtig, erfolgreich, ..., wenn sie „es recht machen", „stark sind", „es angestrengt versuchen", „immer perfekt sind" oder „sich beeilen". Sie zeigen Disstressverhalten 1. Grades.

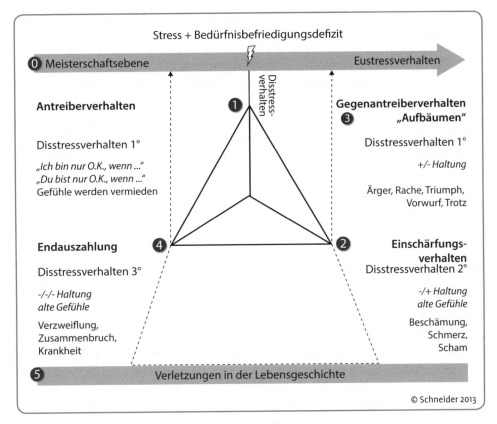

Abbildung 4-33: Disstressverlauf (nach Kahler 1974 und 2008, wesentlich verändert)

---

38   Bei Kahler (1974 und 2008) als Miniskript bezeichnet.

Gelingt es ihnen, aus diesem Verhaltensmuster wieder auszusteigen – spontan oder durch bewusstes Innehalten, das Erfassen der Situation und passendes Handeln –, fühlen sie sich wieder gut und handeln erfolgreich. Sie meistern das Leben (Meisterschaftsebene). Je öfter und je länger sie jedoch – ausgelöst durch Bedürfnismangelsituationen – im Antreiber- und Gegenantreiberverhalten „strampeln", dadurch viel Energie verbrauchen und immer weniger Energie zur Verfügung haben und sich auspowern, desto tiefer geraten sie in Disstress und treiben dem Disstressverhalten 2. Grades zu (2). Hier drängen sich ihnen alte Erfahrungen und Gefühle aus früheren Lebensphasen auf. Sie fühlen sich selbst schlecht und haben das Gefühl, schlechter zu sein als andere und irgendwie nicht richtig (- / +).

Abhängig von den in dieser Situation aktivierten Antreiber- und Gegenantreiberverhalten und den früher gemachten Erfahrungen machen sie Fehler, ziehen sich auf unangemessene Weise zurück, geben anderen die Schuld, versuchen andere und die Situation irgendwie hinzudrehen, fangen an Überzeugungen zu predigen (Kahler 2008, S. 142 f.), treiben sich oder andere zu immer größerer Eile an oder blockieren und sind massiv angespannt (siehe Abb. 4-34).

Instinktiv versuchen sie auf alle Fälle zu vermeiden, die mit den Einschärfungserlebnissen verknüpften, früher real erlebten unangenehmen Gefühle zu spüren. Deshalb bäumen sie sich gegen diese Erlebnisse und Gefühle auf. Im Zustand des Aufbäumens (3) legen sie oft eine selbstgerechte Haltung an den Tag, mit der sie alte Beschämungen und schmerzliche Erfahrungen (wie zum Beispiel geschlagen zu werden) abwehren. Sie befinden sich in einer „Ich-bin-besser-als-ihr"(+/-)-Haltung und in Gegenantreiberverhaltensweisen. Gefühle überzogenen Ärgers, von Rache, Triumph und Trotz sowie Vorwürfe sind an der Tagesordnung. Von hier aus können sie in Antreiberverhalten (1) zurückgehen oder auch aussteigen (0).

Halten Antreiber- und Gegenantreiberverhalten sowie Disstressverhalten 1. und 2. Grades zu lange an, sind die Betroffenen schließlich zu stark ausgepowert. Verzweiflung, Krankheit oder Zusammenbruch (4) sind die Folgen, über die sie ihren schmerzlichen Gefühlen aus der Vergangenheit entkommen.

Dieser Zustand wird auch *Endauszahlung* genannt. Äußerst passend sagen Menschen in diesem Zustand: „Sehen Sie, das hab ich nun davon!", „Das ist nun also das Ende vom Lied!?" Wir bezeichnen dies als Disstressverhalten 3. Grades. Die Betroffenen fühlen sich fix und fertig, müde, konzentrationslos und fertig mit der Welt. Sich, andere und die Welt oder das Leben sehen sie negativ (-/-/-). Je nach vorherrschendem Antreiberverhalten und früheren Einschärfungserlebnissen fühlen sie sich „ungeliebt", „unerwünscht", „im Stich gelassen", „hilflos", „wertlos", „hoffnungslos" (Kahler 2008, S. 183), „leblos", „fertig mit der Welt", „kaputt" (siehe Abb. 4-35).

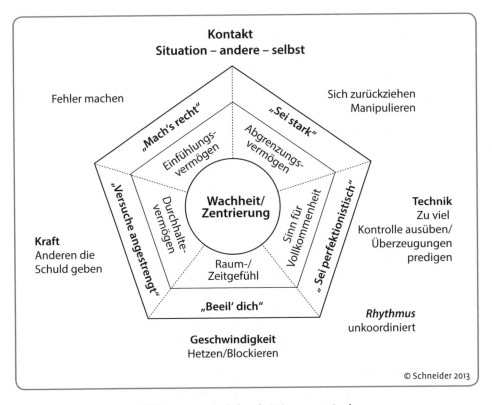

Abbildung 4-34: Verhalten bei Disstress 2. Grades

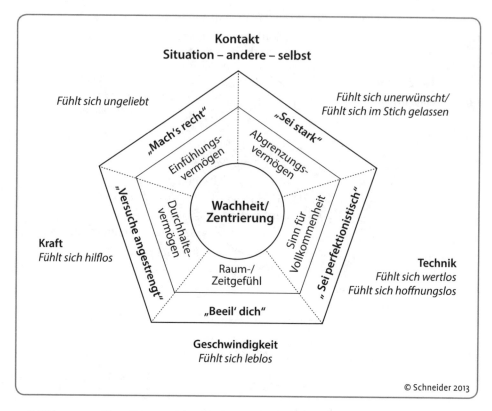

Abbildung 4-35: Einstellung zu sich selbst bei Disstress 3. Grades (modifiziert nach Kahler 2008)

Im Zusammenbruch, in der Verzweiflung, in der Krankheit sind sie am nächsten im Kontakt mit ihrer Geschichte. Gelingt es ihnen an dieser Stelle – mit oder auch ohne Fachmann –, sich bewusst zu machen, wie all das kam, wie sie gelernt haben mit Disstressverhalten zu überleben, wie sie anders reagieren und sich anders zum Leben einstellen könnten, gelingt ihnen langfristig der Ausstieg aus diesem Teufelskreis. Der Durchlauf durch Disstress 1., 2. und 3. Grades kann durch die Disstresspositionen (1)–(4) beliebig von einer Position zur anderen und auch aus dem Disstressverlauf hinaus zurück auf die Meisterschaftsebene (0) stattfinden. Zur Endauszahlung (4) kommen Betroffene in der Regel über Position (2) oder im Anschluss an (2) über (3). Die Verweildauer in diesen Positionen kann von einer Sekunde bis zu vielen Stunden und in abwechselnden Positionen insgesamt über Jahre dauern.

Auch jemand, der sich gut fühlt und sein Leben meistert, hält sich ab und zu kurz in solchen Disstresspositionen auf, schafft es jedoch, diese wieder zügig zu verlassen. Anfällig sind und bleiben wir jedoch, wenn wir mit unserer Grundbedürfnisbefriedigung in einem Mangelzustand sind. Dann „fallen wir" in Stresssituationen ins Antreiber- und Gegenantreiberverhalten – oder noch tiefer.

Bei Antreiber- und Gegenantreiberverhaltensweisen kann die Einschärfungsebene, je nach Geschichte, verschieden stark ausgeprägt sein. Der Grad der Ausprägung und Hartnäckigkeit entspricht der Schwere der vorangegangenen Einschärfungssituationen sowie den Erfahrungen und Verletzungen im Lauf der eignen Lebensgeschichte als Kind und/oder später.

Wenn jemand sein Antreiber- oder Gegenantreiberverhalten durch aktuell passendes Verhalten auflöst, kommt er in Kontakt mit den unangenehmen Gefühlen der Einschärfungssituationen aus der Vergangenheit. In der Regel sind dies Beschämungsgefühle, körperliche und seelische Schmerzen und damals nicht ausdrückbarer Ärger und Wut (Empörung) über diese Situationen. Darunter finden sich ursprüngliche Schamgefühle. Werden diese nun beachtet, können sinnvolle Grenzen gesetzt werden. Es zeigen sich Stolz und ein Wille nach Eigenständigkeit und Verbundenheit. Die Auflösung des Antreiber- und Gegenantreiberverhaltens gelingt abschließend und nachhaltig, wenn auch diese Gefühle durchgearbeitet, gefühlt, verstanden und gewürdigt sind. Ich unterscheide deshalb zwei Auflösungsvorgänge:

1. Auf der Antreiber- und Gegenantreiberebene kommt es durch aktuell passendes Verhalten oder Handeln zu einer Auflösung,
2. auf der Einschärfungsebene geschieht durch eine neue andere Haltung der nachhaltig wichtigste Auflösungsprozess.

Antreiberebene	Einschärfungsebene
Auflösen der inneren Antreiber- und Gegenantreiberbotschaften und des Antreiber- und Gegenantreiberverhaltens. Antreiberbotschaften aus der Umwelt erkennen und widerstehen. Neues **Verhalten** einüben.	Auflösen der inneren Einschärfungs- und Zuschreibungsbotschaften und der dazu etablierten Verhaltensweisen. Einschärfungsbotschaften aus der Umwelt erkennen und widerstehen. Neue **Haltung** entwickeln.
Fähigkeiten erkennen. Die dazugehörenden Fertigkeiten herausarbeiten und einüben	Die Fähigkeiten und Fertigkeiten wertschätzen und würdigen. Die Haltung üben.

Abbildung 4-36: Auflösung der Antreiber- und Gegenantreiberverhalten

Der Ausstieg aus diesen Gewohnheitsmustern und das Durcharbeiten der biografischen Verletzungen sind verbunden mit der Bewusstmachung der Themen Endlichkeit (Tod), Verbundenheit und Alleinsein (Isolation), Freiheit und Sinn. Yalom (2010) nennt diese Themen existenzielle Themen, da sie jeden Menschen in seinem Sein betreffen. Wenn Menschen diese Themen annehmen und dazu eine eigene Einstellung gewinnen, werfen sie Krisen[39] nicht mehr aus der Bahn. Sie verstehen dann Krisen als zum Leben dazugehörig und als Herausforderung, sich weiterzuentwickeln, neue Anpassungen vorzunehmen und sich zu entscheiden, wie sie ihr Leben gestalten.

Der Auslöser für das Antreiber- und Gegenantreiberverhalten kann wie im folgenden Beispiel einer „Mach's-recht!"-Dynamik von außen kommen:

Die Chefin: „Es wäre sehr nett von Ihnen, wenn Sie Ihren Urlaub nach hinten schieben könnten. Sonst geht es hier drunter und drüber. Sie sind einfach unentbehrlich!"

Er kann aber auch in einem selbst beginnen:

„Ich muss das unbedingt noch schaffen, bevor ich in den Urlaub fahre, sonst habe ich ihn auch nicht verdient!" Oder: „Ich kann es mir nicht leisten, jetzt in Urlaub zu gehen, sonst bricht der Laden zusammen."

Ob von außen oder innen angeregt, letztendlich legen wir uns den Druck selbst auf, meinen nur klarzukommen, wenn wir „es recht machen" oder nach anderen Antreiberbotschaften handeln. Von außen oder / und innen kommen unausgesprochen oder ausgesprochen Einschärfungs- und Antreiberbotschaften. Die Einschärfungsbotschaften werden in der Regel nicht sprachlich vermittelt, sondern einfach durch das Handeln, das meist nicht bewusste Unvermögen der erziehenden Personen oder das nicht bewusste oder das bewusste und gezielte Agieren von Mitmenschen, Betrieben, Vorgesetzten und der Politik, durch bestehende Situationen und die umgebende Atmosphäre.

4.8.15 Die Entwicklung der Fähigkeiten und Fertigkeiten

Alle unsere Fähigkeiten sind in uns angelegt und dies unterschiedlich stark. Meist ist es so, dass wir bis ins frühe Erwachsenenalter mit den am besten angelegten Fähigkeiten Herausforderungen und Probleme angehen und lösen. Meistens reicht das im Erwachsenenalter nicht mehr aus und es ist ratsam, die nicht so gut entwickelten Fähigkeiten jetzt auszubauen. Dies geschieht häufig spontan über kleine Krisen oder

---

39 Krisis kommt aus dem Griechischen und steht für Entscheidung.

auch bewusster, wenn wir in größere Krisen geraten sind. Krisen zeigen Entwicklungsherausforderungen an. Sie zeigen an, dass wir hartnäckig mit einer bestimmten gewohnten Fähigkeit die anstehenden Probleme anzugehen versuchen, diese Fähigkeit jedoch überziehen oder untertreiben und uns so nur noch tiefer in die Probleme hineinarbeiten.

Wenn wir diese Entwicklung mit dem dynamischen Handlungspentagon darstellen, so zeigen sich die Krisen zunächst in einem stark ausgeprägten Antreiber- und Gegenantreiberverhalten. Wenn sie stärker werden im Einschärfungsverhalten und wenn sie noch stärker werden in der Endauszahlung.

In der Krise ist es angezeigt, die jeweilige unter den Disstressverhaltensweisen liegende Fähigkeit wahrzunehmen, sie zu entwickeln und in Fertigkeiten zum Ausdruck zu bringen. Im Endeffekt können wir so im Laufe unseres Erwachsenenlebens verschiedene Reifungsschritte durchlaufen, indem wir eine Fähigkeit nach der anderen weiterentwickeln.

Menschen, die infolge eines Burnout-Syndroms zusammenbrechen, sind zunächst einmal mit den Faktoren Raum und Zeit konfrontiert. Sie können nicht mehr vor sich, anderen und der Situation wegrennen. Sie liegen fest, fühlen sich anfangs oft ganz „apathisch" oder „depressiv". Und erst allmählich, wenn sie nach und nach „heruntergekommen" sind, fangen sie an, Raum, Zeit und die Stille – anfangs noch vorsichtig argwöhnisch – wahrzunehmen. Über andere Menschen, die sich ihnen fürsorglich zuwenden, beginnen sie allmählich auch sich selbst zu spüren und ihre Empfindungen, Gefühle, Gedanken und Träume zuzulassen. Sie akzeptieren, Körper zu sein und Geist, Gefühl und Verstand. Sie merken, wie sie sich vermeintlich für andere „zerrissen", „verbrannt" und „aufgeopfert" haben. Sie fangen an, eigene Bedürfnisse und Wünsche wieder zu spüren. Sie merken, wie sie über ihre Kraft gelebt haben, und fangen an, mit ihren Kräfte hauszuhalten. Schließlich entdecken sie, wie perfektionistisch sie waren, und lernen, heiter und gelassen zu sein und ihre Dinge anzupacken und zu vollenden.

Nebenher üben sie ihre Wachheit, ihre Aufmerksamkeit, ihre Konzentration, wie sie sich zentrieren und dadurch letztendlich lustvoll erleben können. Und sie stellen zunächst mit Verwunderung fest: Sie arbeiten mit viel weniger Zeitaufwand als vorher, wesentlich erfolgreicher als je zuvor und mit hoher Qualität. Ihre Mitarbeiter – falls sie welche haben – und die ihnen vertrauten Personen haben wieder Freude und Lust, mit ihnen zusammen zu sein. So stellen sie sich dem Leben und leben es.

Die Reihenfolge der Entwicklung und damit die Auflösung der verschiedenen Antreiber- und Gegenantreiberverhaltensweisen ist, je nach Person, individuell unterschiedlich. Wenn Sie einfach dem nachgehen, was für Sie obenauf liegt, gehen Sie ganz natürlich durch die verschiedenen Fähigkeiten und erschließen sie sich. An die am stärksten angelegte Fähigkeit kommen Sie meistens als Letztes. In dem gerade skizzierten Verlauf kam der Klient zuletzt an das Thema Perfektion. Die am stärksten angelegte Fähigkeit bleibt übrigens das ganze Leben lang die in Stresssituationen anfälligste Dynamik. Diese Fähigkeit gilt es immer wieder zu dosieren und durch die Nachreifung der anderen Fähigkeiten auszubalancieren.

Ein Beispiel aus dem Tennisunterricht:

Alexander spielt seit zwei Jahren begeistert Tennis und nimmt gerne und regelmäßig Unterricht. Er spielt inzwischen sehr gut und feilt an seiner Technik. Eines Tages im Unterricht erklärt ihm sein Lehrer zu seinem Erstaunen, dass er in der Technik hervorragend vorwärtsgekommen und auf diesem Gebiet in der Gruppe der Beste sei. Nun sei es an der Zeit, sich genauer mit dem Raum zu beschäftigen: Wie sieht der Platz genau aus, wie ist er aufgeteilt? Wie bewegt man sich auf dem Platz am besten? Wo kann man hinlaufen, wohin die Bälle platzieren? Usw. Wäre der Lehrer nicht, Alexander würde weiter – sogar verbissen – an seiner Technik feilen. Der Lehrer eröffnet ihm einen Zugang zum Ausbau anderer Fähigkeiten (hier das Raum-Zeit-Gefühl). Er merkt, wie gut im diese „Erweiterung" tut, und spielt wie befreit, genießt auch Raum und Zeit.

Interview 3: Frau F., 48 Jahre alt

Das Interview habe ich Monate nach Beendigung der Einzeltherapie geführt. Frau F. hatte über einen Zeitraum von sieben Monaten 13 Sitzungen in Anspruch genommen.

Was würden Sie aus Ihrer heutigen Sicht und aus Ihrer Erfahrung heraus als Burnout bezeichnen?
Nicht mehr locker lassen können – und zwar in allen Bereichen. Ich bin da sicherlich beruflich hineingetrieben worden, aber ich denke, ich habe wahrscheinlich auch eine etwas perfektionistische Persönlichkeitsstruktur und das überträgt sich nachher auf alle Lebensbereiche. Auch zu Hause soll dann immer alles so sein, möglichst ordentlich und alles immer fertig. Man hat eigentlich immerzu etwas zu tun. Nachher ist mir selber aufgefallen, dass ich keine Ruhe mehr gefunden habe. Das war die beherrschende Grundstimmung.

Wie kamen Sie zu mir?
Das zog sich sicherlich über einen längeren Zeitraum hin, dass ich gesagt habe: „Jetzt geht es dir so schlecht, dass du etwas tun musst!" Das hat sich bestimmt über ein Jahr hin aufgebaut, mit Phasen, wo es mal ging, wo es mal nicht ging, wo man gar nicht mehr darüber nachdachte, weil man so viel zu tun hatte. Dann bin ich zu meinem Hausarzt gegangen und habe dem dann gesagt: „Man sieht es mir nicht an, aber ich trage den Kopf unter dem Arm, es geht mir nicht gut." Da braucht man ein bisschen Mut, das zu äußern. Ich jedenfalls brauchte Mut. Es ist ein bisschen so wie „die Hosen runterzulassen", wenn man sonst immer allen genügen will und dann zugibt, dass man nicht mehr kann.

Er hat wohl verstanden, was ich meinte, hat dann aber auch gesagt: „Wie kommt es dazu?"
Und: „Was würde Ihnen helfen?" Eigentlich hat er mich erst einmal erzählen lassen und ich
habe beschrieben, dass ich in einer langen Phase der Überforderung vor allem beruflicher Art
war und dass es auch davor privat eine sehr nervenaufreibende lange Phase gab: durch die
Erkrankung meiner Schwiegermutter und meinen behinderten Schwager. Alle sind zu mir und
meinem Mann gekommen und eigentlich haben wir das alles gut gemanagt. Und ich habe
während dieser Zeit auch sehr oft meinen Mann seelisch auffangen müssen.

Ich habe immer viel gegeben und dann waren meine Batterien leer. Auch beruflich war ich mit
dieser Situation, dass ich da quasi einen Chef hatte, der möglichst alles an mich delegierte,
was Mitarbeiterführung betraf, überfordert. Alle sollten sich an mich wenden. Ich verstehe
mich gut mit anderen und war auch Gleiche unter Gleichen und helfe auch gerne, aber das
wurde einfach zu viel.

Dann war ich eine lange Phase wirklich in einer Überforderung und merkte, dass mir inzwischen alles schwerfiel, selbst Kleinigkeiten. Mich aufzuraffen fiel mir schwer. Und ich habe
mich auch auf nichts mehr richtig gefreut. So wie sich andere freuen: „Jetzt kommt das Wochenende!"; das war alles gleichbleibend auf dem unteren Level.

Es hat mich alles nicht richtig berührt, eine dumpfe Traurigkeit war das. Ich hatte auch das
Gefühl, ich komme da überhaupt nicht mehr raus, ich hatte nur noch Fluchtgedanken: „Du
müsstest jetzt alles ändern in deiner jetzigen Situation, vielleicht auf eine Kur fahren." Weiter
denkt man gar nicht, man will nur noch irgendwie weg von diesen ganzen Belastungen und
erhofft sich dann irgendeine Veränderung. Im Nachhinein denke ich da ganz anders drüber,
aber damals habe ich da dran festgehalten.

Mein Hausarzt hat auch gemeint, die Idee mit der Kur sei gut, das unterstütze er. Er hat es
dann auch angeleiert und hat gesagt, darüber hinaus würde ich Ihnen eine Verhaltensthera-
pie empfehlen. Sie sollten sich mal mit jemandem aussprechen, der Ihnen auch Rat geben
kann, wie Sie sich zu vielen Dingen anders stellen können. Er hat mir gesagt, dass Sie das in
so einer Form machen würden. Er sagte, ich schlitterte in einen Burnout, die Anfänge seien
sicherlich da. Sie wären aus seiner Sicht der richtige Mann dafür. Und wenn ich bei Ihnen nicht
durchkäme, dann würde er auch noch mal bei Ihnen anklopfen. Das war dann aber gar nicht
nötig. So bin ich zu Ihnen gekommen.

Das mit der Kur ist dann aber abgelehnt worden. Das hätte mir, glaube ich, gar nicht so viel
gebracht. Wenn man wieder zurückkommt – ich weiß nicht, ob man vielleicht verändert zurückkommt, das kann ich nicht beurteilen –, kommt man in die gleiche Situation zurück. Und
ich musste mich in dieser Situation, in diesem Ganzen, in meinem Leben einfach ändern und
das habe ich, glaube ich, mit Ihnen zusammen ganz gut hingekriegt.

Es klang jetzt für mich so, als hätte es Ihnen gutgetan, dass Ihr Arzt so hinter Ihnen stand, als er
sagte: „Ich klopf da auch noch mal an, wenn Sie nicht durchkommen."
Das hat mir so einen Schub gegeben, dass ich gedachte habe: Du wirst da ernst genommen
und er fände es auch gut und wichtig für dich und er will dich nicht loswerden. Ich fühlte mich
begleitet und nicht weggeschoben.

Von meiner Seite aus empfinde ich das auch sehr schön, wenn es so einen Arzt gibt, wie den Ihren, der Sie dann nicht wegschickt, sondern Sie auch während der Therapie hier weiter begleitet. Es scheint Ihnen ein gutes Gefühl zu vermitteln, dass Sie den Hausarzt haben und dann mich.
Ja, genau.

Sie haben gesagt, Sie haben eine Änderung vorgenommen. Was haben Sie denn verändert?
Ich kann wieder locker lassen. Ich überfordere mich nicht mehr, sondern ich lasse die Zügel auch mal ab und zu ganz bewusst schleifen. Und dann muss ich sehr oft daran denken, wie ich hier mal gesessen habe – da denke ich wirklich oft dran –, wo ich schon ein paar Sitzungen da war und dann gesagt habe: „Mensch, jetzt habe ich mal das und das nicht gemacht" oder „Ich müsste eigentlich das und das machen", aber ich war auch müde und kaputt und wollte eigentlich nicht und dann habe ich es gelassen. Und dann habe ich hier gesessen und gesagt: „Die Klatsche dafür kommt noch!"

Ich weiß gar nicht mehr wie ich es ausgedrückt habe, auf jeden Fall wollte ich sagen: „Dafür werde ich noch bestraft." Und da haben Sie mir so (zeigt die Haltung: ruhig, aufrecht, gerade) gegenübergesessen, ganz ruhig, und haben gesagt: „Da kommt nichts!" Das konnte ich in dem Moment gar nicht glauben. Es hat mich sehr berührt, wie Sie das gesagt haben, dieses völlig ruhige „Da kommt nichts!". Das war so selbstverständlich, das konnte ich gar nicht vom Tisch wischen, dieses „Da kommt nichts!".

Da denke ich sehr oft dran, wenn ich in solche Situationen komme, wo es sicherlich Dinge gäbe, die man wieder müsste. Wenn man sie dann lässt und sich dafür lieber entspannt oder was Schönes macht, es sich auch gut gehen lässt, sich dem Partner zuwendet – der ist ja auch zu kurz gekommen in dieser ganzen Phase –, dann kommt da sehr wohl etwas, aber etwas Schönes. Man wird nicht bestraft dafür.

Es kommt sogar etwas Schönes?
Ja, genau.

Und Sie werden sogar belohnt?
Richtig! Und diese Situation habe ich immer wieder. Und manchmal, wenn ich dann ein biss-chen zweifle: „Kann'ste das jetzt so machen?", dann kommt es wieder vor mein geistiges Auge. Und es stimmt wirklich. Und das ist das, was ich dann auch mit „eben mal locker las-sen" meine.

Es klingt so, als sei es für Sie wesentlich, dass Sie die Zügel anpacken und auch loslassen, schleifen lassen, können. Das ist ja auch der natürliche Lebensrhythmus, dass wir zupacken – loslassen, zupacken – loslassen.
Genau, dann hat man auch wieder die Kraft, dann hat man auch wieder Spaß und das hatte ich ziemlich verlernt.

Heißt das, Sie konnten das mal früher, hatten es verlernt und haben es wiedergefunden?
Ja.

Was finden Sie noch wichtig bei dem Weg, den Sie an Veränderung gegangen sind?
Wichtig? Es gibt ja dieses klassische Auch-mal-Nein-Sagen-Können, was mir schwerfällt. Ich habe aber so manche elegante Art dafür gefunden, mit der ich gut umgehen kann, die mir nicht das Gefühl gibt, mein Gegenüber im Stich zu lassen, aber eben auch nicht mich selber im Stich zu lassen.

Das ist vielleicht auch die Form von Wertschätzung meiner selbst; und wenn man dann so zaghafte Schritte in die Richtung macht, dann macht es auch nichts, ein Bild von sich ab-zugeben, dass man nicht weiterweiß oder dass man auch mal keine Zeit hat. Das auch mal zuzulassen, nicht immer zur Verfügung zu stehen, auch für andere.

Genau, sondern dass Sie sich wertschätzen, in dem, wie Sie gerade sind. Interessanterweise taucht jetzt wieder das Loslassen und Sagen „So ist es gerade" auf. So wie Sie bei Ihrem Hausarzt geses-sen sind und den Mut aufgebracht haben zu sagen: „So geht es mir." „Ich bin jetzt erschöpft." Sie lassen zu, was im Moment ist, damit wertschätzen Sie sich. Wie hat sich das ausgewirkt auf Ihre Beziehung, dass Sie das zuließen und dass Sie sich jetzt wertschätzen?
Positiv! Ich habe bei Begehren an mich dann teilweise erst mal eine Absage erteilt, was zu-nächst Verwunderung hervorrief und nochmaliges Nachhaken.

Ich bin aus manchen Funktionen einfach rausgeschlüpft, bin aber trotzdem immer noch ein Mensch. Oder vielleicht sieht man jetzt auch sogar eher den Menschen dahinter, weil ich eben manche Funktion einfach nicht ausfülle. Andere müssen auch mal fragen und sie sehen, die ist jetzt auch mal müde oder hat auch ein Privatleben. Das ist nicht unangenehm, da bin ich mehr ganz als vorher, würde ich sagen.

Mit den Leuten im Job, die irgendetwas von mir wollten, bin ich teilweise auch offensiv um-gegangen. Ich bin jetzt nicht mehr immer nur reaktiv, sondern teilweise bin ich auch mutiger und habe Dinge aktiv angesprochen. Zum Beispiel als unser Team quasi aufgeteilt wurde. Manchmal tun sich da auch Sachen auf, wo man sagt: „Das ist jetzt bis in alle Ewigkeit in Stein gemeißelt. Entweder du kommst mit diesem Chef klar oder du kannst gehen." Aber diesen Chef gibt es nicht mehr, der hat überhaupt keine Personalverantwortung mehr, weil es aufgefallen ist, wie er mit uns umgegangen ist.

Jedenfalls hatte ich da noch so eine komische Funktion inne und habe dann zu meiner Chefin, zu der ich ein vertrauensvolleres Verhältnis hatte, gleich am Anfang gesagt: „Du hast ja jetzt zwei von diesen Leuten, die das und das machen und meine Interessenlage ist es gar nicht, also entbinde mich gerne von dieser Aufgabe. Ich glaube, der andere macht das gerne und dem würde ich das wegnehmen." Es war für beide Seiten richtig gut – fand sie auch –, dass ich es aktiv angesprochen habe; auch dass ich gesagt habe, ich muss diese Rolle nicht haben. Und ich denke, es ist auch legitim, wenn man das sagt.

Das hat nichts mit sich drücken zu tun. Inzwischen habe ich eine andere Aufgabe oben drauf-gekriegt. Das ist manchmal so, ist aber nichts Schlimmes, da kann ich ganz gut mit umgehen. Ich habe dann schon gelacht und gesagt, ohne irgendwelche Sonderaufgaben kann ich an-scheinend nicht existieren. Die fliegen mich immer an, aber sie sind nicht so belastend, wie das, was ich da vorher hätte machen sollen.

Sie hatten auch den Mut, Gespräche mit mir zu führen. Ich bekomme manchmal mit, dass Leute denken, das ist ja schwierig oder ich werde dann als krank abgestempelt.

Ja, die Erwägung hat man auch, ganz bestimmt. Das kostet erst einmal Überwindung zu sagen: „Du kommst mit diesem Problem alleine nicht mehr klar, was ist los mit dir?" Dann ist es ein großer Unterschied, ob man sich ein körperliches Leiden oder ein seelisches Leiden eingesteht. Das ist ein riesengroßer Unterschied. Sie können mit jedem darüber reden, wenn sie ein Bandscheibenproblem haben oder was weiß ich. Aber sagen Sie mal jemandem, ich habe heute Nachmittag noch Gesprächstherapie, das machen Sie eher nicht. Das ist doch mit einem gewissen Stigma behaftet.

Wie sind Sie damit umgegangen? Wie haben Sie das für sich erlebt?

Meiner Familie habe ich das erzählt. Mein Mann wusste das, meine Mutter, mit der ich ein sehr enges Verhältnis habe, die wusste das. Sie ist eine ganz taffe Frau. Ich habe auch gedacht, was kommt da jetzt wohl? Es kam aber nichts. Sie hat gemerkt, dass es mir nicht gut geht. Ich habe es ihr auch gesagt, wie ich zum Hausarzt gegangen bin und absolut erschöpft war. Ich habe dieses Wort (erschöpft) auch benutzt und auch, dass ich in irgendeiner Form Hilfe brauche. Ansonsten habe ich das aber für mich behalten. Ich habe auch für mich behalten, worüber wir gesprochen haben. Das war meins. Die haben da nie gepult oder so was. Die haben auch verstanden, dass das mein Leben ist und dass ich, wenn ich was habe, schon ankomme. Das Bedürfnis hatte ich aber auch nicht, das zu teilen. Ich hatte das Bedürfnis, für mich selbst etwas zu ändern.

Das wirkt sich ja in allen Lebensbereichen aus. Ich habe Ihnen das mal nach ein paar Sitzungen erzählt: Wir liegen so im Bett, da fragt mich mein Mann völlig belanglos „Wie geht es dir?" und ich habe Rotz und Wasser geheult. Und ich bin dann in der Woche zu Ihnen gekommen und Sie haben gefragt, was so war in der Woche, und dann habe ich gesagt: „Ich habe diese Woche meine Fassung verloren." Und dann haben Sie noch gesagt: „Na endlich!" Das werde ich auch nicht vergessen. Das ist das Einzige, was ich meinem Mann erzählt habe: „Weißt du, was Dr. Schneider gesagt hat? Ich hätte endlich mal die Fassung verloren, weil ich mich sonst wohl immer so beherrscht verhielte oder immer versuche alles im Griff zu haben." Das war das Einzige, was ich eigentlich erzählt habe.

Ja, es kamen immer wieder Reaktionen von Ihnen, die für mich im ersten Moment verblüffend waren, wo ich immer dachte: „Was, wie, da kommt nichts?" Ich habe mich eigentlich ein bisschen dafür geschämt, die Fassung zu verlieren, und Sie fanden das ganz im Gegenteil völlig in Ordnung. Das gibt einem so eine andere Sichtweise auf das eigene Verhalten in dem Moment und man sieht sich wie eine dritte Person, das tut manchmal richtig gut.

Ich fand dies eine Schlüsselszene, in der Sie losgelassen und Gefühle zugelassen haben: „So geht es mir gerade." „Ich zeige mich auch mit meinen Gefühlen." Oft ist es für die Menschen so ein Schamgefühl, eigentlich ein Beschämungsgefühl, dass man früher so etwas nicht zeigen durfte oder konnte und jetzt darf man das.

Ja, genau.

Wie Sie es jetzt ausgedrückt haben, könnte man die Begleitung hier so beschreiben: Ich reagiere auf Sie und das ermöglicht Ihnen, sich neben sich zu stellen und sich ein eigenes Bild zu machen.
Diese Reaktion hätte ich so überhaupt nicht erwartet. Wie kommt das denn jetzt? Zwar zurückgeworfen auf sich selbst, aber an eine ganz andere Stelle. Ich weiß nicht, wie ich das anders ausdrücken soll. Ein ganz anderer Blickwinkel.

Wenn Sie ein gutes Buch zu ihrem Problem gelesen hätten, hätte das nicht auch gereicht? Wie sehen Sie das?
Ich glaube, es ist schwer, sich selbst diese starken Impulse zu geben. Es kamen ja doch Impulse von Ihnen. Ich weiß nicht, ob man das mit einem Buch mit sich alleine hinkriegt. Das Buch fördert das Nachdenken, es nützt einem aber in dem Moment oft nicht. Ich bin ein Mensch, der über vieles ganz analytisch, logisch und emotional nachdenken und das auch einordnen kann. Ich glaube, man wird immer mehr in sich gefangen, eingepanzert; da muss irgendwas von außen an einen rantippen. Das mag bei dem einen oder anderen mit einem Buch gelingen, das weiß ich nicht.

Im Frühjahr, bevor ich zu Ihnen gekommen war, habe ich ein Buch gelesen: Miriam Meckel, Briefe an mein Leben. Sie hatte einen Zusammenbruch. Das wird gar nicht genau beschrieben und sie findet sich in einer Kurklinik wieder. Sie beschreibt, wie sie so kleine alltägliche, reduzierte Sachen erst einmal wieder lernen musste. Ich habe das ganz interessiert gelesen, es hat mich aber in keiner Weise weitergebracht. Ich glaube, sie hat das Buch ganz ehrlich geschrieben, aber ihr Innerstes hat sie sicherlich nicht offengelegt. Das Buch hat mich nicht berührt, nicht wirklich.

Heißt das, Sie haben sich hier berühren lassen?
Ja. Es hat mir auch immer geholfen, mich ranzutasten an manche Dinge. Sie haben mir einige Schemata gezeigt, wie man als Kind reagiert, wie man sich als Erwachsene verhält und dass es eben manchmal nicht in Einklang zu bringen ist. Ich habe vieles gelernt. Eben auch, dass ich eine ganze Weile gut durch das Leben gekommen bin mit diesem „Ich streng mich an!" Diese Antreiberverhalten, das ist mir auch sehr lange in Erinnerung geblieben; dass man nicht immer mit dem gleichen Modus, mit dem man lange klarkam, auf die Dauer klarkommt. So nach dem Motto: Da ist eine Anforderung. Streng ich mich an, dann überwinde ich das und dann ist es wieder gut. So bin ich in das Ganze ja auch irgendwie reingeschlittert, dass ich mit Anstrengung nicht mehr weiterkam. Das haben Sie mir sehr plastisch einfach an diese Tafel gemalt und ich brauchte das genau so plastisch vor Augen, um es zu begreifen. Das waren ja teilweise Modelle, die Sie mir gezeigt haben. Ich habe gemerkt, ich kann damit sehr gut umgehen, wenn mir jemand am Erlebten ein Modell zeigt. Das ist für mich ganz wichtig, um das Erlebte zu begreifen, und das hat mir sehr geholfen.

Also wenn so etwas in Ihrem Buch drin sein sollte, dann fände ich das ganz toll. Man hat sicherlich alle Antreiberformen in irgendeiner Weise, aber irgendwas ist ja immer sehr ausgeprägt. Das habe ich auch bei meinem Mann gesehen. Er ist einer, der muss alles ganz schnell machen: Schnell geschieht, was gut geschieht. Wenn er sich so verhält, verliert er manchmal komplett die Bodenhaftung und nichts klappt mehr. Da ist wirklich was dran.

Ich erlebe mit Ihnen ein ganz lebendiges Lernen auf verschiedenen Ebenen, auch so, wie Sie es darstellen. Vorhin habe ich gedacht, ja, ich habe mich auch berühren lassen und bin mit Ihnen auf die Suche gegangen: „Wo kommt das her?", „Wie ist das gelaufen?" und „Wo möchten Sie hin?" Manchmal habe ich Ihnen abstrakt mit einem Model etwas vereinfacht gezeigt und am Flipchart aufgezeichnet, sodass Sie es auch sehen konnten.

Also, das ist dann auch etwas, was man wirklich mitnimmt. Sie haben mir dann auch zweimal eine Kopie mitgegeben, einen Aufsatz von Ihnen selbst und einmal das Gedankenkonstrukt von demjenigen, der das mal so entworfen hatte, dieses Antreibermodell. Das habe ich mir auch zu Hause ein paar Mal durchgelesen, das hilft dabei, zu analysieren und sich zu fragen: „Was möchtest du denn?" Die Frage stellt man sich gar nicht mehr, jedenfalls nicht, wenn es einem so geht, wie es mir ging, dann kommt man nur noch irgendwie durch den Tag.

Danke. Im Moment habe ich keine Frage mehr. Fällt Ihnen sonst noch etwas ein, was Sie denken, das wäre bei dem Thema Burnout jetzt noch wichtig zu sagen?

Ich glaube, dass es schon einen bestimmten Menschenschlag häufiger trifft: Die lange die Zähne zusammen beißen, das sind die, die so in sich überlegen, wie lange sie meinen das durchzuhalten. Und andere flippen, glaube ich, vorher aus oder fallen aus oder kriegen dann sicherlich irgendwann auch körperliche Symptome.

Mein Rat ist, einfach mit jemandem zu sprechen, dem Sie vertrauen. Also, dass man es einfach mal ausspricht. „Mir geht es nicht gut." Das dauert lange. Das wäre mein Rat an diese Leute, das auch einfach zu artikulieren, damit passiert schon im Kopf was. Dann begibt man sich auf den Weg und sucht sich auch Hilfe.

Außer dem, was Sie schon gesagt haben, dass Sie z. B. aktiv werden und dadurch Rollen klären: Gibt es denn in der Gestaltung Ihres privaten und beruflichen Alltags noch andere Dinge, auf die Sie jetzt anders achten oder auf die Sie jetzt achten, sodass Sie Ihre Energie wieder auftanken können?

Ja, ich habe zum Beispiel das letzte drei viertel Jahr mit Yoga angefangen. Jetzt ist Sommerpause und ich stelle mir vor, ab dem Herbst weiterzumachen. Und ich baue richtig normale Auszeiten ein. Yoga mache ich auch zusammen mit meinem Mann und das gefällt ihm so gut. Er war in dieser ganzen Gruppe mit 15 Frauen der einzige Mann. Am Anfang dachte er: „Oh Gott, oh Gott!". Der Yogalehrer ist auch ein Mann und der hat sich auch gefreut, dass mal wieder ein Mann dabei war. Und das schafft auch Gemeinsamkeit und auch bei ihm ist es so, dass der diese Inseln braucht.

Also, dass man sich einfach ein Bild von den Inseln im Alltag macht und diese Inseln einbaut. Das würde ich schon konkret einmauern wollen: Sich mit einem Buch nach draußen setzen in den Garten und nichts gucken, das da und das da und das Beet ist eigentlich überfällig mit Unkrautjäten, sondern es sich bewusst gut gehen lassen, eine dampfende Kanne Tee vor sich stehen haben und einfach runterkommen. Das ist wirklich wichtig.

Und das haben Sie jetzt eingebaut?

Ja, das habe ich eingebaut und diese Zeit nehme ich mir einfach. Ich habe sonst vieles im Laufschritt erledigt und nun laufe ich nicht mehr, jetzt gehe ich und ich bleibe auch mal stehen. Das ist, glaube ich, ein richtiges Bild.

Das ist ein schönes Bild.
Ja.

Und bei Ihrer Arbeit, gibt es da auch Auszeiten?
Ja, die gibt es. Dann gehe ich eben nicht ans Telefon, stehe nicht unbedingt immer zur Verfügung. Und ich bin ja im Außendienst, ich bin zwar tagtäglich mit ganz vielen Menschen in Kontakt, aber ich kann dann auch für mich sagen: „Ich gehe jetzt irgendwo einen Kaffee trinken!" oder so was. Eben nicht den Laufschritt! Und dann gehen, einen Kaffee trinken. Und dann geht hinterher alles viel leichter. Also, dieses Auftanken. Zwischendurch zu sagen: „Also, nun bist du halt müde oder abgespannt und dann geht es auch wieder." Das ist ja etwas, wo ich vorher nicht hingehört habe, dann habe ich einfach weitergemacht und das war nicht gut, das war definitiv nicht gut.

Und wie hören Sie jetzt? Was hören Sie dann heute?
Ich merke, dass ich müde bin oder nicht mehr konzentriert. Ich merke dann einfach, dass ich müde werde, dass die Batterien nicht mehr ganz frisch sind, und treibe mich selber nicht mehr so an. Ich denke auch inzwischen ein bisschen anders darüber, das ist ja vielleicht das Bild: das Glas ist halb voll, das Glas ist halb leer. „Was hast du an dem Tag schon geschafft?" Da kann man sich auch selber auf die Schulter klopfen und sagen: „Mann oder Frau, du hast ja schon einiges erledigt heute!" Dieses Sich-selbst-Belohnen ist auch ein wichtiger Aspekt dabei. Nicht erst den ganzen Tag rumrödeln. Das habe ich früher gemacht, dann bin ich nach Hause gekommen und habe mich auf das Sofa gesetzt und bin eingeschlafen. Das ist natürlich auch eine Form von absoluter Erschöpfung und dann passierte nichts mehr und damit war der Tag auch rum und ich hatte nichts für mich selber Schönes erlebt. Und solche Tage möchte ich nicht mehr und dass mir das so häufig passiert. Das kann noch passieren, manchmal arbeitet man noch am Anschlag, das passiert einfach, dann ist man kaputt. Aber in der Regel möchte ich an jedem Tag auch wirklich gelebt haben. Das ist ganz, ganz entscheidend. Irgendwas Schönes, und wenn es ein Spaziergang ist. Und das muss nicht immer erst nach der Arbeit passieren, das kann auch mittendrin schon mal passieren. Das hätte ich früher auch nicht gedacht.

Das könnte mittendrin passieren, das heißt, dass Sie sich mitten in Ihrer Arbeit Auszeiten nehmen.
Ich mache Pausen.

Sie haben das sehr schön ausgedrückt, Sie trinken dann Kaffee oder gehen mal spazieren und dann merken Sie, „Ich bin wieder erholt" und Sie können wieder konzentriert arbeiten.
Ja, dann tue ich mir was Gutes, freue mich auch darüber und nehme das auch dankbar an. Man kommuniziert dann irgendwie mit sich selbst.

Genau, Sie sind mit sich selber gut in Kontakt. Sie spüren jetzt, wenn Sie erschöpft sind, lassen die Erschöpfung zu, machen Pause, erholen sich und arbeiten dann wieder weiter und kommen abends nach Hause, sind zwar wahrscheinlich auch müde, aber nicht so, dass Sie einfach umfallen. Und Sie haben dann am Tag gelebt, wie Sie es so schön gesagt haben.
Und das hatte ich wirklich ganz, ganz lange unter der Woche komplett vernachlässigt. Da habe ich wirklich eigentlich nur rabottert und mich zum Wochenende hingehangelt und am Wochenende meinen ganzen Haushalt von oben nach unten gekehrt.

Man kann sich auch Rituale schaffen: Jetzt koche ich mir eine Tasse Tee. Die kann man ja nicht gleich trinken. Die ist ja erst mal so heiß dampfend und dann kann man da so zugucken, ich mach das unheimlich gerne Das hat man bei Kaffee nicht so, ich jedenfalls nicht, dann koch ich mir einen Tee. „Let's have a cup of tea!" also ist eine Einladung zur Kontemplation. Da ist man raus, raus aus dem, was man gerade gemacht hat, und kann dann die Gedanken schweifen lassen. Das ist für mich das Ideale, um eine Pause einzuläuten. Für jemanden anders würde es der Geruch von Kaffee sein oder eine Zigarette.

Aber diese Rituale können einem am Anfang sehr helfen, wenn man etwas macht, was man gerne mag. Sich einfach sagt: „So, jetzt ist die Zeit, wo du es mal machen könntest", wenn man noch nicht merkt, dass man jetzt müde ist. Ich glaube, dass es auch vielen helfen könnte, Sport zu machen. Man sagt den Leuten immer „Macht Sport!". Das geht bei vielen gar nicht mehr, wenn die so erschöpft sind. Die können sich da gar nicht mehr dafür aufraffen. Dann sollte man einfach erst einmal etwas ganz Einfaches machen. Eventuell ein Stück Schokolade essen oder solche Sachen.

Vielen Dank für das Gespräch.
Ich bedanke mich auch. Mir hat es auch gefallen und mir sind noch einmal einige Dinge bewusst geworden. Das geschieht halt in solch einem Gespräch mit Ihnen.

Schlussbemerkungen

In der Einleitung habe ich das Burnout-Syndrom folgendermaßen definiert:

Das Burnout-Syndrom ist ein Zustand
- totaler körperlicher, seelischer und geistiger Erschöpfung,
- mit verringerter Leistungsfähigkeit und dem Gefühl
  - extremer Erschöpfung,
  - innerlicher Leere,
  - und des Ausgebrannt-Seins.

Jetzt, nach nochmaliger Lektüre des Textes, fällt mir dazu ein:

Das Burnout-Syndrom ist ein Zustand totaler körperlicher, seelischer und geistiger Erschöpfung ...
Menschen bringen sich in einen Burnout-Zustand, wenn sie die natürliche Erschöpfung nicht beachten und übergehen; wenn sie ihre eigenen Grenzen und die Grenzen anderer übergehen. Sie sagen in diesem Zustand nicht Nein, grenzen sich nicht ab, handeln nicht selbstbestimmt.

Burnout betrifft den ganzen Menschen. Menschen sind ganze Wesen aus Körper, Geist und Seele. Körperliche, geistige und seelische Vorgänge haben einen wechselseitigen Einfluss aufeinander. Im Burnout-Vorgang und im Burnout-Syndrom kommen deshalb körperliche, geistige und seelische Beschwerden vor.

... mit verringerter Leistungsfähigkeit
Mit beginnendem Burnout sind die Menschen nicht mehr so leistungsfähig. Insbesondere die Qualität ihres Tuns verringert sich. Am Anfang merken sie das gar nicht, meinen sogar, „tolle Helden" und „Schaffer" zu sein („High von den eigenen Hormonen"). Schließlich spüren sie aber, wie fertig sie sind, brechen zusammen und haben nicht selten lange Ausfallszeiten und sind dann erst einmal nicht mehr in der Lage, etwas zu leisten.

... und dem Gefühl
- **extremer Erschöpfung,**
- **innerlicher Leere**
- **und des Ausgebrannt-Seins.**

Ja, sie sind dann völlig erschöpft und wissen zunächst mit der Erschöpfung nicht umzugehen, fühlen sich unsicher, hilf- und hoffnungslos. Die innere Leere rührt daher, dass sie in diesem Zustand nicht mehr aus sich selbst heraus leben. Sie haben über längere Zeit ihre Empfindungen und Gefühle nicht mehr zugelassen und sich so von ihrer eigenen schöpferischen Quelle abgeschnitten. Sie schützten sich dabei unbewusst vor Erinnerungen und Gefühlen aus alten schmerzlichen Erfahrungen und Verletzungen.

Sie fühlen sich ausgebrannt. Das Ausgebrannt-Sein ist ein Bild dafür, dass sie vor Leidenschaft gebrannt haben. Und jetzt ist das Feuer aus!

Zusammenfassend könnten wir sagen:

Leben ist ...
ein Zustand körperlichen, seelischen und geistigen Schaffens,
    mit Phasen von Leistung und Erschöpfung,
    mit Erfolgen und Scheitern.

Dazu gehört das Gefühl,
    die eigene Kraft und Erschöpfung, Macht und Ohnmacht zu spüren,
    aus dem eigenen Wesen heraus gelassen und besonnen zu handeln ...

... und sich, andere und die Welt immer wieder neu
    zu empfinden,
    zu fühlen und emotional
    und geistig zu durchdringen und zu genießen.

Unterwegs
Immer wieder anhalten,
wahrnehmen, was ist,
uns freuen an dem, was wir erreicht haben,
annehmen, dass nicht alles gelungen ist.
Uns Zeit gönnen,
neue Kräfte schöpfen,
uns neu orientieren,
uns leiten lassen von dem,
was für uns wesentlich ist.
Weiter schreiten, wie es mir entspricht,
in der Hoffnung, dass wir immer mehr werden,
was wir letztlich sein können.
Wieder sehen,
was dem Leben Sinn gibt.
Wieder hören,
was meine Seele nährt.
Wieder spüren,
was letztlich wichtig ist.
Wieder aufstehen
und meinen Weg gehen

Max Feigenwinter

5. Anmerkungen für professionelle Begleiter

Ich habe dieses Buch bis zu diesem Punkt mit der Intention geschrieben, dass es auch interessierte Laien lesen können. Jetzt möchte ich Ihnen, den professionellen Begleiterinnen und Begleitern, noch einige Hinweise zum Verständnis und zur professionellen Begleitung von Menschen mit einem drohenden oder vorliegenden Burnout-Syndrom geben. Diese Überlegungen treffen in der Regel auch auf andere Formen von Erschöpfungszuständen zu und ich halte sie für eine Basis aller Beratung und Therapie.

Hinweise zur Haltung, zu den Interventionstechniken und dem Setting

Menschen in einem Erschöpfungszustand brauchen von uns als Fachleute
> unsere Präsenz (unser Da-Sein),
> Wachheit und Konzentration,
> ehrliches Interesse an ihnen als Person und Individuum,
> Fürsorge,
> Halt und Richtung,
> kreativ spielerischen und ehrlichen Kontakt,
> Information,
> Sorgfalt und Geschicklichkeit
> und die Freiheit, für sich selbst zu entscheiden, was für sie das Richtige ist.

Besonders hervorheben möchte ich hier die Punkte Information, Halt und Richtung sowie Konfrontation. Die anderen Punkte habe ich bei der Darstellung des dynamischen Handlungspentagons (s. Kapitel 4.8) bereits beschrieben.

Nicht selten haben mir Klienten mit einem Burnout-Syndrom erzählt, dass Coaches oder Psychotherapeuten, mit denen sie kein Arbeitsbündnis etablieren konnten, sie (nur) gefragt hätten, was sie den wollten oder was sie zu ihrem Zustand meinten; die Coaches oder Therapeuten selbst hätten dazu nichts erklärt. Wohlmeinend zwar, emotional ehrlich zugewandt und an ihrer Entwicklung oder Genesung interessiert hatten sie ihnen aber keine Expertise gegeben im Sinne von Information, Halt und Richtung, in die sie sich entwickeln könnten, und so war keine Zusammenarbeit zustande gekommen.

Information, Richtung und Halt

Menschen sind in ihren Erschöpfungszuständen am Anfang der Beratung oder Therapie meistens sehr verunsichert und haben Angst vor einer Stigmatisierung. Sie brauchen deshalb insbesondere Information, Richtung und Halt.

Die Interventionen Information, Halt und Richtung entsprechen einem antithetischen Verhalten bei einem „Sei-stark!"-Muster (siehe dynamisches Handlungspentagon, Kapitel 4.8). In einer autoritären und mithilfe von Beschämung erziehenden Gesellschaftskultur aufgewachsen, haben manchmal auch wir als professionell Helfende Angst davor, andere könnten sich bevormundet fühlen, wenn wir ihnen sagen, was wir für sie als das im Moment Richtige oder Wichtige ansehen. Doch Richtung vermittelnd (direktiv) und die Autonomie des Klienten fördernd zu behandeln ist nicht mit autoritärem oder totalitärem Verhalten gleichzusetzen. Ich habe deshalb bewusst den Begriff „direktiv" mit „Halt gebend" und „Richtung vermittelnd" übersetzt. Im zweiten und dritten Interview drücken die Klienten sehr deutlich aus, wie gut es ihnen getan hat, dass ihr Hausarzt ihnen eine klare Empfehlung und Rückhalt gegeben hat, als er sie zu mir überwies.

Konfrontation

In der Transaktionsanalyse gibt es eine lange Tradition des achtsamen und fürsorglichen Konfrontierens („loving and caring confrontation"). Wenn Menschen uns bitten, ihnen zu helfen, und mit uns vertraglich vereinbaren, dass wir ihnen helfen, dann ist es angebracht und sehr wirksam, ihnen an passenden Stellen und in passender Form das aufzuzeigen, was sie nicht sehen. Eine Konfrontation ist eine Intervention, die es dem Klienten ermöglicht wahrzunehmen, was er gerade nicht oder noch nicht wahrnimmt und was aus meiner professionellen Sicht auf sein von ihm festgelegtes Entwicklungs- oder Behandlungsziel bezogen jetzt für seine Entwicklung wichtig wäre. Eine Konfrontation beinhaltet meine Haltung und mein Tun und Lassen aller zu Beginn dieses Kapitels genannten Punkte. Ich biete meinem Klienten die Stirn (frons lat. = die Stirn), bin ihm ein Gegenüber. Konfrontation wird – von der Alltagskultur geprägt – meist mit negativen Attributen verbunden: Schelte und Bestrafung. Vielleicht sollten wir deshalb eher von „aufzeigen" oder „hinweisen" sprechen.

In der Transaktionsanalyse beziehen wir uns auf die klassischen Techniken, drei Interventionen und fünf Interpositionen von Berne (2005, S. 2007 ff.), die organisch aufeinander aufbauen: Befragen, Benennen, Konfrontieren, Erklären, Illustrieren, Bestätigen, Deuten, Kristallisieren. Interessanterweise hat Berne häufig darauf hingewiesen, wie wichtig Informationen seien; dennoch hat er sie hier nicht einbezogen.

Ebenso anregend und ergänzend sind die Interventionen von Erskine (1995): Erfragen, Einfühlen, Einstimmen, Mitschwingen, Normalisieren und Validieren.

Ganzheitliche Behandlung

Ich habe in diesem Buch Klienten mit einem Burnout-Syndrom beschrieben, das heißt, diese Klienten wiesen nach einem mehr oder weniger langen Burnout-Prozess einen Zustand totaler körperlicher, geistiger und seelischer Erschöpfung auf; manchmal drohte die Arbeitsunfähigkeit, meistens waren sie arbeitsunfähig geworden und wiesen körperliche Beschwerden verschiedenster Art auf. In dieser Situation ist es für die Klienten besonders wichtig, mit ihren körperlichen Beschwerden völlig ernst und nach den Regeln der Kunst gründlich diagnostiziert und behandelt zu werden.

Den Menschen als Ganzes, als ein Wesen mit Körper, Geist und Seele in der Welt und der Schöpfung wahrzunehmen erscheint mir hier besonders wichtig. Ich informiere meine Klienten darüber, dass ich über diese Einheit von Körper, Geist, Seele und Welt in Wechselwirkungen denke und ein Beratungs- und Behandlungssetting anstrebe, das ihnen freistellt, Fachleute aus den verschiedenen Bereichen für sich in Anspruch zu nehmen, und dass ich die Integration des Ganzen im Auge habe. Aus den Interviews, die ich mit den Burnout-Klienten durchgeführt habe, geht für mich sehr deutlich hervor, wie wichtig es für die Klienten war, dass ihr Hausarzt hinter ihnen stand, als er sie zu mir als Fachmann für die Seele und den Geist überwies und wir dann auch zusammengearbeitet haben. Dies gilt auch für die Zusammenarbeit mit anderen Fachleuten wie Krankengymnasten, Osteopathen, Musiktherapeuten, Sportlehrern, Seelsorgern und anderen.

Der Beratungs- oder Behandlungsweg geht (wie bei psychosomatischen Erkrankungen) vom Körperlichen über das Soziale zum Geistigen, zum Seelischen, zum Spirituellen.[40] Ich kenne diesen Weg seit meinem Studium bei von Uexküll und fand dazu auch eine sehr anschauliche Veröffentlichung in der transaktionsanalytischen Literatur bei Cartmel (1991). Erst wenn sich der Klient auf der körperlichen Beschwerdeebene ernsthaft angenommen und behandelt fühlt, ist er frei, auch seine Beziehungen zu anderen Menschen und der Welt und dann schließlich sein körperlich-geistig-seelisches Innenleben zu reflektieren. Die Betrachtung und Beachtung der Grundbedürfnisse ermöglicht ihm nach meinen Beobachtungen einen leichten Zugang zu seinem Körpererleben, zu seinen Beziehungen mit Menschen und der Welt und zu seinem geistigen und seelischen Erleben.

---

40 Mit spirituell meine ich die Transzendierung eines Menschen in die Welt.

Aus der Perspektive des Behandlungsvertrages gesehen finden wir einen organischen Weg von Explorationsverträgen (Herausfinden, was ist, woher es kommt und wohin es gehen könnte) über Kontrollverträge (etwas in den Griff bekommen, etwas nicht verschlechtern) zu Veränderungsverträgen (konkrete Veränderungen bei sich, mit anderen und in der Welt vornehmen; siehe dazu Schneider 2000, S. 66 ff.). Sich und dem Klienten hier Zeit zu lassen und den Klienten mit meiner aktiven Hilfe seinen Weg herausfinden und gehen zu lassen ist aus meiner Sicht eine Grundvoraussetzung für eine erfolgreiche Behandlung.

Bei den Körperbeschwerden geht es darum, den Klienten zu helfen, diese als Zeichen für Ihre Bedürfnisse und ihre Wechselwirkungen mit sich und der Umwelt und der Umgebung zu deuten. Je mehr sie dies können, umso mehr lassen die Beschwerden nach und sie finden zu einem achtsamen Umgang mit ihrem Körper. Die Beschwerden gehen von Beschwerden 3. Grades (chronische Beschwerden) über in Beschwerden 2. Grades (Beschwerden, die ab und zu da sind, ohne dass die Klienten einen Zusammenhang zu Auslösern feststellen können), über in Beschwerden 1. Grades (Beschwerden, die ab und zu da sind und bei denen die Klienten einen Zusammenhang zu Auslösern feststellen können), bis schließlich keine Beschwerden mehr da sind, jedoch Körperempfindungen, die von den Klienten als Zeichen für ihre Grundbedürfnisse gedeutet werden können. Nach meinen Erfahrungen brauchen solche Prozesse von 3° zu 2° zu 1° zu 0°, oder von 2° zu 1° zu 0° oder von 1° zu 0° einen Behandlungszeitraum von mindestens eineinhalb Jahren.

Schweregrad	Dauer der Beschwerden	Bewusstheit von Auslösern
1°	ab und zu vorhanden	ja
2°	ab und zu vorhanden	nein
3°	ständige Beschwerden	nein

Abbildung 5-1: Schweregrad psychosomatischer Beschwerden (nach Cartmel 1991)

Die Erfahrung des Leiblichen, des Körpers und dessen Wechselwirkung mit seelischen und geistigen Prozessen im Beratungs- oder Behandlungsprozess erscheint mir ein wesentlicher Baustein für eine erfolgreiche Auflösung der Burnout-Dynamik. Als Berater oder Therapeut können Sie mit einfachen Mitteln dazu beitragen, dass der Klient sich auch körperlich spürt und seine Leiblichkeit und deren Wechselwirkung mit emotionalen und geistigen Prozessen reflektiert:

Stellen Sie ein grundbedürfnisgerechtes Behandlungssetting zur Verfügung: angenehmer Raum, bequeme Stühle, Licht, Luft, Getränke, Essen (bei längeren Gruppensitzungen), angemessene Pausen.

Bewegungsaktive Menschen mögen es, wenn sie in einem Freischwinger sitzen, einen Ball in Hände haben (ich benutze Jonglier- und Goosh-Bälle) und auch aufstehen und sich bewegen können.

Bauen Sie Körpererfahrungen ein wie:

Entspannungs-, Yoga- und Atemübungen, Tanzen, Singen, Musizieren, konzentrative Bewegungstherapie, erlebnisorientierte Sporteinheiten ...

Wählen Sie nach Ihren eigenen Vorlieben aus. Lassen Sie solche Einheiten von anderen Fachleuten durchführen und reflektieren Sie im Anschluss mit den Klienten deren Erfahrungen.

Wenn Sie selbst keine Elemente zur Körpererfahrung in Ihre Beratung/Therapie einbauen möchten, finden Sie mit Ihren Klienten heraus, was diese gerne mögen. Regen Sie sie an, dies zu tun, und reden Sie regelmäßig mit ihnen über ihre Erfahrungen.

Die Erfahrung von Musischem wie Malen, Singen, Musizieren, Lesen ... erscheint mir genauso wichtig. Hier gilt dasselbe wie oben: Bauen Sie musische Elemente ein oder regen Sie die Klienten dazu an, solche Erfahrungen in anderen Zusammenhängen zu machen, und reden mit ihnen regelmäßig darüber. (Berne nannte dieses Vorgehen den Besuch von permission groups.)

Nach dieser allgemeinen Einführung folgen nun Erläuterungen zu den einzelnen Kapiteln des Buches.

5.1 Kapitel 1: Einleitung

Definition Burnout-Syndrom

Als Burnout-Syndrom wird nach der internationalen Klassifizierung von Krankheiten, International Statistical Classification of Diseaseses and Related Health Problems (ICD-10), eine „totale Erschöpfung" bezeichnet. Es wird im Abschnitt XII (Faktoren, die den Gesundheitszustand beeinflussen und zur Inanspruchnahme des Gesundheitswesens führen) unter der Rubrik Z (Personen, die das Gesundheitswesen unter sonstigen Gründen in Anspruch nehmen) als Z73 „Probleme mit Bezug auf Schwierigkeiten bei der Lebensbewältigung" aufgeführt. Das Burnout-Syndrom ist nach ICD-10 also nicht als Krankheit klassifiziert.

So wie ich das Burnout-Syndrom als Zustand totaler körperlicher, seelischer und geistiger Erschöpfung mit verringerter Leistungsfähigkeit und dem Gefühl extremer Erschöpfung, innerlicher Leere und des Ausgebrannt-Seins beschrieben habe, finden sich im ICD-10 andere Diagnosen, die sich einzelnen Symptomen des Syndroms zuordnen lassen.

Beschwerden im Sinne eines Erschöpfungszustandes wie bei einem Burnout-Syndrom kommen auch vor, wenn andere körperliche und / oder seelische Schwierigkeiten vorliegen und der Erschöpfungszustand eine Auswirkung dieser Schwierigkeiten ist, wie z. B. bei einer Erschöpfungsdepression. Diese und andere Formen einer Erschöpfung lassen sich anderen Diagnosen im ICD-10 zuordnen und sind unter Berücksichtigung der Dynamik der dahinter liegenden Erkrankung zu behandeln.

Was und wie man etwas – wie mit dem ICD-10 – als Krankheit definiert, ist Ausdruck fachlicher, gesellschaftlicher, politischer und wirtschaftspolitischer Machtkonstellationen und Konsensbildungen. Krankheit ist also etwas Relatives. Es wird rege diskutiert, ob denn Burnout eine Krankheit sei oder keine. Dabei ist der Begriff Krankheit ein zweischneidiges Schwert: Zum einen fühlen sich Betroffene entlastet, wenn ihre Schwierigkeiten als Krankheit bezeichnet werden, weil sie damit von finanziellen Regelungen des Gesundheitssystems und der Rentenversorgung profitieren können, zum anderen fühlen sie sich diskriminiert und abgestempelt. Seelische Erkrankungen sind auch heute mit einem negativen Stigma behaftet. Eine Krankschreibung mit einer Diagnose aus dem Bereich der Psychosomatik oder Psychiatrie oder durch einen Facharzt für Neurologie und Psychiatrie oder einen Facharzt für Psychotherapeutische Medizin führt bei dem Klienten oder im Betrieb eventuell zu negativen Auswirkungen.

Sehr interessant ist für mich die Beobachtung, dass in vielen Betrieben eine natürliche Erschöpfung oder ganz alltägliche Krankheiten schon als inakzeptabel gelten: Hätte sich der Betroffene gut verhalten, sich gesund ernährt, Sport gemacht, die Fortbildungskurse besucht und Psychohygiene betrieben, wäre er schließlich nicht krank geworden!

Erschöpfungszustände haben biologische, physikalische, individuelle, persönliche, lebensgeschichtliche, geistige, seelische, soziale, organisationale, politische und wirtschaftspolitische Hintergründe. Ohne diese Hintergründe gibt es kein Burnout-Syndrom und auch keine anderen „krankhaften" Erschöpfungszustände. Die drei ausgewählten Interviews weisen unterschiedliche individuell biografische, seelische, soziale und organisationale Hintergründe von Burnout auf. Damit diese jeweils individuellen Hintergründe von Burnout und anderen Erschöpfungszuständen deutlich werden, habe ich drei unterschiedliche Interviews mit Klienten ausgewählt. Nach den Kriterien des ICD-10 würde man den Erschöpfungszustand des Betroffenen im

Interview 1 als Burnout-Syndrom bezeichnen können, bei den Betroffenen in den Interviews 2 und 3 würde man von Erschöpfungszuständen auf dem Hintergrund einer depressiven Entwicklung sprechen.

Burnout-Prozess – Burnout-Syndrom

Mit dem Begriff „Burnout-Prozess" werden das Entstehen und die Ausbildung des Burnout-Syndroms beschrieben, ein Vorgang, den ich vom Burnout-Syndrom selbst, dem Zustand der totalen körperlichen, geistigen und seelischen Erschöpfung, mit dem Gefühl der innerlichen Leere und des Ausgebrannt-Seins unterscheide. Dem Burnout-Prozess lassen sich die Disstressverhaltensweisen 1. und 2. Grades, dem Burnout-Syndrom das Disstressverhalten 3. Grades zuordnen.

Die Burnout-Symptomatik ist vielgestaltig, daher spricht man auch vom Burnout-Syndrom[41]. Bei Burisch (2010, S. 25 f.) finden Sie eine ausführliche Auflistung verschiedener Symptome.

Der Burnout-Prozess wird von verschiedenen Autoren mit Phasentheorien beschrieben (Edelwich & Brodsky 1980, Cherniss 1980, Lauderdale 1981, Freudenberger & Richelson 1983). Burisch stellt ein integriertes Modell für Burnout vor und beschreibt den Burnout-Prozess mit gestörten Handlungsepisoden (2010, S. 162 f.).

In Anlehnung an Cherniss (1980) lässt sich der Burnout-Prozess wie in Abb. 5-3 darstellen: Ausgangspunkte des Burnout-Vorgangs sind die Person selbst und die Arbeitsumgebung. Die Person selbst bringt sich in Schwierigkeiten durch unrealistische Arbeitsplatz- und Karrierevorstellungen, durch eine übergroße Beanspruchung eigener Ressourcen und durch zu wenig oder keine Unterstützung von außerhalb des Arbeitsplatzes. Die Arbeitsumgebung kann von außen gesehen mit folgenden Eigenschaften beschrieben werden: Der Betroffene wird nicht oder unzureichend in seinen Arbeitsplatz eingeführt und / oder nicht gewollt oder abgelehnt. Es besteht in der Menge der Arbeit und / oder der Qualität ein zu großer Anspruch an die Person. Oder aber: Die Person ist durch die Arbeit intellektuell und handwerklich unterfordert. Sie ist in den Kundenkontakten unter- oder überfordert. Ihr wird zu wenig eigener Spielraum, Handlungs-, Gestaltungs- und Entscheidungsfreiheit eingeräumt oder sie wird in genau diesen Punkten überfordert. Arbeitsziele sind unklar oder unrealistisch. Die Vorgesetzten geben keine angemessene Anerkennung oder / und kritisieren in destruktiver Form. Es besteht keine eindeutige Führung oder die Führung erteilt widersprüchliche, inkonsistente Anweisungen und Botschaften. Es besteht ein

---

41 Als Syndrom bezeichnet man mehrere Symptome, die gleichzeitig vorhanden sind (griechisch: syn = zusammen, dromein = laufen).

negatives kollegiales Klima. Es fehlt an innerbetrieblichem beruflichem Austausch und an über die Firma hinausgehendem beruflichem Austausch. Die Interaktion zwischen der Person und dem Betrieb führt zu Disstressverhalten.

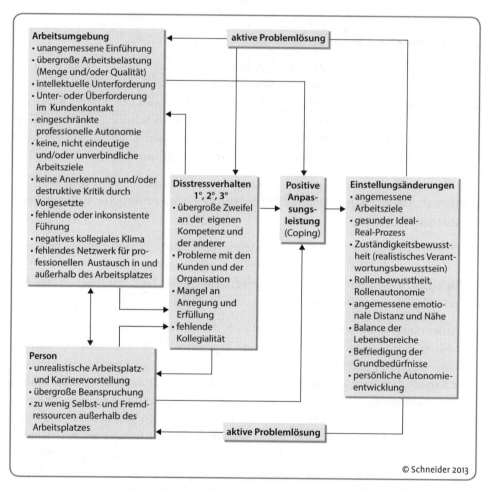

Abbildung 5-3: Bedingungen und Ablauf des Burnout-Prozesses (in Anlehnung an Cherniss 1980)

Ich sehe den Burnout-Prozess als einen in Wellen und Phasen fortschreitenden, manchmal aber wieder aufgelösten Prozess, in dem die persönliche Autonomie (Bewusstheit, Freiheit, aus verschiedenen Handlungsoptionen zu wählen, und die Verbundenheit mit bedeutsamen Menschen und der Welt) des Betroffenen beeinträchtigt ist. Meist beginnt der Prozess mit erhöhten Anforderungen, einer Überforderung, einer übergroßen Begeisterung für etwas oder mit einer Unterforderung.

Alle diese Umstände betreffen die körperliche und/oder die seelische und/oder die geistige Ebene.

Körperlich, geistig und seelisch beinhalten sie eine Enttäuschung und einen Verlust. Kann der Betroffene seine körperlichen Ressourcen, seine Bedürfnisbefriedigung, seine Gefühle, seine seelischen und geistigen Prozesse nicht so nutzen und gestalten, dass er eine realistische Anpassung an sich und die Welt schafft, den Verlust verarbeitet, die eigene Enttäuschung wahrnimmt und sich dabei als selbst Handelnder und Gestaltender (autonom) fühlt, arbeitet er sich in das Burnout-Syndrom hinein. Er baut Abwehr auf, das heißt, er greift auf Skriptverhaltensmuster zurück und arbeitet sich damit weiter in sein Problem hinein, zweifelt, verzweifelt und bricht schließlich zusammen, es sei denn, er findet früher einen Ausstieg aus der Skriptdynamik (das Gitterraster in der Abb. 5-4 stellt die Durchlässigkeit dar). Beschreiben lassen sich die Mikroprozesse mit den im Buch dargestellten Modellen der Autonomie, Bedürfnisbefriedigung, Balance der Lebensbereiche und dem Umgang mit Stress, dem dynamisches Handlungspentagon und dem Disstressverlauf (Miniskriptablauf).

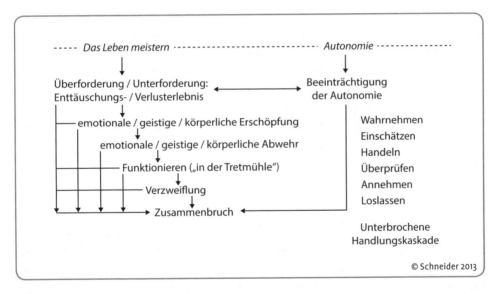

Abbildung 5-4: Der Burnout-Prozess

Burnout kommt zustande durch eine Störung der Autonomie. Aufgelöst werden kann Burnout durch die Erfahrung von Autonomie. Ich benutze die Begriffe „Selbstständigkeit und Verbundenheit" und „Souveränität". Dabei beziehe ich mich auf den Autonomiebegriff von Berne, der Autonomie als Bewusstheit (zulassen wahrzunehmen, was real wirklich ist), Spontaneität (Freiheit zu entscheiden, wie man handelt) und Intimität (offene und ehrliche Kommunikation, verbunden mit dem Gefühl, verstanden zu sein) definiert (1967), und auf Lenhardt (1992), der die Verbunden-heit als wichtigen Teilaspekt der Autonomie stark hervorhebt. Die Entwicklung von mehr Autonomie ist die zentrale Idee in der Transaktionsanalyse, an der sich alle Modelle und Methoden orientieren und ausrichten.

Zur Definition und Behandlung von Burnout benutzt Burisch (2010, S. 161) das Mo-dell der Handlungsepisode, mit der sich auch meine Beschreibungen und Ansätze zum Großteil abbilden ließen. Auch er stellt, wie ich, die Erfahrung von Autonomie in das Zentrum.[42] Was meinen Ansatz sowohl in der Beschreibung als auch in der Behandlung von Burisch und anderen Autoren unterscheidet ist, dass ich schon viel früher unter der Motivebene, nämlich beim Stillen der Grundbedürfnisse, ansetze und den Körperaspekt gemeinsam mit den Grundbedürfnissen mit einbeziehe.

5.2 Kapitel 2: Balance der Lebensbereiche

Das Bild der Lebensblume mit dem Selbst als Zentrum und der Entfaltung der ver-schiedenen Lebensbereiche als Blütenblätter ist ein mächtiges Bild; nicht selten berich-teten mir Klienten, dass dieses Bild sie lange Zeit begleitet und lange nicht mehr losge-lassen habe. Als Illustration der Tatsache, dass verschiedene Lebensbereiche wichtig sind und nicht gegeneinander ausgespielt werden sollten, ist es äußerst wirksam. Ich verwende das Bild häufig bei der Exploration der Lebenssituation und (wieder) wenn der Klient die Schwierigkeiten in der Ausbalancierung der Lebensbereiche benennt.

Den Begriff der „Work-Life-Balance" habe ich durch die „Balance der Lebensberei-che" ersetzt. Es geht ja nicht darum, Arbeit und Leben in die Balance zu bringen, sondern darum, sowohl in der Arbeit als auch im Privaten zu leben und die verschie-denen Lebensbereiche in eine Balance zu bringen.

Die gelungene Trennung und Verbindung verschiedener Lebensbereiche ermöglicht den Klienten, immer wieder Abstand zu Themen und Problemen herzustellen, diese selbst aus der Distanz und mit anderen Menschen zu betrachten und die nötigen körperlichen und seelischen Verarbeitungs- und Loslösungsprozesse zu schaffen. Ein gelingendes Arbeiten und ein Verbundenheitsgefühl mit den Kollegen können ihnen helfen, private Themen mit Abstand zu sehen und dann in Angriff zu nehmen. Mit Menschen aus dem Privatbereich über die Arbeit zu sprechen ermöglicht ihnen einen anderen Blick auf sich selbst und die Arbeit. Bei stimmigen Hobbys können sie einfach „abschalten", „den Kopf frei bekommen" oder „umschalten", sich (wieder) selbst leibhaftig, seelisch und geistig spüren und als autonom handelnd erleben.

---

42   Gelesen habe ich sein Buch erst, nachdem ich meines, bis auf dieses Kapitel, geschrieben hatte.

5.3 Kapitel 3: Grundbedürfnisse stillen

Aus meiner Sicht fallen Klienten trotz emotionaler und/oder kognitiver Bearbeitung seelischer und sozialer Probleme irgendwann wieder in alte Verhaltensmuster zurück, wenn sie ihre Grundbedürfnisse nicht kennen und nicht bewusst stillen. Deshalb ist der hier beschriebene radikale Ansatz an der Basis (Bewusstmachung und selbstständiges Stillen der Grundbedürfnisse) nicht nur bei einem Erschöpfungssyndrom notwendig, sondern auch bei anderen Entwicklungsschwierigkeiten und Erkrankungen besonders effektiv.

Insofern verstehe ich dieses Buch nicht nur als eine Anleitung für die Beratung und Behandlung von Menschen mit Burnout-Themen, sondern als eine Anleitung für eine grundsätzliche Basisbehandlung bei körperlichen und seelischen Schwierigkeiten und Störungen. Ich möchte daran erinnern, dass Berne zutreffend darauf hingewiesen hat, dass unter Ersatzgefühlen nicht nur andere Gefühle, sondern auch nicht gestillte Bedürfnisse liegen können. Gefühlsarbeit ohne diese Kenntnis und folglich ohne die Suche nach möglichen darunter liegenden nicht gestillten Grundbedürfnissen kann lange erfolglos bleiben.

5.4 Kapitel 4: Grundprinzipien der Lebensgestaltung

Die drei Komponenten des Kohärenzgefühls (Antonowsky 1997) – Verstehbarkeit, Bedeutsamkeit/Sinn und Handhabbarkeit – lassen sich als Hintergrundmodell und Fragerichtung, woher Disstress und Burnout herrühren und aus welchen Komponenten sie zusammengesetzt sind, verwenden. Alle drei Komponenten sind wichtig für ein befriedigendes Lebensgefühl:

1. Versteht der Betroffene die Situation, die ihn belastet?
2. Sieht sie in dem, was sie da tut, einen Sinn?
3. Kann er/sie diese Situation handhaben?

Je nachdem welche Komponenten betroffen sind, lassen sich dann entsprechende Interventionen planen und Lösungen finden.

5.5 Fragebögen

Fragebögen eignen sich hervorragend dafür, mit dem Klienten ein Thema in Augenschein zu nehmen, ihn mitteilen zu lassen, was er denkt und fühlt und wie seine Sicht der Dinge ist. Sie eignen sich dazu, eigene Beratersichtweisen zu ergänzen und zu relativieren.

Ein Test oder Fragebogen ist (nur) so gut wie derjenige, der ihn anwendet. Es kommt darauf an, was Sie als Professioneller damit in Gang setzen. Im Gruppensetting ermöglichen Fragebögen einen anregenden Austausch unter den Gruppenmitgliedern.

Das Hamburger Burnout-Inventar[43] (HBI) eignet sich sehr gut, um die eigene Einschätzung mit der des Klienten zu vergleichen und Aufschlüsse über die Behandlung zu bekommen. Es werden die Skalen

1. Emotionale Erschöpfung,
2. Leistungsunzufriedenheit,
3. Distanziertheit,
4. Depressive Reaktion,
5. Hilflosigkeit,
6. Innere Leere,
7. Arbeitsüberdruss,
8. Unfähigkeit zur Entspannung,
9. Selbstüberforderung,
10. Aggressive Reaktion ,

abgefragt.

---

43 Burnout-Institut Norddeutschland, Hamburg, Prof. Matthias Burisch.

Anhang

Fragebogen Lebens-Balance

Wir wissen, dass eine ausgewogene Gestaltung der Lebensbereiche und die spielerische Ausgestaltung der verschiedenen Rollen in diesen Bereichen wesentlich zu unserem Wohlbefinden und unserer Gesundheit beitragen. Sie können mit dem folgenden Fragebogen die Gestaltung Ihrer Lebensbereiche sichten, überprüfen und Anregungen erhalten.

Anleitung zur Beantwortung

Nehmen Sie sich Zeit für die Beantwortung. Je aufrichtiger Sie zu sich selbst sind, desto wertvoller wird für Sie das Ergebnis sein. Notieren Sie bei der Beantwortung der mit B gekennzeichneten Fragen (z.B. „5B") Ihre Gedanken möglichst, ohne sie zu bewerten. Mit diesen Notizen können Sie später, wenn Sie möchten, sehr gut weiter arbeiten.

Viel Spaß bei der Beantwortung und Auswertung.

Fragebogen zum Thema Lebens-Balance					
(Zutreffendes bitte ankreuzen)	Gewichtung		Gestaltung		
	nicht wichtig	wichtig	Ich tue ...		
1 Wie wichtig ist Ihnen Ihre Partnerschaft?			nichts	etwas	Wesent-liches
1B Was tun Sie, um Ihre Partnerschaft lebendig zu halten?					
2 Wie wichtig ist für Sie die Begegnung mit (Ihren) Kindern?					
2B Was tun Sie, um Begegnungen mit Kindern zu gestalten?					
3 Wie wichtig sind für Sie Freundschaften?					
3B Wie pflegen Sie Freundschaften?					
4 Wie wichtig ist Ihnen Ihr (bezahlter) Beruf? Bzw.: Wie wichtig ist Ihnen Ihr vordergründig nicht bezahlter Beruf, etwa als Hausmann / -frau?					
4B Wie halten Sie Ihr berufliches Niveau? Bzw.: Was tun Sie, um in Ihrer beruflichen Tätigkeit Wertschätzung und Selbstachtung zu erfahren?					
5 Wie wichtig ist Ihnen Ihre Beziehung zu Ihrer Familie?					
5B Wodurch oder wie pflegen Sie die Beziehung zu Ihrer Familie?					
6 Wie wichtig ist Ihnen die Beziehung zu Ihrer Ursprungsfamilie?					
6B Wodurch oder wie pflegen Sie die Beziehung zu Ihrer Ursprungsfamilie?					
7 Wie wichtig ist für Sie ein Hobby?					

Fragebogen zum Thema Lebens-Balance

7B Wie gestalten Sie Ihr Hobby?					
8 Wie wichtig ist Ihnen Ihre Fortbildung?					
8B Was tun Sie für das Gelingen Ihrer Fortbildung?					
9 Wie wichtig ist für Sie politische Bewusstheit bzw. politisches Handeln?					
9B Was tun Sie für Ihr politisches Bewusstsein bzw. wie halten Sie Ihre Aktivität aufrecht?					
10 Wie wichtig ist es Ihnen, auch einmal für sich allein zu sein?					
10B Was machen Sie konkret dafür, dass Sie Zeit für sich alleine haben?					
11 Wie wichtig ist für Sie Ihre Spiritualität, wie entwickeln Sie Lebenssinn?					
11B Wie leben Sie Ihre Spiritualität / Ihren Lebenssinn?					
12 Wie wichtig ist Ihnen Ihr Körper?					
12B Wie pflegen Sie Ihren Körper aktiv und passiv?					
Diese Punkte gibt es pro Spalte	0	1	0	1	2
	Ihre Gesamt-punktzahl „Gewichtung der Lebensbereiche": --------------------		Ihre Gesamtpunktzahl „Gestaltung der Lebensbereiche": -------------------------		

Auswertung zum Fragebogen Lebens-Balance

Gewichtung meiner Lebensbereiche Sie haben ____ Punkte?	Gestaltung meiner Lebensbereiche Sie haben ____ Punkte?
Mehr als 8 Punkte: Sie haben klare Vorstellungen über Ihre Lebensbereiche. Machen Sie weiter so! Bleiben Sie aufmerksam, erforschen Sie auch die bisher nicht ausgeleuchteten Ecken und achten Sie darauf, einzelne Bereiche nicht zu „überziehen".	**Mehr als 10 Punkte:** Sie haben allen Grund, Ihr Leben zu genießen. Achten Sie darauf, nicht zu viel zu tun. Beschäftigen Sie sich damit, loszulassen, zuzulassen, sich einzulassen. So erweitern Sie die Balance von Tun und Lassen.
Weniger als 8 Punkte: Sie könnten etwas für Sich verändern. Es wäre sicherlich für Ihr Lebensgefühl hilfreich, wenn Sie die Wichtigkeit einzelner hintenangestellter Lebensbereiche erkennen, abwägen und für sich neu festlegen würden.	**Weniger als 10 Punkte:** Es ist sinnvoll, jetzt aktiv zu werden. Dann werden Sie zu Ihrem Wohlbefinden finden. Ohne eigene Aktivität allerdings können Sie dieses Ziel nicht erreichen. Glück ist ein aktiver Prozess, der Ihr Handeln will.
Weniger als 5 Punkte: Sicherlich sind Sie mit Ihrem Leben, so wie es jetzt ist, unzufrieden. Fangen Sie an, sich ernst zu nehmen. Gönnen Sie es sich, dafür auch professionelle Hilfe in Anspruch zu nehmen.	**Weniger als 6 Punkte:** Es ist dringend erforderlich, dass Sie für sich aktiv werden. Seien Sie gewiss: Leben kann Freude machen, wenn Sie sich entscheiden, aktiv zu werden und Ihrem Wesen gemäß Ihr Leben zu gestalten.

Fragebogen Grundbedürfnisse

Wir wissen, dass eine ausgewogene Befriedigung der Grundbedürfnisse zu unserem Wohlbefinden und unserer Gesundheit beiträgt. Sie können mit dem folgenden Fragebogen die Befriedigung ihrer Grundbedürfnisse überprüfen und Anregungen zur Befriedigung Ihrer Grundbedürfnisse erhalten.

Anleitung zur Beantwortung

Nehmen Sie sich Zeit für die Beantwortung. Je aufrichtiger Sie zu sich selbst sind, desto wertvoller wird für Sie das Ergebnis sein.

Viel Spaß bei der Beantwortung und Auswertung.

1. **Denken Sie an Ihr Bedürfnis nach**	**1. Luft / Sauerstoff**
2. Woran erkennen Sie dieses Bedürfnis?	
3. Was machen Sie, wenn Sie dieses Bedürfnis wahrnehmen? Zählen Sie alles auf, was Ihnen dazu einfällt.	
4. Erkennen Sie dieses Bedürfnis erst, wenn Sie sich unwohl oder schlecht fühlen? Was fühlen Sie dann? Was denken Sie dann? Wie verhalten Sie sich, was tun Sie?	☐ Immer [3] ☐ Oft [2] ☐ Manchmal [1] ☐ Nie [0]
5. Erkennen Sie dieses Bedürfnis erst, wenn andere merken, dass Sie dieses Bedürfnis haben, wenn also andere etwas bezüglich dieses Bedürfnisses für Sie tun? Was tun andere für Sie? Wie weit „lassen Sie es kommen", bis die anderen etwas tun? Was tun die anderen? Was tun Sie?	☐ Immer [3] ☐ Oft [2] ☐ Manchmal [1] ☐ Nie [0]
6. Rechnen Sie im Voraus damit, dass dieses Bedürfnis auftritt, und planen Sie etwas für die Befriedigung dieses Bedürfnisses? Wie?	☐ Immer [3] ☐ Oft [2] ☐ Manchmal [1] ☐ Nie [0]

1. Denken Sie an Ihr Bedürfnis nach	2. Licht

2. Woran erkennen Sie dieses Bedürfnis?

3. Was machen Sie, wenn Sie dieses Bedürfnis wahrnehmen? Zählen Sie alles auf, was Ihnen dazu einfällt.

4. Erkennen Sie dieses Bedürfnis erst, wenn Sie sich unwohl oder schlecht fühlen? Was fühlen Sie dann? Was denken Sie dann? Wie verhalten Sie sich, was tun Sie?	☐ Immer [3] ☐ Oft [2] ☐ Manchmal [1] ☐ Nie [0]
5. Erkennen Sie dieses Bedürfnis erst, wenn andere merken, dass Sie dieses Bedürfnis haben, wenn also andere etwas bezüglich dieses Bedürfnisses für Sie tun? Was tun andere für Sie? Wie weit „lassen Sie es kommen", bis die anderen etwas tun? Was tun die anderen? Was tun Sie?	☐ Immer [3] ☐ Oft [2] ☐ Manchmal [1] ☐ Nie [0]
6. Rechnen Sie im Voraus damit, dass dieses Bedürfnis auftritt, und planen Sie etwas für die Befriedigung dieses Bedürfnisses? Wie?	☐ Immer [3] ☐ Oft [2] ☐ Manchmal [1] ☐ Nie [0]

1. Denken Sie an Ihr Bedürfnis nach	3. Wasser / Flüssigkeit

2. Woran erkennen Sie dieses Bedürfnis?

3. Was machen Sie, wenn Sie dieses Bedürfnis wahrnehmen? Zählen Sie alles auf, was Ihnen dazu einfällt.

---

4. Erkennen Sie dieses Bedürfnis erst, wenn Sie sich unwohl oder schlecht fühlen?

☐ Immer [3]
☐ Oft [2]
☐ Manchmal [1]
☐ Nie [0]

Was fühlen Sie dann?

Was denken Sie dann?

Wie verhalten Sie sich, was tun Sie?

---

5. Erkennen Sie dieses Bedürfnis erst, wenn andere merken, dass Sie dieses Bedürfnis haben, wenn also andere etwas bezüglich dieses Bedürfnisses für Sie tun?

☐ Immer [3]
☐ Oft [2]
☐ Manchmal [1]
☐ Nie [0]

Was tun andere für Sie?

Wie weit „lassen Sie es kommen", bis die anderen etwas tun?

Was tun die anderen?

Was tun Sie?

---

6. Rechnen Sie im Voraus damit, dass dieses Bedürfnis auftritt, und planen Sie etwas für die Befriedigung dieses Bedürfnisses?

☐ Immer [3]
☐ Oft [2]
☐ Manchmal [1]
☐ Nie [0]

Wie?

1. Denken Sie an Ihr Bedürfnis nach	4. Nahrung

2. Woran erkennen Sie dieses Bedürfnis?

3. Was machen Sie, wenn Sie dieses Bedürfnis wahrnehmen? Zählen Sie alles auf, was Ihnen dazu einfällt.

4. Erkennen Sie dieses Bedürfnis erst, wenn Sie sich unwohl oder schlecht fühlen? Was fühlen Sie dann? Was denken Sie dann? Wie verhalten Sie sich, was tun Sie?	☐ Immer [3] ☐ Oft [2] ☐ Manchmal [1] ☐ Nie [0]
5. Erkennen Sie dieses Bedürfnis erst, wenn andere merken, dass Sie dieses Bedürfnis haben, wenn also andere etwas bezüglich dieses Bedürfnisses für Sie tun? Was tun andere für Sie? Wie weit „lassen Sie es kommen", bis die anderen etwas tun? Was tun die anderen? Was tun Sie?	☐ Immer [3] ☐ Oft [2] ☐ Manchmal [1] ☐ Nie [0]
6. Rechnen Sie im Voraus damit, dass dieses Bedürfnis auftritt, und planen Sie etwas für die Befriedigung dieses Bedürfnisses? Wie?	☐ Immer [3] ☐ Oft [2] ☐ Manchmal [1] ☐ Nie [0]

1. Denken Sie an Ihr Bedürfnis nach	**5. Ausscheidung**

2. Woran erkennen Sie dieses Bedürfnis?

3. Was machen Sie, wenn Sie dieses Bedürfnis wahrnehmen? Zählen Sie alles auf, was Ihnen dazu einfällt.

4. Erkennen Sie dieses Bedürfnis erst, wenn Sie sich unwohl oder schlecht fühlen? Was fühlen Sie dann? Was denken Sie dann? Wie verhalten Sie sich, was tun Sie?	☐ Immer [3] ☐ Oft [2] ☐ Manchmal [1] ☐ Nie [0]
5. Erkennen Sie dieses Bedürfnis erst, wenn andere merken, dass Sie dieses Bedürfnis haben, wenn also andere etwas bezüglich dieses Bedürfnisses für Sie tun? Was tun andere für Sie? Wie weit „lassen Sie es kommen", bis die anderen etwas tun? Was tun die anderen? Was tun Sie?	☐ Immer [3] ☐ Oft [2] ☐ Manchmal [1] ☐ Nie [0]
6. Rechnen Sie im Voraus damit, dass dieses Bedürfnis auftritt, und planen Sie etwas für die Befriedigung dieses Bedürfnisses? Wie?	☐ Immer [3] ☐ Oft [2] ☐ Manchmal [1] ☐ Nie [0]

1. Denken Sie an Ihr Bedürfnis nach	6. Vermeidung von Schadstoffen

2. Woran erkennen Sie dieses Bedürfnis?

3. Was machen Sie, wenn Sie dieses Bedürfnis wahrnehmen? Zählen Sie alles auf, was Ihnen dazu einfällt.

4. Erkennen Sie dieses Bedürfnis erst, wenn Sie sich unwohl oder schlecht fühlen? Was fühlen Sie dann? Was denken Sie dann? Wie verhalten Sie sich, was tun Sie?	☐ Immer [3] ☐ Oft [2] ☐ Manchmal [1] ☐ Nie [0]
5. Erkennen Sie dieses Bedürfnis erst, wenn andere merken, dass Sie dieses Bedürfnis haben, wenn also andere etwas bezüglich dieses Bedürfnisses für Sie tun? Was tun andere für Sie? Wie weit „lassen Sie es kommen", bis die anderen etwas tun? Was tun die anderen? Was tun Sie?	☐ Immer [3] ☐ Oft [2] ☐ Manchmal [1] ☐ Nie [0]
6. Rechnen Sie im Voraus damit, dass dieses Bedürfnis auftritt, und planen Sie etwas für die Befriedigung dieses Bedürfnisses? Wie?	☐ Immer [3] ☐ Oft [2] ☐ Manchmal [1] ☐ Nie [0]

1. Denken Sie an Ihr Bedürfnis nach	7. Konstante(r) Körpertemperatur

2. Woran erkennen Sie dieses Bedürfnis?

3. Was machen Sie, wenn Sie dieses Bedürfnis wahrnehmen? Zählen Sie alles auf, was Ihnen dazu einfällt.

4. Erkennen Sie dieses Bedürfnis erst, wenn Sie sich unwohl oder schlecht fühlen?

☐ Immer [3]
☐ Oft [2]
☐ Manchmal [1]
☐ Nie [0]

Was fühlen Sie dann?

Was denken Sie dann?

Wie verhalten Sie sich, was tun Sie?

5. Erkennen Sie dieses Bedürfnis erst, wenn andere merken, dass Sie dieses Bedürfnis haben, wenn also andere etwas bezüglich dieses Bedürfnisses für Sie tun?

☐ Immer [3]
☐ Oft [2]
☐ Manchmal [1]
☐ Nie [0]

Was tun andere für Sie?

Wie weit „lassen Sie es kommen", bis die anderen etwas tun?

Was tun die anderen?

Was tun Sie?

6. Rechnen Sie im Voraus damit, dass dieses Bedürfnis auftritt, und planen Sie etwas für die Befriedigung dieses Bedürfnisses?

☐ Immer [3]
☐ Oft [2]
☐ Manchmal [1]
☐ Nie [0]

Wie?

1. Denken Sie an Ihr Bedürfnis nach	8. Körperhygiene

2. Woran erkennen Sie dieses Bedürfnis?

3. Was machen Sie, wenn Sie dieses Bedürfnis wahrnehmen? Zählen Sie alles auf, was Ihnen dazu einfällt.

4. Erkennen Sie dieses Bedürfnis erst, wenn Sie sich unwohl oder schlecht fühlen? Was fühlen Sie dann? Was denken Sie dann? Wie verhalten Sie sich, was tun Sie?	☐ Immer [3] ☐ Oft [2] ☐ Manchmal [1] ☐ Nie [0]
5. Erkennen Sie dieses Bedürfnis erst, wenn andere merken, dass Sie dieses Bedürfnis haben, wenn also andere etwas bezüglich dieses Bedürfnisses für Sie tun? Was tun andere für Sie? Wie weit „lassen Sie es kommen", bis die anderen etwas tun? Was tun die anderen? Was tun Sie?	☐ Immer [3] ☐ Oft [2] ☐ Manchmal [1] ☐ Nie [0]
6. Rechnen Sie im Voraus damit, dass dieses Bedürfnis auftritt, und planen Sie etwas für die Befriedigung dieses Bedürfnisses? Wie?	☐ Immer [3] ☐ Oft [2] ☐ Manchmal [1] ☐ Nie [0]

1. Denken Sie an Ihr Bedürfnis nach	9. Stimulation und Zuwendung

2. Woran erkennen Sie dieses Bedürfnis?

3. Was machen Sie, wenn Sie dieses Bedürfnis wahrnehmen? Zählen Sie alles auf, was Ihnen dazu einfällt.

4. Erkennen Sie dieses Bedürfnis erst, wenn Sie sich unwohl oder schlecht fühlen? Was fühlen Sie dann? Was denken Sie dann? Wie verhalten Sie sich, was tun Sie?	☐ Immer [3] ☐ Oft [2] ☐ Manchmal [1] ☐ Nie [0]
5. Erkennen Sie dieses Bedürfnis erst, wenn andere merken, dass Sie dieses Bedürfnis haben, wenn also andere etwas bezüglich dieses Bedürfnisses für Sie tun? Was tun andere für Sie? Wie weit „lassen Sie es kommen", bis die anderen etwas tun? Was tun die anderen? Was tun Sie?	☐ Immer [3] ☐ Oft [2] ☐ Manchmal [1] ☐ Nie [0]
6. Rechnen Sie im Voraus damit, dass dieses Bedürfnis auftritt, und planen Sie etwas für die Befriedigung dieses Bedürfnisses? Wie?	☐ Immer [3] ☐ Oft [2] ☐ Manchmal [1] ☐ Nie [0]

1. Denken Sie an Ihr Bedürfnis nach	10. Gestaltung

2. Woran erkennen Sie dieses Bedürfnis?

3. Was machen Sie, wenn Sie dieses Bedürfnis wahrnehmen? Zählen Sie alles auf, was Ihnen dazu einfällt.

4. Erkennen Sie dieses Bedürfnis erst, wenn Sie sich unwohl oder schlecht fühlen?	☐ Immer [3] ☐ Oft [2] ☐ Manchmal [1] ☐ Nie [0]

Was fühlen Sie dann?

Was denken Sie dann?

Wie verhalten Sie sich, was tun Sie?

5. Erkennen Sie dieses Bedürfnis erst, wenn andere merken, dass Sie dieses Bedürfnis haben, wenn also andere etwas bezüglich dieses Bedürfnisses für Sie tun?	☐ Immer [3] ☐ Oft [2] ☐ Manchmal [1] ☐ Nie [0]

Was tun andere für Sie?

Wie weit „lassen Sie es kommen", bis die anderen etwas tun?

Was tun die anderen?

Was tun Sie?

6. Rechnen Sie im Voraus damit, dass dieses Bedürfnis auftritt, und planen Sie etwas für die Befriedigung dieses Bedürfnisses?	☐ Immer [3] ☐ Oft [2] ☐ Manchmal [1] ☐ Nie [0]

Wie?

1. **Denken Sie an Ihr Bedürfnis nach**	**11. Pausen und Erholung**
2. Woran erkennen Sie dieses Bedürfnis?	
3. Was machen Sie, wenn Sie dieses Bedürfnis wahrnehmen? Zählen Sie alles auf, was Ihnen dazu einfällt.	

4. Erkennen Sie dieses Bedürfnis erst, wenn Sie sich unwohl oder schlecht fühlen? Was fühlen Sie dann? Was denken Sie dann? Wie verhalten Sie sich, was tun Sie?	☐ Immer [3] ☐ Oft [2] ☐ Manchmal [1] ☐ Nie [0]
5. Erkennen Sie dieses Bedürfnis erst, wenn andere merken, dass Sie dieses Bedürfnis haben, wenn also andere etwas bezüglich dieses Bedürfnisses für Sie tun? Was tun andere für Sie? Wie weit „lassen Sie es kommen", bis die anderen etwas tun? Was tun die anderen? Was tun Sie?	☐ Immer [3] ☐ Oft [2] ☐ Manchmal [1] ☐ Nie [0]
6. Rechnen Sie im Voraus damit, dass dieses Bedürfnis auftritt, und planen Sie etwas für die Befriedigung dieses Bedürfnisses? Wie?	☐ Immer [3] ☐ Oft [2] ☐ Manchmal [1] ☐ Nie [0]

1. Denken Sie an Ihr Bedürfnis nach	12. Alleinsein

2. Woran erkennen Sie dieses Bedürfnis?	

3. Was machen Sie, wenn Sie dieses Bedürfnis wahrnehmen? Zählen Sie alles auf, was Ihnen dazu einfällt.	

4. Erkennen Sie dieses Bedürfnis erst, wenn Sie sich unwohl oder schlecht fühlen? Was fühlen Sie dann? Was denken Sie dann? Wie verhalten Sie sich, was tun Sie?	☐ Immer [3] ☐ Oft [2] ☐ Manchmal [1] ☐ Nie [0]

5. Erkennen Sie dieses Bedürfnis erst, wenn andere merken, dass Sie dieses Bedürfnis haben, wenn also andere etwas bezüglich dieses Bedürfnisses für Sie tun? Was tun andere für Sie? Wie weit „lassen Sie es kommen", bis die anderen etwas tun? Was tun die anderen? Was tun Sie?	☐ Immer [3] ☐ Oft [2] ☐ Manchmal [1] ☐ Nie [0]

6. Rechnen Sie im Voraus damit, dass dieses Bedürfnis auftritt, und planen Sie etwas für die Befriedigung dieses Bedürfnisses? Wie?	☐ Immer [3] ☐ Oft [2] ☐ Manchmal [1] ☐ Nie [0]

1. **Denken Sie an Ihr Bedürfnis nach**	**13. Schlaf**

2. Woran erkennen Sie dieses Bedürfnis?

3. Was machen Sie, wenn Sie dieses Bedürfnis wahrnehmen? Zählen Sie alles auf, was Ihnen dazu einfällt.

4. Erkennen Sie dieses Bedürfnis erst, wenn Sie sich unwohl oder schlecht fühlen? Was fühlen Sie dann? Was denken Sie dann? Wie verhalten Sie sich, was tun Sie?	☐ Immer [3] ☐ Oft [2] ☐ Manchmal [1] ☐ Nie [0]
5. Erkennen Sie dieses Bedürfnis erst, wenn andere merken, dass Sie dieses Bedürfnis haben, wenn also andere etwas bezüglich dieses Bedürfnisses für Sie tun? Was tun andere für Sie? Wie weit „lassen Sie es kommen", bis die anderen etwas tun? Was tun die anderen? Was tun Sie?	☐ Immer [3] ☐ Oft [2] ☐ Manchmal [1] ☐ Nie [0]
6. Rechnen Sie im Voraus damit, dass dieses Bedürfnis auftritt, und planen Sie etwas für die Befriedigung dieses Bedürfnisses? Wie?	☐ Immer [3] ☐ Oft [2] ☐ Manchmal [1] ☐ Nie [0]

1. **Denken Sie an Ihr Bedürfnis nach**	**14. Ausdruck von Gefühlen**

2. Woran erkennen Sie dieses Bedürfnis?

3. Was machen Sie, wenn Sie dieses Bedürfnis wahrnehmen? Zählen Sie alles auf, was Ihnen dazu einfällt.

4. Erkennen Sie dieses Bedürfnis erst, wenn Sie sich unwohl oder schlecht fühlen?	☐ Immer [3] ☐ Oft [2] ☐ Manchmal [1] ☐ Nie [0]

Was fühlen Sie dann?

Was denken Sie dann?

Wie verhalten Sie sich, was tun Sie?

5. Erkennen Sie dieses Bedürfnis erst, wenn andere merken, dass Sie dieses Bedürfnis haben, wenn also andere etwas bezüglich dieses Bedürfnisses für Sie tun?	☐ Immer [3] ☐ Oft [2] ☐ Manchmal [1] ☐ Nie [0]

Was tun andere für Sie?

Wie weit „lassen Sie es kommen", bis die anderen etwas tun?

Was tun die anderen?

Was tun Sie?

6. Rechnen Sie im Voraus damit, dass dieses Bedürfnis auftritt, und planen Sie etwas für die Befriedigung dieses Bedürfnisses?	☐ Immer [3] ☐ Oft [2] ☐ Manchmal [1] ☐ Nie [0]

Wie?

1. Denken Sie an Ihr Bedürfnis nach	**15. Bewegung**

2. Woran erkennen Sie dieses Bedürfnis?

3. Was machen Sie, wenn Sie dieses Bedürfnis wahrnehmen? Zählen Sie alles auf, was Ihnen dazu einfällt.

4. Erkennen Sie dieses Bedürfnis erst, wenn Sie sich unwohl oder schlecht fühlen? Was fühlen Sie dann? Was denken Sie dann? Wie verhalten Sie sich, was tun Sie?	☐ Immer [3] ☐ Oft [2] ☐ Manchmal [1] ☐ Nie [0]
5. Erkennen Sie dieses Bedürfnis erst, wenn andere merken, dass Sie dieses Bedürfnis haben, wenn also andere etwas bezüglich dieses Bedürfnisses für Sie tun? Was tun andere für Sie? Wie weit „lassen Sie es kommen", bis die anderen etwas tun? Was tun die anderen? Was tun Sie?	☐ Immer [3] ☐ Oft [2] ☐ Manchmal [1] ☐ Nie [0]
6. Rechnen Sie im Voraus damit, dass dieses Bedürfnis auftritt, und planen Sie etwas für die Befriedigung dieses Bedürfnisses? Wie?	☐ Immer [3] ☐ Oft [2] ☐ Manchmal [1] ☐ Nie [0]

Auswertung des Fragebogens Grundbedürfnisse

Grundbedürfnisprofil

Übertragen Sie die Summenwerte aus der Befragung der einzelnen Grundbedürfnisse in die Spalte 2, erstellen Sie ein Säulendiagramm oder eine Kurve. Je höher der Wert, umso wichtiger ist er für eine positive Veränderung, die Beachtung dieses Grundbedürfnisses.

Nr.		Σ	0	1	2	3	4	5	6	7	8	9	10	11	12
1	Luft / Sauerstoff														
2	Licht														
3	Wasser / Flüssigkeit														
4	Nahrung														
5	Ausscheidung														
6	Vermeidung von Schadstoffen														
7	konstante Körpertemperatur														
8	Körperhygiene														
9	Stimulation und Zuwendung														
10	Gestaltung														
11	Pausen und Erholung														
12	Alleinsein														
13	Schlaf														
14	Ausdruck von Gefühlen														
15	Bewegung														

Fragebogen zum Antreiberverhalten (nach Kälin & Müri 1998)

Beantworten Sie bitte folgende Aussagen mithilfe der unten stehenden Bewertungsskala so, wie Sie sich im Moment *selber sehen*. Schreiben Sie den entsprechenden Zahlenwert in den dafür vorgesehenen Raum.

Die Aussage trifft auf mich zu	gar nicht 1	kaum 2	etwas 3	gut 4	sehr gut 5
1. Wann immer ich eine Arbeit mache, mache ich sie gründlich.					
2. Ich fühle mich dafür verantwortlich, dass diejenigen, die mit mir zu tun haben, sich wohlfühlen.					
3. Ich lasse andere merken, dass sie nicht zu lange und zu ausführlich sprechen sollen, wenn ich etwas schon verstanden habe.					
4. Anderen gegenüber zeige ich meine Schwächen nicht gerne.					
5. Ich stelle mich oft dümmer, als ich eigentlich bin.					
6. Häufig gebrauche ich den Satz: „Es ist schwierig, etwas so genau zu sagen."					
7. Ich sage oft mehr als eigentlich nötig wäre.					
8. Ich habe Mühe, Menschen, die nicht genau sind, zu akzeptieren.					
9. Es fällt mir schwer, Gefühle zu zeigen.					
10. Wenn ich etwas ernsthaft versuche, gelingt es mir auch.					
11. Wenn ich eine Meinung äußere, begründe ich sie auch.					
12. Wenn ich einen Wunsch habe, erfülle ich ihn mir meistens schnell.					
13. Ich sollte eigentlich besser sein, als ich bin.					

Die Aussage trifft auf mich zu	gar nicht 1	kaum 2	etwas 3	gut 4	sehr gut 5
14. Leute, die „herumtrödeln", regen mich auf.					
15. Es ist für mich wichtig, von den anderen akzeptiert zu werden.					
16. Ich habe eher eine harte Schale, aber einen weichen Kern.					
17. Ich versuche oft herauszufinden, was andere von mir erwarten, um mich dann danach zu richten.					
18. Leute, die unbekümmert in den Tag hineinleben, kann ich nur schwer verstehen.					
19. Bei Diskussionen unterbreche ich die anderen oft.					
20. Meine Sprechweise ist eher monoton.					
21. Aufgaben erledige ich möglichst rasch.					
22. Häufig sage ich: „Das ist nicht mein Problem."					
23. Ich sollte viele Aufgaben noch besser erledigen.					
24. Meiner Meinung nach ist die Frage, ob 2 x 2 = 4 sind, vom System abhängig, auf das sich diese Zahlenwerte beziehen.					
25. Erfolge fallen nicht vom Himmel. Sie müssen hart erarbeitet werden.					
26. Es gibt keine Entschuldigung dafür, dumme Fehler zu machen.					
27. Ich schätze es, wenn andere auf meine Fragen rasch und bündig antworten.					
28. Ich bin interessiert daran, von anderen zu erfahren, ob ich meine Sache gut gemacht habe.					
29. Wenn ich eine Aufgabe begonnen habe, führe ich sie auch zu Ende.					

Die Aussage trifft auf mich zu	gar nicht 1	kaum 2	etwas 3	gut 4	sehr gut 5
30. Ich stelle meine Wünsche und Bedürfnisse zugunsten anderer oft zurück.					
31. Ich bin anderen gegenüber oft hart, um von ihnen nicht verletzt zu werden.					
32. Ich klopfe oft ungeduldig mit meinen Fingern auf den Tisch.					
33. Beim Erklären von Sachverhalten verwende ich gerne: „Erstens ..., zweitens ..., drittens ...“.					
34. Die meisten Dinge sind gar nicht so einfach, wie viele Leute glauben.					
35. Es ist mir unangenehm, andere Leute zu kritisieren.					
36. Bei Diskussionen nicke ich häufig mit dem Kopf.					
37. Ich strenge mich an, meine Ziele zu erreichen.					
38. Mein Gesichtsausdruck ist eher ernst.					
39. Ich bin nervös.					
40. So schnell kann mich nichts erschüttern.					
41. Meine Probleme gehen die anderen nichts an.					
42. Ich sage oft: „Mach mal vorwärts.“					
43. Ich sage oft: „Genau.“ „Exakt.“ „Klar.“					
44. Ich sage oft: „Das verstehe ich nicht.“					
45. Ich sage eher: „Könnten Sie es nicht einmal versuchen“ statt: „Versuchen Sie es einmal.“					

Auswertungsschlüssel für den Fragebogen zum Antreiberverhalten

Die Zahlenangaben unter den Antreiberverhalten entsprechen den Nummern der Fragen. Tragen Sie zu jeder Fragen-Nummer Ihren jeweiligen Punktwert ein und errechnen Sie die Summe für jedes Antreiberverhalten.

„Sei perfekt!"

1	8	11	13	23	24	33	38	43	Summe

„Beeil dich!"

1	8	11	13	23	24	33	38	43	Summe

„Versuche angestrengt!"

1	8	11	13	23	24	33	38	43	Summe

„Mach's recht!"

1	8	11	13	23	24	33	38	43	Summe

„Sei stark!"

1	8	11	13	23	24	33	38	43	Summe

Erlaubnissätze

Erlaubnissätze (1), erweitert nach Levin (1982)

1	Du darfst sein, du darfst leben! Ich mag dich.	Ich darf sein, ich darf leben!	Ich lebe! Ich genieße mein Leben!
2	Ich verstehe und achte deine Bedürfnisse.	Meine Bedürfnisse sind in Ordnung!	Meine Bedürfnisse sind in Ordnung. Ich achte und stille sie.
3	Ich freue mich, dass du ein Junge / Mann bist! Ich freue mich, dass du ein / e Mädchen / Frau bist!	Ich darf mich als Mann fühlen und entfalten! Ich darf mich als Frau fühlen und entfalten!	Ich bin ein Mann: Ich spüre und entfalte mich als Mann. Ich bin eine Frau: Ich spüre und entfalte mich als Frau.
4	Du darfst dir Zeit lassen, dir deinen Raum nehmen.	Ich darf mir Zeit lassen und mir meinen Raum nehmen / geben!	Ich lasse mir Zeit. Ich gebe mir Raum und Zeit.
5	Ich freue mich, dich in angemessener Form zu versorgen.	Ich darf Fürsorge und Anerkennung entgegennehmen und genießen!	Ich nehme Fürsorge und Anerkennung entgegen und genieße sie.
6	Ich freue mich über deine Nähe.	Ich darf mich nahe fühlen und gleichzeitig ich selbst sein!	Ich fühle Nähe und bleibe ich selbst.
7	Du hast ein Recht, hier zu sein.	Ich darf hier sein!	Ich bin da, bin hier, an dieser Stelle!

Erlaubnissätze (2), erweitert nach Levin (1982)

8	Es ist in Ordnung, wenn du Initiative ergreifst, aktiv wirst und Einfluss nimmst.	Es ist in Ordnung, wenn ich Initiative ergreife, aktiv werde und Einfluss nehme.	Ich ergreife Initiative, werde aktiv und nehme Einfluss.
9	Du kannst eigenständig handeln und gleichzeitig Unterstützung bekommen.	Ich kann eigenständig handeln und gleichzeitig Unterstützung bekommen.	Ich handle eigenständig und hole mir gleichzeitig Unterstützung.
10	Es ist in Ordnung, wenn du dich in die Welt hinausbewegst, sie erforschst, deine Sinne nährst und dich jemand versorgt. (3)	Es ist in Ordnung, wenn ich mich in die Welt hinausbewege, sie erforsche, meine Sinne nähre und mich versorge.	Ich bewege mich in der Welt und erforsche sie. Ich nähre meine Sinne und versorge mich.

11	Du darfst neugierig und intuitiv sein.	Ich darf neugierig und intuitiv sein.	Ich handle neugierig und intuitiv.
12	Du darfst Aufmerksamkeit oder Anerkennung erhalten und trotzdem in der Weise handeln, wie du wirklich fühlst.	Ich darf Aufmerksamkeit oder Anerkennung erhalten und gleichzeitig in der Weise handeln, wie ich wirklich fühle.	Ich nehme Aufmerksamkeit und Anerkennung entgegen und handle gleichzeitig in der Weise, wie ich wirklich fühle.
13	Du darfst erforschen und ausprobieren.	Ich darf erforschen und ausprobieren.	Ich probiere neugierig aus und erforsche.

Erlaubnissätze (3), erweitert nach Levin (1982)

14	Ich freue mich, dass du wächst und dich weiterentwickelst. (2)	Ich freue mich, dass ich wachse und mich weiterentwickle.	Ich wachse und ich entwickle mich.
15	Du darfst es andere Menschen wissen lassen, wenn du dich ärgerst.	Ich darf andere Menschen wissen lassen, wenn ich mich ärgere.	Ich lasse es andere Menschen wissen, wenn ich mich ärgere.
16	Du brauchst nicht unsicher zu sein. Du darfst dir darüber im Klaren sein, was du brauchst.	Ich brauche nicht unsicher zu sein. Ich darf mir darüber im Klaren sein, was ich brauche.	Ich bin mir im Klaren darüber, was ich brauche. Und das gehe ich an!
17	Es ist in Ordnung, wenn du Grenzen ausprobierst, sie dehnst, wenn du Grenzen entdeckst, Nein sagst und dich von mir loslöst.	Es ist in Ordnung, wenn ich Grenzen entdecke und ausprobiere, sie dehne, Nein sage und mich loslöse.	Ich experimentiere mit Grenzen, entdecke sie, dehne sie, sage Nein und löse mich.
18	Du darfst Gedanken zu deinen Gefühlen und Gefühle zu deinen Gedanken haben.	Ich darf Gedanken zu meinen Gefühlen und Gefühle zu meinen Gedanken haben.	Meine Gedanken und Gefühle bereichern sich wechselseitig.
19	Du darfst für dich selbst denken. Du brauchst dich nicht für die anderen zu sorgen, indem du für sie denkst.	Ich darf für mich selbst denken. Ich brauche mich nicht für andere zu sorgen, indem ich für sie denke.	Ich denke für mich selbst. Ich sorge nicht für andere, indem ich für sie denke. Ich tausche mit ihnen meine Gedanken aus.

20	Du darfst deine Gedanken denken, sie mitteilen. du darfst mit mir gemeinsam denken. Denken macht Spaß! (1)	Ich darf meine Gedanken denken, sie mitteilen und mit anderen austauschen.	Ich denke meine Gedanken, teile sie mit und tausche mich mit anderen darüber aus.

Erlaubnissätze (4), erweitert nach Levin (1982)

21	Es ist in Ordnung, wenn du deine eigene Sicht der Welt hast, bist, wer du bist, deine Stärken ausprobierst und dich verbunden fühlst. (2)	Es ist in Ordnung, wenn ich meine eigene Sicht der Welt habe, bin, wer ich bin, meine Stärken ausprobiere und mich verbunden fühle. (2)	Ich habe meine eigene Sicht der Welt, bin, wer ich bin. Ich probiere meine Stärken aus und fühle mich verbunden. (2)
22	Du darfst stark sein und dennoch Bedürfnisse haben.	Ich darf stark sein und dennoch Bedürfnisse haben.	Auch wenn ich stark bin, habe ich Bedürfnisse.
23	Es ist in Ordnung, dir Dinge vorzustellen, ohne Angst zu haben, dass du sie Wirklichkeit werden lässt.	Es ist in Ordnung, mir Dinge vorzustellen, ohne Angst zu haben, dass ich sie Wirklichkeit werden lasse.	Ich stelle mir Dinge vor und entscheide, ob ich sie Wirklichkeit werden lasse.
24	Es ist in Ordnung, die Konsequenzen deines eigenen Handelns herauszufinden.	Es ist in Ordnung, die Konsequenzen meines eigenen Handelns herauszufinden.	Ich bedenke die Konsequenzen meines Handelns.
25	Du brauchst dich nicht ängstlich oder angewidert oder traurig oder verrückt zu verhalten, damit sich jemand um dich kümmert.	Ich brauche mich nicht ängstlich, ärgerlich, traurig oder verrückt zu verhalten, um zu bekommen, was ich brauche.	Ich stille meine Grundbedürfnisse und zeige meine Gefühle.
26	Es ist in Ordnung, wenn du erforschst, wer du bist. Es ist wichtig, dass du herausfindest, was deine Person ausmacht.	Es ist in Ordnung, wenn ich erforsche, wer ich bin. Es ist wichtig, dass ich herausfinde, was meine Person ausmacht.	Ich erforsche, wer ich bin. Ich weiß und finde heraus,, was meine Person ausmacht.

Erlaubnissätze (5), erweitert nach Levin (1982)

27	Es ist in Ordnung, wenn du lernst, Dinge auf deine Weise zu tun und dass du deine eigenen Werte und Vorgehensweisen hast.	Es ist in Ordnung, wenn ich lerne, Dinge auf meine Weise zu tun und dass ich meine eigenen Werte und Vorgehensweisen habe.	Ich tue / lasse Dinge auf meine Weise und handle nach meinen Werten und Vorgehensweisen.
28	Du darfst es auf deine Weise tun / lassen.	Ich darf es auf meine Weise tun / lassen.	Ich handle auf meine Weise.
29	Du darfst überlegen, bevor du auf deine Weise handelst.	Ich darf überlegen, bevor ich auf meine Weise handle.	Ich fühle, überlege und handle auf meine Weise.
30	Du darfst dich auf deine Gefühle verlassen und dich von ihnen leiten lassen.	Ich darf mich auf meine Gefühle verlassen und mich von ihnen leiten lassen.	Ich verlasse mich auf meine Gefühle und lasse mich von ihnen leiten.
31	Du brauchst nicht leiden, um zu bekommen, was du brauchst.	Ich brauche nicht leiden, um zu bekommen, was ich brauche.	Auch wenn ich mich gut fühle, sorge ich dafür, dass ich bekomme, was ich brauche.
32	Es ist für dich in Ordnung, anderer Meinung zu sein und dich dennoch verbunden zu fühlen. (2)	Es ist für mich in Ordnung, anderer Meinung zu sein und mich gleichzeitig verbunden zu fühlen. (2)	Auch wenn ich anderer Meinung bin, fühle ich mich mit anderen verbunden. (2)

Erlaubnissätze (6), erweitert nach Levin (1892)

33	Es ist in Ordnung, wenn du deine Gefühle und deine Sexualität lebst, einen Platz unter den Menschen hast und lustvoll und erfolgreich bist.	Es ist in Ordnung, wenn ich meine Gefühle und meine Sexualität lebe, einen Platz unter den Menschen habe und lustvoll und erfolgreich bin.	Ich lebe meine Gefühle und meine Sexualität, habe einen Platz unter den Menschen, lebe lustvoll und bin erfolgreich.
34	Du darfst selbstständig und bezogen sein.	Ich darf selbstständig und bezogen sein.	Ich lebe selbstständig und verbunden zugleich.
35	Du darfst in die Welt hinausgehen, meine Liebe begleitet dich.	Ich darf in die Welt hinausgehen, die Liebe anderer begleitet mich.	Ich gehe in die Welt hinaus und lasse mich von der Liebe anderer begleiten.

36	Du darfst gerne wieder nach Hause kommen, ich mag dich.	Ich darf wieder nach Hause kommen und mich dort gemocht fühlen.	Ich komme wieder nach Hause und fühle mich dort gemocht.
37	Du darfst eine sexuelle Person sein und dennoch auch andere Bedürfnisse haben.	Ich darf eine sexuelle Person sein und gleichzeitig auch andere Bedürfnisse haben.	Ich lebe meine Sexualität und meine anderen Bedürfnisse.
38	Du darfst auch für dich allein sein.	Ich darf (auch) für mich allein sein.	Ich kann gut für mich allein sein.
39	Es ist in Ordnung, für deine eigenen Bedürfnisse, Gefühle und Verhaltensweisen verantwortlich zu sein.	Es ist in Ordnung, für meine eigenen Bedürfnisse, Gefühle und Verhaltensweisen verantwortlich zu sein.	Ich übernehme für meine Bedürfnisse, Gefühle und mein Verhalten Verantwortung.
40	Es ist in Ordnung, auch für andere und die Welt in angemessener Form Verantwortung zu übernehmen.	Es ist in Ordnung, auch für andere und die Welt in angemessener Form Verantwortung zu übernehmen.	Ich übernehme für andere und die Welt in angemessener Form Verantwortung.
41	Es ist in Ordnung, dich heil und ganz und als Teil eines größeren Ganzen zu fühlen.	Es ist in Ordnung, mich heil und ganz und als Teil eines größeren Ganzen zu fühlen.	Ich fühle mich heil und ganz und als Teil eines größeren Ganzen.

Erlaubnissätze (7), erweitert nach Levin (1982)

42	Es für dich in Ordnung, hier (an dieser Stelle, an diesem Punkt deiner Entwicklung) zu sein.	Es für mich in Ordnung, hier (an dieser Stelle, an diesem Punkt meiner Entwicklung) zu sein.	Ich bin hier an diesem Punkt meiner Entwicklung.
43	Es ist in Ordnung, wenn du dich in die Welt hinausbewegst, sie und dich erforschst, deine Sinne nährst und dich wohlfühlst.	Es ist in Ordnung, wenn ich mich in die Welt hinausbewege, sie und mich erforsche, meine Sinne nähre und mich wohlfühle.	Ich bewege mich in die Welt hinaus, erforsche sie und mich, nähre meine Sinne und fühle mich wohl.

44	Es ist in Ordnung, wenn du Grenzen ausprobierst und sie dehnst, dass du Grenzen entdeckst, Nein sagst und dich loslöst.	Es ist in Ordnung, wenn ich Grenzen ausprobiere und sie dehne, Grenzen entdecke, Nein sage und mich loslöse.	Ich probiere Grenzen aus, dehne sie, entdecke sie, sage Nein und löse mich los.
45	Es ist in Ordnung, wenn du deine eigene Sicht der Welt hast, bist, wer du bist, deine Stärken ausprobierst und dich verbunden fühlst.	Es ist in Ordnung, wenn ich meine eigene Sicht der Welt habe, bin, wer ich bin, meine Stärken ausprobiere und mich verbunden fühle.	Ich habe meine eigene Sicht der Welt, bin, wer ich bin, probiere meine Stärken aus und fühle mich verbunden.
46	Es ist in Ordnung, wenn du lernst, Dinge auf deine Weise zu tun und dass du deine eigenen Werte und Vorgehensweisen hast.	Es ist in Ordnung, wenn ich lerne, Dinge auf meine Weise zu tun und dass ich meine eigenen Werte und Vorgehensweisen habe.	Ich lerne, Dinge auf meine Weise zu tun, und habe meine eigenen Werte und Vorgehensweisen.
47	Es ist in Ordnung, wenn du deine Sexualität lebst, einen Platz unter den Menschen hast und lustvoll und erfolgreich bist.	Es ist in Ordnung, wenn ich meine Sexualität lebe, einen Platz unter den Menschen habe und lustvoll und erfolgreich bin.	Ich lebe meine Sexualität, nehme meinen Platz unter den Menschen ein und bin lustvoll und erfolgreich.
48	Es ist in Ordnung für dich, für andere Menschen, Lebewesen und die Welt in angemessener Form Verantwortung zu übernehmen.	Es ist in Ordnung für mich, für andere Menschen, Lebewesen und die Welt in angemessener Form Verantwortung zu übernehmen.	Ich übernehme in angemessener Form Verantwortung für andere Menschen, Lebewesen und die Welt.
49	Es ist in Ordnung, dich heil und ganz und als Teil eines größeren Ganzen zu fühlen.	Es ist in Ordnung, mich heil und ganz und als Teil eines größeren Ganzen zu fühlen.	Ich fühle mich heil und ganz und als Teil eines größeren Ganzen.

Den Sätzen liegt ein Entwicklungsmodell von Levin (1982) zugrunde, das Entwicklung mit sieben immer wiederkehrenden Themen beschreibt.

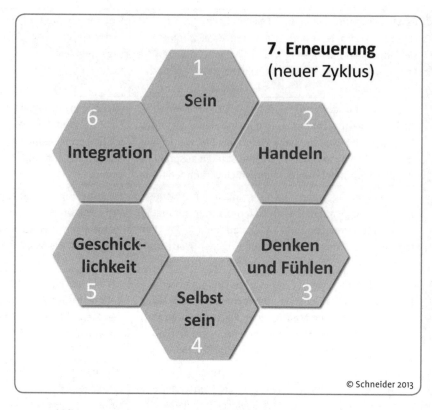

Abbildung 5-5: Die natürliche Abfolge der Entwicklung nach Levin (1982)

Literatur

ANTONOWSKY, A. (1997): *Salutogenese. Zur Entmystifizierung der Gesundheit.* Tübingen: dgvt-Verlag.

BACH, G. (1975): *Streiten verbindet. Spielregeln für Liebe und Ehe.* Düsseldorf, Köln: Eugen Diederichs Verlag.

BÄCHTOLD, S. & SUPERSAXO, K. (Hrsg.) (2005): *Dynamische Urteilsbildung. Urteilen und Handeln mit der Lemniskate. Ein Handbuch für die Praxis.* Bern: Haupt.

BERNE, E. (2001): *Die Transaktionsanalyse in der Psychotherapie. Eine systematische Individual- und Sozial-Psychiatrie.* Paderborn: Junfermann.

BERNE, E. (1974): *Spielarten und Spielregeln der Liebe.* Reinbek: Rowohlt.

BERNE, E. (1967): *Spiele der Erwachsenen. Psychologie der menschlichen Beziehungen.* Reinbek: Rowohlt.

BERNE, E. (1972): *Sprechstunden für die Seele.* Reinbek: Rowohlt.

BERNE, E. (1975): *Was sagen Sie, nachdem Sie „Guten Tag" gesagt haben?* München: Kindler.

BURISCH, M. (2010): *Das Burnout-Syndrom.* Berlin-Heidelberg: Springer.

CARTMEL, G. (1991): Über einen systematischen Zugang zu psychosomatischen Erkrankungen. *Zeitschrift für Transaktionsanalyse* 3, S. 105-125.

CHERNISS, C. (1980): *Staff Burnout. Job Stress in the Human Service.* Beverly Hills: Sage.

DAMASIO, A. R. (2000): *Ich fühle, also bin ich. Die Entschlüsselung des Bewusstseins.* München: List.

EDELWICH, J. &. BRODSKY, A. (1980): *Burn-Out. Stages of Disillusionment in the Helping Professions.* New York: Human Sciences Press.

ENDE, M. (1973): *Momo.* Stuttgart: Thienemanns.

ENGELBRECHT, S. (2010): *Lass dich nicht vereinnahmen.* München: Gräfe & Unzer.

ENGLISH, F. (1982): *Gefühle und Ersatzgefühle.* Hamburg: iskopress.

FREUDENBERGER, H. & RICHELSON, G. (1983): *Mit dem Erfolg leben.* München: Heyne.

GRIMM, J. & W: *Die Kinder- und Hausmärchen der Brüder Grimm.* Urfassung 1812/1814. Lindau: Antiqua-Verlag.

GÜHRS, M. &. NOWAK, C. (1991): *Das konstruktive Gespräch. Ein Leitfaden für Beratung, Unterricht und Mitarbeiterführung mit Konzepten der Transaktionsanalyse.* Meezen: Christa Limmer.

GÜNDEL, J. (1997): *Das Enneagramm. Neun Typen der Persönlichkeit.* München: Heyne.

HAY, J. (1996): *Transactional Analysis for Trainers.* Watford: Sherwood Publishing.

JELLOUSCHEK, H. (1994) *Semele, Zeus und Hera.* Olten: Kreuz.

JELLOUSCHEK, H. (1996): *Der Froschkönig.* Olten: Kreuz.

JELLOUSCHEK, H. (2003): *Mit dem Beruf verheiratet.* Olten: Kreuz.

JELLOUSCHEK, H. (2004): *Wagnis Partnerschaft. Wie Liebe, Familie und Beruf zusammengehen.* Freiburg: Herder.

JELLOUSCHEK, H. (2008): Partnerschaft und Liebe. *Zeitschrift für Transaktionsanalyse* (2-3), S. 117 ff.

JELLOUSCHEK, H. (2010): *Liebe auf Dauer. Die Kunst ein Paar zu bleiben.* Freiburg: Herder.

JUNG, C. G. (1972): *Typologie.* Olten: Walter-Verlag.

JUUL, J. (1997): *Das kompetente Kind.* Reinbek: Rowohlt.

JUUL, J. (2010): *Pubertät – Wenn erziehen nicht mehr geht.* München: Kösel.

KÄLIN, K. & MÜRI, P. (Hrsg.) (1998): *Führen mit Kopf und Herz.* Thun: Ott.

KAHLER, T. (2008): *Process Therapy Model – die sechs Persönlichkeitstypen und ihre Anpassungs-formen.* Weilheim: Kahler Communication-KCG.

KAHLER, T. (1974): The Miniscript. *TA Journal.*

KARPMAN, S. (1968): Fairy Tales and Script Drama Analysis. *Transactional Analysis Bulletin* (7), S. 33-39.

KERKELING, H. (2010): *Ich bin dann mal weg.* München: Piper.

KLUGE, F. (1989): *Etymologisches Wörterbuch der deutschen Sprache.* Berlin, New York: de Gruyter.

KÖSEL, E. (1993): *Die Modellierung von Lernwelten.* Elztal-Dallau: Laub.

LAUDERDALE, M. (1981): *Burnout.* Austin: TX: Learning Concepts.

LENHARDT, V. (1992): *Ein Stufenmodell zur Entwicklung der Autonomie (Bd. 1).* Berlin: Institut für Kommunikationstherapie, Kadettenweg 35.

LEVIN, P. (1982): The Cycles of Developemnet. *Transactional Analysis Journal* 12 / 2, S. 129-139.

MASLOW, A. (1981): *Motivation und Persönlichkeit.* Reinbek: Rowohlt.

MASLOW, A. (1985): *Psychologie des Seins. Ein Entwurf.* Frankfurt: Fischer.

MOELLER, M. L. (1986): *Die Liebe ist das Kind der Freiheit.* Reinbek: Rowohlt.

MOHR, G. (2008): *Coaching und Selbstcoaching mit Transaktionsanalyse. Professionelle Beratung zu beruflicher und persönlicher Entwicklung.* Bergisch Gladbach: EHP.

MOOR, P. (1971): *Das Spiel in der Entwicklung des Kindes. Entfaltung des Unbewussten im Spielverhalten.* Ravensburg: Otto Maier Verlag.

NADOLNY, S. (1983): *Die Entdeckung der Langsamkeit.* München: Piper 1983

ROGOLL, R. (1976): Nimm dich, wie du bist. Freiburg: Herder.

ROSSI, E. L. (1998): *20 Minuten Pause.* Paderborn: Junfermann (durchges. Neuauflage 2007).

SCHELLENBAUM, P. (1991): *Die Wunde der Ungeliebten.* München: dtv.

SCHELLENBAUM, P. (1991): *Das Nein in der Liebe – Abgrenzung und Hingabe in der Liebesbeziehung.* München: dtv.

SCHIFF, J. S. (1975): *Cathexis Reader.* New York: Harper & Row.

SCHLEGEL, LEONHARD (1993): *Handwörterbuch der Transaktionsanalyse. Sämtliche Begriffe der TA praxisnah.* Freiburg: Herder.

SCHLEGEL, L. (1995): *Die Transaktionale Analyse. Eine Psychotherapie, die kognitive und tiefenpsychologische Gesichtspunkte kreativ verbindet.* Tübingen und Basel: Francke.

SCHMID, B. & HIPP, J. (1998 / 2001): *Antreiber-Dynamiken – Persönliche Inszenierungsstile und Coaching.* Institutsschriften Institut für systemische Beratung.

SCHMID, W. (2005): *Schönes Leben.* Frankfurt: Suhrkamp.

SCHNEIDER, J. (1987): Zuwendungsprofil: Eine Erweiterung des Strokeprofils von McKenna. *Zeitschrift für Transaktionsanalyse* (2).

SCHNEIDER, J. (1997): Dreistufenmodell transaktionsanalytischer Beratung und Therapie von Bedürfnissen und Gefühlen. *Zeitschrift für Transaktionsanalyse* (1-2).

SCHNEIDER, J. (2000): *Supervidieren und beraten lernen.* Paderborn: Junfermann.

SCHNEIDER, J. (2001): Von der Kunst, erwachsen zu handeln: Die Ethos- Pathos- und Logosqualitäten der Erwachsenenichzustände und die Auflösung und Transformation von Eltern- und Kind-Ichzuständen. *Zeitschrift für Transaktionsanalyse* (4), S. 148-164.

SCHNEIDER, J. (2003): Vor Freude weinen. Das Zeitintegrationsmodell. *Zeitschrift für Transaktionsanalyse* (1), S. 36-56.

SCHNEIDER, J. (2006): Das Dynamische Handlungspentagon. *Zeitschrift für Transaktionsanalyse* (1).

SCHNEIDER, J. (2009): Meisterschaft – Prinzipien und Merkmale gelingenden Handelns. *Zeitschrift für Transaktionsanalyse* (3), S. 219-233.

SCHNEIDER, J. (2010): *Bewusst führen. Stufen in der Entwicklung als Führungskraft.* Paderborn: Junfermann, ↗ http://www.active-books.de.

SCHNEIDER, J. (2011): *Grundlagen des Handelns und der Gesprächsführung. Die Handlungskaskade.* Paderborn: Junfermann, ↗ http://www.active-books.de.

SELYE, H. (1976): *Stress in health and disease.* Woburn: Butterworth.

SPITZ, R. (1952): *Emotional Deprivation in Infancy.* New York: International Universities Press.

STEINER, C. (1982). *Wie man Lebenspläne verändert.* Paderborn: Junfermann, (überarbeitete Neuauflage 2009).

THOMSON, G. (1989): Angst, Zorn und Traurigkeit (Fear, Anger, and Sadness). *Zeitschrift für Transaktionsanalyse* (2-3), S. 59-67.

UEXKÜLL, T. v. (2003): *Psychosomatische Medizin. Modelle ärztlichen Denkens und Handelns.* München und Jena: Urban & Fischer.

VAN BEEKUM, S. (ohne Jahr): *Newsletter.* Bad Ragaz: ias.

VOLLMAR, K. (2003): *Traumdeutung.* München: Gräfe und Unzer.

WATZLAWICK, P.; BEAVIN, J. & JACKSON, D. (1972): *Menschliche Kommunikation : Formen, Störungen, Paradoxien.* Bern: Hans Huber.

WATZLAWICK, P.; WEAKLAND, J & FISH, R. (1974): *Lösungen. Zur Theorie und Praxis menschlichen Wandels.* Bern, Stuttgart, Wien: Hans Huber.

WEIZSÄCKER, V. v. (2008): *Warum wird man krank? Ein Lesebuch.* Frankfurt am Main: Suhrkamp.

WOOLAMS, S. & BROWN, M. (1977): *TA: The Total Handbook of Transactional Analysis.* Englewood Cliffs: Prentice-Hall.

YALOM, I. D. (1989, 2010): *Existenzielle Psychotherapie.* Bergisch Gladbach: Andreas Kohlhaage.

YALOM, I. D. (1996): *Und Nietzsche weinte.* München: btb.

YALOM, I. D. (2008): *In die Sonne schauen.* München: btb.

Begriffe

Beratung: Als Beratung bezeichnen wir eine Form von Hilfe, bei der Menschen in ihrer privaten und beruflichen Entwicklung in Lern- und Krisensituationen, bei Weichenstellungen in ihrem Leben von speziell dafür ausgebildeten Fachleuten darin unterstützt werden, die anstehende Entwicklung aufzunehmen und ihre in ihnen schlummernden Fähigkeiten und Fertigkeiten zu entfalten.

Supervision: Eine Unterform der Beratung, die insbesondere in Aus- und Weiterbildungssituationen zum Einsatz kommt.

Coaching: Eine Unterform von Beratung, in der verschiedenste Beratungsschwerpunkte vorkommen können. Der Begriff Coaching ist sehr populär geworden, da er von Menschen mit Gesundheit, Trainieren und Lernen verbunden wird. Was früher in der Regel als Training, Beratung oder Supervision bezeichnet wurde, wird heute als Coaching bezeichnet.

Training: Eine Unterform der Beratung, bei der die Ausbildung von Fertigkeiten im Mittelpunkt der Beratung steht.

Psychotherapie: Eine Behandlungsform, bei der Menschen darin unterstützt werden, körperliche und seelische Leiden (Krankheiten) aufzulösen und gesund zu werden. Ausgeführt wird Psychotherapie von ärztlichen Psychotherapeuten, deren Grundberuf Arzt ist; von psychologischen Psychotherapeuten, deren Grundberuf Psychologe ist, und von Heilpraktikern, die unterschiedliche Grundberufe haben.

Transaktionsanalyse: Ein humanistischer Behandlungs-, Beratungs-, Erziehungs-, Bildungs- und Organisationsberatungsansatz, der von Eric Berne und anderen in den 50er-Jahren des letzten Jahrhunderts begründet und bis heute von vielen Transaktionsanalytikern weltweit weiterentwickelt wurde (↗ http://www.dgta.de).

Index

Institut für Führungskompetenz und Persönlichkeitsentwicklung
Dr. Johann Schneider
Walsroder Str. 37
29614 Soltau
Tel.: 05191-3640, Fax: 3670, info@ipef.de, www.ipef.de

Burnout-Prozess und Burnout-Syndrom: Vorbeugung und Behandlung

Zielgruppe

Das Seminar ist zugeschnitten auf Fachleute, die an dem Thema Vorbeugung und Behandlung von Burnout interessiert sind. Dazu gehören Berater/innen, Coaches, Veränderungsmanager/innen, HR-Manger/innen, Personalfachleute, Psychotherapeut/inn/en, Supervisor/inn/en und andere Professionelle aus helfenden, lehrenden und beratenden Berufen. Über das Thema Burnout hinausreichend beschäftigt sich diese Aus- und Weiterbildung mit dem Thema Grundbedürfnisse und deren Bedeutung für Entwicklungsprozesse.

Methoden

Anhand von Fragebögen wird in die Themen eingeführt. Sie haben die Möglichkeit, eigene Anliegen und Fragen einzubringen und dafür Beratung zu erhalten. Darüber hinaus erhalten Sie Theorieinputs zu den genannten Themen. Sie haben die Möglichkeit, die Themen in Kleingruppen und mir im Dialog spielerisch zu erarbeiten. Es findet in jedem Seminar eine Bewegungs-/Sporteinheit statt (bitte bequeme Kleidung mitbringen).

Themen

Seminar 1: Balance der Lebensbereiche und Grundbedürfnisse

In diesem Seminar werden die Definition des Burnout-Prozesses und des Burnout-Syndroms, die Gestaltung und Balance der Lebensbereiche und die Befriedigung der Grundbedürfnisse dargestellt und erörtert.

Seminar 2: Selbsterfahrungsseminar „Lebenslust und Lebenskraft"

Sie bringen eigene Frage/Themen ein und erhalten dazu Begleitung und Anregung. Nach der Bearbeitung der Anliegen werden meine angewandten Beratungsmethoden und Hintergrundtheorien reflektiert.

Seminar 3: Vom Zwang zur Freiheit

In diesem Seminar beschäftigen wir uns damit, wie Menschen sich unter inneren Zwängen verhalten, sich dabei in ein Burnout-Syndrom hineinmanövrieren und wie sie aus diesen Zwängen aussteigen können. Ich stelle Ihnen dazu als Konzepte das Dynamische Handlungspentagon und die Disstress-Stadien vor, mit denen sich der Verlauf und die Auflösung des Burnout-Prozesses und des Burnout-Syndroms sehr anschaulich abstrahieren und erfassen lassen. Sie erhalten Hinweise, wie Sie auf die verschiedene Antreiberverhaltensweisen und Disstress-Stadien eingehen und wie Sie bei diesen wirksam intervenieren und antithetisch vorgehen können.

Honorar und Anmeldung: am Institut

Voraussetzung zur Teilnahme: ein persönliches Telefongespräch
Informationen zu Terminen und Seminarzeiten finden Sie unter www.ipef.de